LA FEMME

CALMANN LÉVY, ÉDITEUR

OUVRAGES

DE

J. MICHELET

FORMAT IN-8°

FORMAT GRAND IN-18

F. Aureau. — Imprimerie de Lagny.

J. MICHELET

LA FEMME

DIXIÈME ÉDITION

C · L

PARIS

CALMANN LÉVY, ÉDITEUR

ANCIENNE MAISON MICHEL LÉVY FRÈRES

RUE AUBER, 3, ET BOULEVARD DES ITALIENS, 15

A LA LIBRAIRIE NOUVELLE

—

1879

INTRODUCTION

I

POURQUOI L'ON NE SE MARIE PAS

Il n'est personne qui ne voie le fait capital du temps. Par un concours singulier de circonstances sociales, religieuses, économiques, *l'homme vit séparé de la femme*.

Et cela de plus en plus. Ils ne sont pas seulement dans des voies différentes et parallèles, ils semblent deux voyageurs partis de la même station, l'un à toute vapeur, l'autre à petite vitesse, mais sur des rails divergents.

L'homme, quelque faible qu'il puisse être mo-

1

ralement, n'en est pas moins dans un chemin d'i-
dées, d'inventions et de découvertes si rapide, que
le *rail* brûlant en lance des étincelles.

La femme, fatalement laissée en arrière, reste au
sillon d'un passé qu'elle connaît peu elle-même. Elle
est distancée, pour notre malheur, mais ne veut ou
ne peut aller plus vite.

Le pis, c'est qu'ils ne semblent pas pressés de se
rapprocher. Il semble qu'ils n'aient rien à se dire.
Le foyer est froid, la table muette et le lit glacé.

On n'est pas tenu, disent-ils, de se mettre en
frais pour les siens. Mais ils n'en font pas davantage dans une société étrangère où la politesse com-
mande. Tout le monde voit chaque soir comme un
salon se sépare en deux salons, un des hommes et
un des femmes. Ce qu'on n'a pas assez vu, ce qu'on
peut expérimenter, c'est que dans une petite réu-
nion amicale d'une douzaine de personnes, si la
maîtresse de maison exige par une douce violence
que les deux cercles se fondent, que les hommes
causent avec les femmes, le silence s'établit, il n'y
a plus de conversation.

Il faut dire nettement la chose comme elle est. Ils n'ont plus d'idées communes, ni de langage commun, et même sur ce qui pourrait intéresser les deux parties, on ne sait comment parler. Ils se sont trop perdus de vue. Bientôt, si l'on n'y prenait garde, malgré les rencontres fortuites, ce ne serait plus deux sexes, mais deux peuples.

———

Rien d'étonnant si le livre qui combattait ces tendances, un petit livre de cœur, sans prétention littéraire, a été de toutes parts amèrement critiqué.

L'Amour venait naïvement se jeter dans le divorce, invoquait la bonne nature et disait : « Aimez encore. »

A ce mot, d'aigres cris s'élèvent, on avait touché la fibre malade. « Non, nous ne voulons pas aimer ! nous ne voulons pas être heureux !... Il y a là-dessous quelque chose. Sous cette forme religieuse qui divinise la femme, il a beau fortifier, émanciper son esprit ; il veut une idole esclave, et la lier sur l'autel. »

Ainsi, au mot d'union, éclata le mal du temps, division, dissolution, les tristes goûts solitaires, les besoins de la vie sauvage, qui couvent au fond de leur esprit.

Des femmes lurent et pleurèrent. Leurs directeurs (religieux ou philosophes, n'importe) dictèrent leur langage. A peine osèrent-elles faiblement défendre leur défenseur. Elles firent mieux, elles relurent, dévorèrent le coupable livre; elles le gardent pour les heures libres et l'ont caché sous l'oreiller.

Cela le console fort, ce livre si malmené, et des injures de l'ennemi, et des censures de l'ami. Ni les hommes du moyen âge, ni ceux de la femme libre, n'y trouvaient leur compte. *L'Amour* voulait retirer la femme au foyer. Ils préfèrent pour elle le trottoir ou le couvent.

« Un livre pour le mariage, pour la famille! Scandale! Faites-nous plutôt, je vous prie, trente romans pour l'adultère. A force d'imagination, rendez-le un peu amusant. Vous serez bien mieux reçu. »

Pourquoi fortifier la famille? dit un journal religieux. N'est-elle pas parfaite aujourd'hui? *Il y a bien eu autrefois ce qu'on appelait l'adultère, mais cela ne se voit plus.* — Pardon, répond un grand journal politique dans un feuilleton spirituel qui a extrêmement réussi, pardon, cela se voit encore, et même on le voit partout, mais *cela fait si peu de bruit, on y met si peu de passion, qu'on n'en vit pas moins doucement*, c'est chose inhérente au mariage français et presque une institution. Chaque nation a ses mœurs, et nous ne sommes point Anglais.

Doucement! oui, voilà le mal. Ni le mari ni l'amant n'en sont troublés; elle non plus; elle voudrait se désennuyer, voilà tout. Mais dans cette vie tiède et pâle, où l'on met si peu de cœur, où l'on depense si peu d'art, où pas un des trois ne daigne faire effort de manière ou d'autre, tous baissent, tous bâillent, s'affadissent d'une nauséabonde douceur.

———

Chacun est bien averti, et personne n'a envie de ce mariage. Si nos lois de succession ne faisaient la femme riche, on ne se marierait plus, du moins dans les grandes villes.

J'entendais à la campagne un monsieur marié et père de famille, bien posé, qui endoctrinait un jeune homme de son voisinage : « Si vous devez rester ici, disait-il, il faudra bien vous marier, mais

si vous vivez à Paris, cela n'en vaut pas la peine. Il
est trop aisé de faire autrement. »

On sait le mot qui marqua la fin du peuple le
plus spirituel de la terre, du peuple d'Athènes : « Ah !
si nous pouvions, sans femmes, avoir des enfants ! »
— Ce fut bien pis dans l'Empire. Toutes les pénali-
tés légales, ces lois Julia qui croyaient marier
l'homme à coups de bâton, ne parvinrent plus à le
rapprocher de la femme, et il sembla même que le
désir physique, cette belle fatalité qui aiguillonne le
monde et centuple ses énergies, se fût éteint ici-
bas. Pour ne plus voir une femme, on fuyait jusqu'en Thébaïde.

———

Les motifs qui, aujourd'hui, non-seulement font
craindre le mariage, mais éloignent de la société des
femmes, sont divers et compliqués.

Le premier, incontestablement, c'est la misère
croissante des filles pauvres qui les met à discrétion, la facilité de posséder ces victimes de la faim.
De là la satiété et l'énervation, de là l'inaccoutu-
mance d'un amour plus élevé, l'ennui mortel qu'on
trouverait à solliciter longuement ce que si facilement on peut avoir chaque soir.

Celui même qui aurait d'autres besoins et des

goûts de fidélité, qui voudrait aimer *la même*, préfère infiniment une personne dépendante, douce, obéissante, qui, ne se croyant aucun droit, pouvant être quittée demain, ne s'écarte d'un pas et veut plaire.

La forte et brillante personnalité de nos demoiselles qui, trop souvent prend l'essor le lendemain du mariage, effraye le célibataire. Il n'y a pas à plaisanter, *la Française est une personne*. C'est la chance d'un bonheur immense, mais parfois d'un malheur aussi.

Nos excellentes lois civiles (qui sont celles de l'avenir, et vers qui gravite le monde) n'en ont pas moins ajouté à cette difficulté inhérente du caractère national. La Française hérite et le sait, elle a une dot et le sait. Ce n'est pas comme en certains pays voisins où la fille, si elle est dotée, ne l'est qu'en argent (fluide qui file aux affaires du mari). Ici elle a des immeubles, et même quand ses frères veulent lui en donner la valeur, la jurisprudence s'y oppose et la maintient riche en immeubles, garantis par le régime dotal, ou certaines stipulations. Cette fortune le plus souvent est là qui subsiste Cette terre ne s'envole pas, cette maison ne s'écroule pas; elles restent pour lui donner voix au chapitre, lui maintenir une personnalité que n'ont guère l'Anglaise ou l'Allemande.

Celles-ci, pour ainsi parler, s'absorbent dans leur mari; elles s'y perdent corps et bien (si elles ont quelque bien). Aussi, elles sont, je crois, plus déracinées que les nôtres de leur famille natale, qui ne les reprendrait pas. La mariée compte comme morte pour les siens, qui se réjouissent d'avoir placé une fille dont ils n'auront jamais la charge désormais. Quoi qu'il arrive, et, quelque part que la mène son mari, elle ira et restera. A de pareilles conditions on craint moins le mariage.

———

Une chose curieuse en France, contradictoire en apparence et qui ne l'est pas, c'est que *le mariage est très-faible, et très-fort l'esprit de famille.* Il arrive (surtout en province, dans la bourgeoisie de campagne) que la femme, mariée quelque temps, une fois qu'elle a des enfants, fait de son âme deux parts, l'une aux enfants, l'autre aux parents, à ses premières affections qui se réveillent. — Que garde le mari? Rien. C'est ici l'esprit de famille qui annule le mariage.

On ne peut pas se figurer comme cette femme est ennuyeuse, se renfonçant dans un passé rétrograde, se remettant au niveau d'une mère d'esprit suranné, tout imbu de vieilles choses. Le mari *vit doucement*, mais baisse vite, découragé, lourd, propre à rien. Il perd ce que, dans ses études, dans une jeune société, il avait gagné d'idées pour aller un peu en avant. Il est bientôt amorti par la *dame propriétaire*, par le pesant étouffement du vieux foyer de famille.

Avec une dot de cent mille francs on enterre ainsi un homme qui peut-être chaque année aurait gagné cent mille francs.

Le jeune homme se le dit, à l'âge *du long espoir* et de la confiance. D'ailleurs qu'il ait plus, qu'il ait moins; n'importe : il veut courir sa chance, savoir de quoi il est capable; il envoie au diable la dot. Pour peu qu'il ait quelque chose qui batte sous la mamelle gauche, il n'ira pas, pour cent mille francs, se faire le mari de la reine.

———

Voilà ce que m'ont dit souvent les célibataires. Ils m'ont encore dit ceci, un soir que j'en avais chez moi cinq ou six, et de grand mérite, et que je les tourmentais sur leur prétendu célibat.

Un d'eux, savant distingué, me dit très-sérieusement ces propres paroles : « Monsieur, ne croyez nullement, quelques distractions qu'on puisse trouver au dehors, qu'on ne soit pas malheureux de

n'avoir pas de foyer, je veux dire, une femme à
soi, qui vraiment vous appartienne. Nous le savons,
nous le sentons. Nul autre repos pour le cœur. Et
ne l'avoir pas, monsieur, sachez que c'est une vie
sombre, cruelle et amère. »

Amère. Sur ce mot-là, les autres insistèrent et
dirent comme lui.

« Mais, dit-il en continuant, une chose nous en
empêche. Tous les travailleurs sont pauvres en
France. On vit de ses appointements : on vit de sa
clientèle, etc. On vit juste. Moi, je gagne six mille
francs, mais telle femme à laquelle je pourrais
songer, dépense autant pour sa toilette. Les mères
les élèvent ainsi. En supposant qu'on me la donne,
cette belle, que deviendrai-je le lendemain, quand,
sortie d'une maison riche, elle va me trouver si
pauvre? Si je l'aime (et j'en suis capable), imaginez les misères, les lâchetés dont je puis être tenté
pour devenir un peu riche, et lui déplaire un peu
moins.

« Je me souviendrai toujours que me trouvant
dans une petite ville du Midi, où l'on envoie les
malades à la mode, je vis passer sur une place où
les mulets se roulaient dans une épaisse poussière,
une surprenante apparition. C'était une fort belle
dame; courtisanesquement vêtue (une dame pourtant, non une fille), vingt-cinq ans, gonflée, ballon-

née, dans une fraîche et délicieuse robe de soie bleu de ciel, nuée de blanc (chef-d'œuvre de Lyon), qu'elle traînait outrageusement par les endroits les plus sales. La terre ne la portait pas. Sa tête blonde et jolie, le nez au vent, son petit chapeau d'amazone qui lui donnait l'air d'un petit page équivoque, toute sa personne disait : «Je me moque de tout. » Je sentais que cette idole, monstrueusement amoureuse d'elle-même, avec toute sa fierté, n'appartenait pas moins d'avance à ceux qui la flatteraient, qu'on s'en jouerait avec des mots et qu'elle n'en était pas même à savoir ce que c'est qu'un scrupule. Je me souvins de Salomon : *Et tergens os suum dixit : Non sum operata malum.* Cette vision m'est restée. Ce n'est pas une personne, ce n'est pas un accident ; c'est la mode, ce sont les mœurs du temps que j'ai vu passer ; et j'en garderai toujours la terreur du mariage. »

———

« Pour moi, dit un autre plus jeune, l'obstacle, l'empêchement dirimant, ce n'est pas la crinoline, monsieur, c'est la religion. »

On rit ; mais lui, s'animant : « Oui, la religion. Les femmes sont élevées dans un dogme qui n'est point le nôtre. Les mères qui veulent tant marier leurs filles, leur donnent l'éducation propre à créer le divorce.

« Quel est le dogme de la France? Si elle ne le sait elle-même, l'Europe le sait très-bien ; sa haine le lui dit à merveille. Pour moi, c'est un ennemi, un étranger très-rétrograde qui me l'a un jour formulé : « Ce qui nous rend votre France haïssable, disait-il, « c'est que, sous un mouvement apparent, elle ne « change pas. C'est comme un phare à éclipse, à « feux tournants ; elle montre, elle cache la flamme, « mais le foyer est le même. — Quel foyer ? L'esprit « voltairien (bien antérieur à Voltaire) ; — en second « lieu, 89, les grandes lois de la Révolution ; — troi- « sièmement, les canons de votre pape scientifique, « l'Académie des sciences. »

« Je disputai. Il insista, et je vois qu'il avait raison. Oui, quelles que soient les questions nou- velles, 89 est la foi de ceux même qui ajournent 89 et le renvoient à l'avenir. C'est la foi de toute la France, c'est la raison pour laquelle l'étranger nous condamne en masse et sans distinction de partis.

« Eh bien, les filles de France sont élevées jus- tement à haïr et dédaigner ce que tout Français aime et croit. Par deux fois elles ont embrassé, lâ- ché, tué la Révolution : premièrement au seizième siècle, quand il s'agissait de la liberté de conscience ;

puis à la fin du dix-huitième, pour les libertés politiques. Elles sont vouées au passé, sans trop savoir ce que c'est. Elles écoutent volontiers ceux qui disent avec Pascal : « Rien n'est sûr ; donc, « croyons l'absurde. » Les femmes sont riches en France, elles ont beaucoup d'esprit, et tous les moyens d'apprendre. Mais elles ne veulent rien apprendre, ni se créer une foi. Qu'elles rencontrent l'homme de foi sérieuse, l'homme de cœur, qui croit et aime toutes les vérités constatées, elles disent en souriant : « Ce monsieur ne croit à « rien. »

————

Il y eut un moment de silence. Cette sortie, un peu violente, avait pourtant, je le vis, enlevé l'assentiment de tous ceux qui étaient là. Je leur dis : Si l'on admettait ce que vous venez d'avancer, je crois qu'il faudrait dire aussi qu'il en a été de même bien souvent dans d'autres âges, et qu'on se mariait pourtant. Les femmes aimaient la toilette, le luxe, étaient rétrogrades. Mais les hommes de ces temps-là sans doute étaient plus hasardeux. Ils affrontaient ces périls, espérant que leur ascendant, leur énergie, l'amour surtout, le maître, le vainqueur des vainqueurs, opéreraient en leur fa-

veur d'heureuses métamorphoses. Intrépides Cur-
tius, ils se lançaient hardiment dans ce gouffre
d'incertitudes. Et fort heureusement pour nous.
Car, messieurs, sans cette audace de nos pères,
nous ne naissions pas.

Maintenant, permettez-vous à un ami plus âgé
de vous parler avec franchise?... Eh bien, j'ose-
rai vous dire que si vous étiez vraiment seuls, si
vous supportiez, sans consolations, cette vie que
vous trouvez amère, vous vous presseriez d'en sortir. Vous diriez : L'amour est fort, et il peut tout
ce qu'il veut. Plus grande sera la gloire de convertir à la raison ces beautés absurdes et charmantes.
Avec une grande volonté, déterminée, persévérante, un milieu choisi, un entourage habilement
calculé, on peut tout. Mais il faut aimer, aimer
fortement et la même. Point de froideur. La femme
cultivée et désirée, infailliblement appartient à
l'homme. Si l'homme de ce temps-ci se plaint de
n'aller pas à l'âme, c'est qu'il n'a pas ce qui la
dompte, la force fixe du désir.

***

Maintenant, pour parler seulement du premier
obstacle allégué, de l'orgueil effréné des femmes,
de leur furie de toilette, etc., il me semble que

ceci s'adresse surtout aux classes supérieures, aux dames riches, ou à celles qui ont occasion de se mêler au monde riche. C'est deux cent ou trois cent mille dames. Mais savez-vous combien de femmes il y a en France? Dix-huit millions, dix-huit cent mille à marier.

Il y aurait bien de l'injustice à les accuser en masse des torts et des ridicules de la haute société. Si elles l'imitent de loin, ce n'est pas toujours librement. Les dames, par leur exemple, et souvent par leurs mépris, leurs risées, à l'étourdie, font en ce sens de grands malheurs. Elles imposent un luxe impossible à de pauvres créatures qui parfois ne l'aimeraient pas, mais qui par position, pour des intérêts sérieux, sont forcées d'être brillantes, et, pour l'être, se précipitent dans les plus tristes hasards.

Les femmes qui ont entre elles une destinée à part, et tant de secrets communs, devraient bien s'aimer un peu et se soutenir, au lieu de se faire la guerre. Elles se nuisent dans mille choses, indirectement. La dame riche, dont le luxe change la toilette des classes pauvres, fait grand tort à la jeune fille. Elle empêche son mariage; nul ouvrier ne se soucie d'épouser une poupée si coûteuse à habiller. — Restée fille, elle est, je suppose, demoiselle de comptoir, de magasin; mais, là même,

la dame lui nuit encore. Elle aime mieux avoir
affaire à un commis en habit noir, flatteur, plus
femme que les femmes. Les maîtres de magasin
ont été ainsi conduits à substituer à grands frais le
commis à la demoiselle, qui coûtait bien moins.
— Celle-ci, que deviendra-t-elle? Si elle est jolie,
à vingt ans elle sera entretenue, et passera de
main en main. Flétrie bientôt avant trente, elle
deviendra *couseuse*, et fera des confections à raison de dix sous par jour. Nul moyen de vivre sans
demander chaque soir son pain à la honte. Ainsi
la femme au rabais, par une terrible revanche, va
rendant de plus en plus le célibat économique, le
mariage inutile. Et la fille de la dame ne pourra
pas se marier.

Voulez-vous, messieurs, qu'en deux mots je vous
esquisse le sort de la femme en France? Personne
ne l'a fait encore avec simplicité. Ce tableau, si je
ne me trompe, doit toucher votre cœur, et vous
éclairer peut-être, vous empêcher de mêler des
classes fort différentes dans un même anathème.

II

L'OUVRIÈRE

Quand les fabricants anglais, énormément enri-
chis par les machines récentes, vinrent se plaindre
à M. Pitt et dirent : « Nous n'en pouvons plus,
nous ne gagnons pas assez! » il dit un mot effroyable qui pèse sur sa mémoire : « Prenez les
enfants. »

Combien plus coupables encore ceux qui prirent
les femmes, ceux qui ouvrirent à la misère de la fille
des villes, à l'aveuglement de la paysanne, la ressource funeste d'un travail exterminateur et la pro-
miscuité des manufactures ! Qui dit la femme, dit
l'enfant; en chacune d'elles qu'on détruit, une
famille est détruite, plusieurs enfants, et l'espoir
des générations à venir.

Barbarie de notre Occident ! la femme n'a plus été comptée pour l'amour, le bonheur de l'homme, encore moins comme maternité et comme puissance de race ;

Mais comme *ouvrière !*

L'*ouvrière !* mot impie, sordide, qu'aucune langue n'eut jamais, qu'aucun temps n'aurait compris avant cet âge de fer, et qui balancerait à lui seul tous nos prétendus progrès.

Ici arrive la bande serrée des économistes, des docteurs du produit net. « Mais, monsieur, les hautes nécessités économiques, sociales ! L'industrie, gênée, s'arrêterait... Au nom même des classes pauvres ! etc., etc. »

La haute nécessité, c'est d'être. Et visiblement, l'on périt. La population n'augmente plus, et elle baisse en qualité. La paysanne meurt de travail, l'ouvrière de faim. Quels enfants faut-il en attendre? Des avortons, de plus en plus.

« Mais un peuple ne périt pas ! » Plusieurs peuples, de ceux même qui figurent encore sur la carte, n'existent plus. La haute Écosse a disparu. L'Irlande n'est plus comme race. La riche, l'absorbante Angleterre, ce suceur prodigieux qui suce le globe, ne parvient pas à se refaire par la plus énorme alimentation. La race y change, y faiblit, fait appel aux alcools, et elle faiblit encore plus.

Ceux qui la virent en 1815 ne la reconnurent plus en 1830. Et combien moins depuis !

Que peut l'État à cela ? Bien moins là-bas, en Angleterre, où la vie industrielle engloutit tout, la terre même n'étant plus qu'une fabrique. Mais infiniment en France, où nous comptons encore si peu d'ouvriers (relativement).

Que de choses *ne se pouvaient pas*, qui se sont faites pourtant ! *On ne pouvait* abolir la loterie ; Louis-Philippe l'a abolie. On eût juré *qu'il était imposible* de démolir Paris pour le refaire ; cela s'exécute aisément aujourd'hui par une petite ligne du Code. (Expropriation pour cause d'utilité publique.)

———

Je vois deux peuples dans nos villes :

L'un, vêtu de drap, c'est l'homme ; — l'autre, de misérable indienne. — Et cela, même l'hiver !

L'un, je parle du dernier ouvrier, du moins payé, du gâcheux, du serviteur des ouvriers ; il arrive pourtant, cet homme, à manger de la viande le matin (un cervelas sur le pain ou quelque autre chose). Le soir, il entre à la gargote et il mange un plat de viande et même boit de mauvais vin.

La femme du même étage prend un sou de lait le matin, du pain à midi et du pain le soir, à peine un sou de fromage. — Vous niez?... Cela est certain : je le prouverai tout à l'heure. Sa journée est de dix sous, et *elle ne peut être de onze*, pour une raison que je dirai.

Pourquoi en est-il ainsi? L'homme ne veut plus se marier, il ne veut plus protéger la femme. Il vit gloutonnement seul.

Est-ce à dire qu'il mène une vie abstinente? Il ne se prive de rien. Ivre le dimanche soir, il trouvera, sans chercher, une ombre affamée, et outragera cette morte.

On rougit d'être homme.

———

« Je gagne trop peu, » dit-il. Quatre ou cinq fois plus que la femme, dans les métiers les plus nombreux. Lui quarante ou cinquante sous, et elle dix, comme on va le voir.

La pauvreté de l'ouvrier serait pour l'ouvrière richesse, abondance et luxe.

Le premier se plaint bien plus. Et, dès qu'il manque en effet, il manque de bien plus de choses. On peut dire d'eux ce qu'on a dit de l'Anglais et de l'Irlandais : « L'Irlandais a faim de pommes de terre. L'Anglais a faim de viande, de sucre, de thé, de bière, de spiritueux, etc., etc. »

Dans le budget de l'ouvrier nécessiteux, je passais deux choses qu'il se donne à tout prix, et auxquelles elle ne songe pas : le tabac et la barrière. Pour la plupart, ces deux articles absorbent plus qu'un ménage.

Les salaires de l'homme ont reçu, je le sais, une rude secousse, principalement par l'effet de la crise métallique qui change la valeur de l'argent. Ils remontent, mais lentement. Il faut du temps pour l'équilibre. Mais, en tenant compte de cela, la différence subsiste. La femme est encore plus frappée. C'est la viande, c'est le vin, qui sont diminués pour lui ; pour elle, c'est le pain même. Elle ne peut reculer, ni tomber davantage : un pas de plus, elle meurt.

———

« C'est leur faute, dit l'économiste. Pourquoi ont-elles la fureur de quitter les campagnes, de venir mourir de faim dans les villes ? Si ce n'est l'ouvrière même, c'est sa mère qui est venue, qui, de paysanne, se fit domestique. Elle ne manque pas, hors mariage, d'avoir un enfant, qui est l'ouvrière. »

Mon cher monsieur, savez-vous ce que c'est que la campagne de France ? combien le travail y est

terrible, excessif et rigoureux? Point de femmes
qui cultivent en Angleterre. Elles sont bien misérables, mais enfin vivent en chapeau, gardées du
vent et de la pluie. L'Allemagne, avec ses forêts, ses
prairies, etc., avec un travail très-lent et la douceur
nationale, n'écrase pas la femme, comme on fait de
celle-ci. Le *durus arator* du poète n'a guère son
idéal qu'ici. Pourquoi? Il est propriétaire. Propriétaire de peu, de rien, et propriétaire obéré. Par
un travail furieux, aveugle, de très-mauvaise agriculture, il lutte avec le vautour. Cette terre va lui
échapper. Plutôt que cela n'arrive, il s'y enterrera,
s'il le faut; mais d'abord surtout sa femme. C'est
pour cela qu'il se marie, pour avoir un ouvrier.
Aux Antilles, on achète un nègre; en France, on
épouse une femme.

On la prend de faible appétit, de taille mesquine
et petite, dans l'idée qu'elle mangera moins (historique).

Elle a grand cœur, cette pauvre Française, fait
autant et plus qu'on ne veut. Elle s'attelle avec un
âne (dans les terres légères) et l'homme pousse la
charrue. En tout, elle a le plus dur. Il taille la vigne
à son aise. Elle, la tête en bas, gratte et pioche. Il
a des répits, elle non. Il a des fêtes et des amis. Il
va seul au cabaret. Elle va un moment à l'église et
elle y tombe de sommeil. Le soir, s'il rentre ivre,

battue ! et souvent, qui pis est, enceinte ! La voilà, pour une année, traînant sa double souffrance, au chaud, au froid, glacée du vent, recevant la pluie tout le jour.

———

La plupart meurent de phthisie, surtout dans le Nord (voir les statistiques). Nulle constitution ne résiste à cette vie. Pardonnons-lui à cette mère, si elle a envie que sa fille souffre moins, si elle l'envoie à la manufacture (du moins elle aura un toit sur la tête), ou bien, domestique à la ville, où elle participera aux douceurs de la vie bourgeoise. L'enfant n'y est que trop portée. Toute femme a dans l'esprit des petits besoins d'élégance, de finesse et d'aristocratie.

Elle en est tout d'abord punie. Elle ne voit plus le soleil. La bourgeoise est souvent très-dure, surtout si la fille est jolie. Elle est immolée aux enfants gâtés, singes malins, cruels petits chats, qui font d'elle leur jouet. Sinon, grondée, vexée, malmenée. Alors elle voudrait mourir. Le regret du pays lui vient; mais elle sait que son père ne voudra jamais la reprendre. Elle pâlit, elle dépérit.

Le maître seul est bon pour elle. Il la con-

solerait, s'il l'osait. Il voit bien qu'en cet état dé-
solé, où la petite n'a jamais un mot de douceur, elle
est d'avance à celui qui lui montrerait un peu d'a-
mitié. L'occasion en vient bientôt, madame étant à
la campagne. La résistance n'est pas grande. C'est
son maître, et il est fort. La voilà enceinte. Grand
orage. Le mari honteux baisse les épaules. Elle
est chassée, et sans pain, sur le pavé, en attendant
qu'elle puisse accoucher à l'hôpital. (Histoire presque invariable, voyez les confessions recueillies par
les médecins.)

Quelle sera sa vie, grand Dieu ! que de combats !
que de peines, si elle a tant de bon cœur, de courage, qu'elle veuille élever son enfant !

———

Voyons la condition de la femme ainsi chargée,
et encore dans des circonstances relativement favorables.

Une jeune veuve protestante, de mœurs très-
austères, laborieuse, économe, sobre, exemplaire en
tout sens, encore agréable, malgré tout ce qu'elle
a souffert, demeure derrière l'Hôtel-Dieu, dans
une rue malsaine, plus bas que le quai. Elle a
un enfant maladif, qui va toujours à l'école, re-

tombe toujours au lit, et qui ne peut avancer. Son loyer, de cent vingt francs, moins enchéri que bien d'autres, est porté à cent soixante. Elle disait à deux dames excellentes : « Quand je puis aller en journée, on veut bien me donner vingt sous, même vingt-cinq ; mais cela ne me vient guère que deux ou trois fois la semaine. Si vous n'aviez eu la bonté de m'aider pour mon loyer en me donnant cinq francs par mois, il eût fallu, pour nourrir mon enfant, que je fisse *comme les autres*, que je descendisse le soir dans la rue. »

La pauvre femme qui descend tremblante, hélas ! pour s'offrir, est à cent lieues de l'homme grossier à qui il lui faut s'adresser. Nos ouvrières qui ont tant d'esprit, de goût, de dextérité, sont la plupart distinguées physiquement, fines et délicates. Quelle différence entre elles et les dames des plus hautes classes ? Le pied ? Non. La taille ? Non. La main seule fait la différence, parce que la pauvre ouvrière, forcée de laver souvent, passant l'hiver sous le toit avec une simple chaufferette, a ses mains, son unique instrument de travail et de vie, gonflées douloureusement, crevées d'engelures. A cela près, la même femme, pour peu qu'on l'habille, c'est madame la comtesse, autant qu'aucune du grand faubourg. Elle n'a pas le jargon du monde. Elle est bien plus romanesque, plus vive. Qu'un éclair de bonheur lui passe, elle éclipsera tout.

———

On ne sait pas assez combien les femmes sont une aristocratie. Il n'y a pas de peuple chez elles.

Quand je passai le détroit, un doux visage de femme, épuisé, mais fin, joli, distingué, suivait la voiture, me parlant, inutilement, car je n'entendais pas l'anglais. Ses beaux yeux bleus, suppliants, paraissaient souffrants, profonds, sous un petit chapeau de paille.

— Monsieur, dis-je à mon voisin, qui entendait le français, pourriez-vous m'expliquer ce que me dit cette charmante personne, qui a l'air d'une duchesse, et qui, je ne sais pourquoi, s'obstine à suivre la voiture?

— Monsieur, me dit-il poliment, je suis porté à croire que c'est une ouvrière sans ouvrage, qui se fait mendiante, au mépris des lois.

———

Deux événements immenses ont changé le sort de la femme en Europe dans ces dernières années. Elle n'a que deux grands métiers, *filer* et *coudre*.

Les autres (broderie, fleurs, etc.) méritent à peine d'être comptés. La femme est une *fileuse*, la femme est une *couseuse*. C'est son travail, en tous les temps, c'est son histoire universelle.

Eh bien, il n'en est plus ainsi. Cela vient d'être changé.

La machine à lin a d'abord supprimé la fileuse. Ce n'est pas un gain seulement, c'est tout un monde d'habitudes qui a été perdu. La paysanne filait, en surveillant ses enfants, son foyer, etc. Elle filait aux veillées. Elle filait en marchant, menant sa vache ou ses moutons.

La couseuse était l'ouvrière des villes. Elle travaillait chez elle, ou continûment tout le jour, ou en coupant ce travail des soins du ménage. Pour tout labeur important, cela n'existera plus. D'abord, les couvents, les prisons, faisaient terrible concurrence à l'ouvrière isolée. Mais voici la machine à coudre qui l'anéantit.

Le progrès de deux machines, le bon marché, la perfection de leur travail, feront, malgré toute barrière, arriver partout leurs produits. Il n'y a rien à dire contre les machines, rien à faire. Ces grandes inventions sont, à la fin, au total, des bienfaits pour l'espèce humaine. Mais leurs effets sont cruels aux moments de transition.

Combien de femmes en Europe (et ailleurs) se-

ront frappées par ces deux terribles fées, par la
fileuse d'airain et la couseuse de fer? Des millions?
Mais jamais on ne pourrait le calculer.

L'ouvrière de l'aiguille s'est trouvée, en Angleterre si subitement affamée, que nombre de sociétés d'émigration s'occupent de favoriser son passage en Australie. L'avance est de sept cent vingt
francs, mais la personne émigrée peut dès la
première année en rendre moitié (Blosseville). Dans
ce pays où les mâles sont infiniment plus nombreux, elle se marie sans peine, fortifiant de familles nouvelles cette puissante colonie, plus solide que l'empire indien.

Les nôtres que deviennent-elles? Elles ne font
pas grand bruit. On ne les verra pas, comme l'ouvrier, coalisé et robuste, le maçon, le charpentier,
faire une grève menaçante et dicter des conditions.
Elles meurent de faim, et voilà tout. La grande
mortalité de 1854 est surtout tombée sur elles.

Depuis ce temps cependant, leur sort s'est bien
aggravé. Les bottines de femmes ont été cousues à
la mécanique. Les fleuristes sont moins payées, etc.

Pour m'éclairer sur ce triste sujet, j'en parlais à
plusieurs personnes, spécialement à mon vénérable

ami et confrère, M. le docteur Villermé, à M. Guerry, dont les beaux travaux sont si estimés, enfin à un jeune statisticien dont j'avais fort admiré la méthode rigoureuse, M. le docteur Bertillon. Il eut l'obligeance extrême de faire, à cette occasion, un travail sérieux, où il réunit aux données que le monde ouvrier peut fournir celles que des personnes de l'administration lui communiquèrent. Je voudrais qu'il le complétât et le publiât.

Je n'en donnerai qu'une ligne : « Dans le grand métier général qui occupe toutes les femmes (moins un petit nombre), le travail de l'aiguille, elles ne peuvent gagner que dix sous. »

Pourquoi ? « Parce que la machine, qui est encore assez chère, fait le travail à dix sous. Si la femme en demandait onze, on lui préférerait la machine. »

Et comment y supplée-t-elle ? « Elle descend le soir dans la rue. »

Voilà pourquoi le nombre des filles publiques, enregistrées, numérotées, n'augmente pas à Paris, et, je crois, diminue un peu.

———

L'homme ne se contente pas d'inventer les machines qui suppriment les deux grands métiers de la femme, il s'empare directement des industries secondaires dont elle vivait, descend aux métiers du faible. La femme peut-elle, à volonté, monter aux métiers qui exigent de la force, prendre ceux des hommes? Nullement.

Les dames nonchalantes et oisives, enfoncées dans leur divan, peuvent dire tant qu'elles voudront : « La femme n'est point une malade. » — Ce qui n'est rien quand on peut, deux jours, trois jours, se dorloter, est souvent accablant pour celle qui n'a point de repos. Elle devient tout à fait malade.

En réalité, la femme ne peut travailler longtemps ni debout, ni assise. Si elle est toujours assise, le sang lui remonte, la poitrine est irritée, l'estomac embarrassé, la tête injectée. Si on la tient longtemps debout, comme la repasseuse, comme celle qui compose en imprimerie, elle a d'autres accidents sanguins. Elle peut travailler beaucoup, mais en variant l'attitude, comme elle fait dans son ménage, allant et venant.

Il faut qu'elle ait un ménage, il faut qu'elle soit mariée.

III

LA FEMME LETTRÉE

La demoiselle *bien élevée*, comme on dit, qui peut enseigner, devenir gouvernante dans une famille, professeur de certains arts, se tire-t-elle mieux d'affaire? Je voudrais pouvoir dire : Oui. Ces situations plus douces n'entraînent pas moins pour elle une infinité de chances scabreuses, au total une vie trouble, une destinée avortée, parfois tragique. Tout est difficulté pour la femme seule, tout impasse ou précipice.

Il y a quinze ans, je reçus la visite d'une jeune et aimable demoiselle que ses parents envoyaient de la province à Paris. On l'adressait à un ami de la famille qui pouvait l'aider à gagner sa vie en lui procurant des leçons. J'exprimai l'étonnement que me donnait leur imprudence. Alors, elle me dit tout. On l'envoyait dans ce péril pour en éviter un autre. Elle avait dans son pays un amant plein de mérite, et qui voulait l'épouser ; c'était le plus honnête homme, c'était un homme de talent. Mais, hélas ! il était pauvre. « Mes parents l'aiment, l'estiment, dit-elle, mais craignent que nous ne mourions de faim. »

Je lui dis sans hésiter : « Il vaut mieux mourir de faim que de courir le cachet sur le pavé de Paris. Je vous engage, mademoiselle, à retourner, non pas demain, mais aujourd'hui, chez vos parents. Chaque heure que vous restez ici vous fera perdre cent pour cent. Seule, inexpérimentée, que deviendrez-vous ? »

Elle suivit mon conseil. Ses parents consentirent. Elle épousa. Sa vie fut très-difficile, pleine des plus dures épreuves, exemplaire et honorable. Partagée péniblement entre le soin de ses enfants et l'aide très-intelligente qu'elle donnait aux travaux de son mari, je la vois encore l'hiver courant aux bibliothèques où elle faisait des recherches pour lui. Avec toutes ces misères, et la douleur qu'on avait de ne pouvoir secourir leur fière pauvreté, jamais je n'ai regretté le conseil que je lui donnai. Elle jouit beaucoup par le cœur, ne souffrit que de la fortune. Il n'y eut jamais meilleur ménage. Elle arriva à la mort aimée, pure et honorée.

———

La pire destinée pour la femme, c'est de vivre seule.

Seule! le mot même est triste à dire... Et comment se fait-il sur la terre qu'il y ait *une femme seule!*

Eh quoi! il n'est donc plus d'hommes? Sommes-nous aux derniers jours du monde? la fin, l'approche du Jugement dernier nous rend-elle si égoïstes, qu'on se resserre dans l'effroi de l'avenir et dans la honte des plaisirs solitaires?

On reconnaît la *femme seule* au premier coup d'œil. Prenez-la dans son voisinage, partout où elle est regardée, elle a l'attitude dégagée, libre, élégamment légère, qui est propre aux femmes de France. Mais dans un quartier où elle se croit moins observée, elle se laisse aller; quelle tristessse! quel abattement visible! J'en rencontrai l'hiver dernier, jeunes encore, mais en décadence, tombées du chapeau au bonnet, un peu maigries, un peu pâlies (d'ennui, d'anxiété? de faible et de mauvaise nourriture?). Pour les refaire belles et

charmantes, il eût suffi de peu de chose : quelque
espoir, trois mois de bonheur.

Que de gênes pour une femme seule! Elle ne
peut guère sortir le soir; on la prendrait pour une
fille. Il est mille endroits où l'on ne voit que des
hommes, et si une affaire l'y mène, on s'étonne, on
rit sottement. Par exemple, qu'elle se trouve attar-
dée au bout de Paris, qu'elle ait faim, elle n'osera
pas entrer chez un restaurateur. Elle y ferait évé-
nement, elle y serait un spectacle. Elle aurait constamment tous les yeux fixés sur elle, entendrait
des conjectures hasardées, désobligeantes. Il faut
qu'elle retourne à une lieue, qu'arrivée tard, elle
allume du feu, prépare son petit repas. Elle évite de
faire du bruit, car un voisin curieux (un étourdi
d'étudiant, un jeune employé, que sais-je?) mettrait
l'œil à la serrure, ou indiscrètement, pour entrer,
offrirait quelque service. Les communautés gê-
nantes, disons mieux, les servitudes de nos grandes
vilaines casernes, qu'on appelle des maisons, la rendent craintive en mille choses, hésitante à chaque
pas. Tout est embarras pour elle, et tout liberté
pour l'homme. Combien, par exemple, elle s'enferme, si le dimanche, ses jeunes et bruyants voisins font entre eux, comme il arrive, ce qu'on
appelle un *repas de garçon !*

Examinons cette maison.

Elle demeure au quatrième, et elle fait si peu de bruit que le locataire du troisième avait cru quelque temps n'avoir personne au-dessus de lui. Il n'est guère moins malheureux qu'elle. C'est un monsieur que sa santé délicate, et un peu d'aisance, ont dispensé de rien faire. Sans être vieux, il a déjà les habitudes prudentes d'un homme toujours occupé de se conserver lui-même. Un piano qui l'éveille un peu plus tôt qu'il ne voudrait a révélé la solitaire. Puis, une fois, il a entrevu sur l'escalier une aimable figure de femme un peu pâle, de svelte élégance, et il est devenu curieux. Rien de plus aisé. Les concierges ne sont pas muets, et sa vie est si transparente ! Moins les moments où elle donne ses leçons, elle est toujours chez elle, toujours à étudier. Elle prépare des examens, aimant mieux être gouvernante, avoir l'abri d'une famille. Enfin, on en dit tant de bien que le monsieur devient rêveur. « Ah ! si je n'étais pas pauvre ! dit-il. Il est bien agréable d'avoir la société d'une jolie femme à vous, qui comprend tout, vous dispense de traîner vos soirées au spectacle ou au café. Mais quand on n'a, comme moi, que dix mille livres de rente, on ne peut pas se marier. »

Il calcule alors, suppute son budget, mais en faisant le double compte qu'ils font en pareil cas, réunissant les dépenses probables de l'homme marié et celles du célibataire qui continuerait le café, le spectacle, etc. C'est ainsi qu'un de mes amis, un des plus spirituels journalistes de Paris, trouvait que pour vivre deux, sans domestique, dans une maisonnette de banlieue, il faut trente mille livres de rente.

Cette lamentable vie, d'*honorable solitude* et d'ennui désespéré, c'est celle que mènent les ombres errantes qu'on appelle en Angleterre les membres de clubs. Cela commence aussi en France. Fort bien nourris, fort bien chauffés, dans ces établissements splendides, trouvant là tous les journaux et de riches bibliothèques, vivant ensemble comme des morts bien élevés et polis, ils progressent dans le spleen et se préparent au suicide. Tout est si bien organisé que la parole est inutile ; il n'est même besoin de signes. A tels jours de l'année, le tailleur se présente et prend mesure, sans qu'on ait besoin de parler. Point de femme. Et encore moins irait-on chez une fille. Mais, une fois par semaine, une demoiselle apportera des gants, ou tel objet payé d'avance, et sortira sans bruit au bout de cinq minutes.

J'ai parfois, en omnibus, rencontré une jeune fille modestement mise, mais en chapeau toutefois, qui avait les yeux sur un livre et ne s'en détachait pas. Si près assis, sans regarder, je voyais. Le plus souvent, le livre était quelque grammaire ou un de ces manuels pour préparer les examens. Petits livres, épais et compactes, où toute science est concentrée sous forme sèche, indigeste, comme à l'état de caillou. Elle se mettait pourtant tout cela sur l'estomac, la jeune victime. Visiblement, elle s'acharnait à absorber le plus possible. Elle y employait les jours et les nuits, même les moments de repos que l'omnibus lui offrait entre ses courses et ses leçons données aux deux bouts de Paris. Cette pensée inexorable la suivait. Elle n'avait garde de lever les yeux, la terreur de l'examen pesait trop. On ne sait pas combien elles sont peureuses. J'en ai vu qui, plusieurs semaines d'avance, ne se couchaient plus, ne respiraient plus, ne faisaient plus que pleurer.

Il faut avoir compassion.

Notez que, dans l'état actuel de nos mœurs, je suis très-grand partisan de ces examens qui facilitent une existence un peu plus libre, au total, honorable. Je ne demande pas qu'on les simplifie, qu'on resserre le champ des études qui sont demandées. J'y voudrais pourtant une autre méthode; en histoire par exemple, *un petit nombre de grands faits capitaux, mais circonstanciés, détaillés* et non des tables de matières. Je soumets cette réflexion à mes savants collègues et amis, qui sont juges de ces examens.

Je voudrais encore qu'on ménageât davantage la timidité, que les examens fussent publics, mais pour les dames seulement, qu'on n'admît d'hommes tout au plus que les parents des demoiselles. Il est dur de leur faire subir cette épreuve devant un public curieux (comme cela arrive dans certaines villes). Il faudrait aussi laisser à chacune le choix du jour de l'examen. Pour plusieurs, l'épreuve est terrible, et, sans cette précaution, peut les mettre en danger de mort.

Eugène Sue, dans un roman faible d'exécution, mais d'observation excellente (*la Gouvernante*), donne le tableau très-vrai de la vie d'une demoiselle transportée tout à coup dans une maison étrangère dont elle doit élever les enfants. Égale ou supérieure par l'éducation, modeste de position, le plus souvent de caractère, elle n'intéresse que trop. Le père en est fort touché, le fils se déclare amoureux; les domestiques sont jaloux des égards dont elle est l'objet, la calomnient, etc. Mais que de choses à ajouter? Combien, chez Sue, est incomplète la triste iliade de ce qu'elle a à souffrir, même à craindre de dangers? On pourrait citer des faits étonnants, incroyables. Ici c'est la passion du père portée jusqu'au crime, entreprenant d'effrayer une gouvernante vertueuse, lui coupant son linge, ses robes, même brûlant un jour ses rideaux! Là, c'est une mère corrompue qui, voulant gagner du temps et marier son fils le plus tard possible, trouve très-bon qu'en attendant il trompe une pauvre demoiselle *sans conséquence*, qui n'a ni parents, ni protecteur. Elle flatte, caresse la fille crédule, et, sans qu'il y paraisse, arrange des occasions, des hasards calculés. Au contraire, j'ai vu ailleurs la maîtresse de maison, si violente et si jalouse, rendant la vie si amère à la triste créature, que, par l'excès des souffrances, elle prenait justement son abri sous la protection du mari.

La tentation est naturelle pour une jeune âme, fière et pure, courageuse contre le sort, de sortir de la dépendance individuelle, et de s'adresser à tous, de prendre un seul protecteur, le public, et e croire qu'elle pourra vivre du fruit de sa pensée.

Que les femmes pourraient ici nous faire de révélations! Une seule a conté cette histoire dans un
roman très-fort, dont le défaut est d'être court, de
sorte que les situations n'arrivent pas à tout leur
effet. Ce livre, *une Fausse position*, a paru il y a
quinze ans et disparu aussitôt. C'est l'itinéraire
exact, le livre de route d'une pauvre femme de
lettres, le relevé des péages, octrois, taxes de bar-
rières, droits d'entrée, etc., qu'on exige d'elle pour
lui permettre quelques pas ; l'aigreur, l'irritation
que sa résistance lui crée tout autour, de sorte que
tous l'environnent d'obstacles, que dis-je? d'obstacles meurtriers.

Avez-vous vu en Provence des enfants ameutés
contre un insecte qu'ils croient dangereux? Ils disposent autour de lui des pailles ou des brins secs,
puis allument... De quelque côté que la pauvre
créature s'élance, elle trouve la flamme, se brûle
cruellement, retombe; et cela plusieurs fois; elle
essaye toujours d'un courage obstiné, toujours en
vain. Elle ne peut passer le cercle de feu.

C'est la même chose au théâtre. La femme énergique et belle, qui se sent de la force au cœur, se
dit: « Par la littérature, il me faut subir les inter-

médiaires qui disposent de l'opinion. Sur la scène, je suis en personne par-devant mon juge, le public, je plaide moi-même pour moi. Je n'ai pas besoin qu'on dise : « Elle a du talent! » — Mais je dis : « Voyez! »

Quelle erreur! la foule décide bien moins par ce qu'elle voit que par ce qu'on lui dit être le jugement de la foule. On est touché de cette actrice, mais chacun hésite à le dire. Chacun attendra, craindra le ridicule d'un entraînement passionné. Il faudra que les censeurs autorisés, les moqueurs de profession, aient donné le signal de l'admiration. Alors le public éclate, ose admirer, dépasse même tout ce que lui aurait dicté son émotion personnelle.

Mais, seulement pour arriver à ce jour du jugement où elle aura tout à craindre, que de fâcheux préalables! que d'hommes intéressés, suspects, indélicats, disposent souverainement de son sort!

Par quelles filières, quelles épreuves, ont réussi les débuts? comment s'est-elle concilié ceux qui la présentent et la recommandent? puis, le directeur auquel elle est présentée? plus tard, l'auteur à la mode qui ferait pour elle un rôle? les critiques en dernier lieu? Et je ne parle pas ici des grands organes de la presse qui se respectent un peu, mais des plus obscurs, des plus inconnus. Il suffit qu'un jeune employé, qui passe sa vie dans tel ministère à tailler des plumes, ait griffonné à son bureau quelques lignes satiriques, qu'une petite feuille les reçoive, les répande dans l'entr'acte. Animée, encouragée des premiers applaudissements, elle rentre en scène belle d'espoir... mais ne reconnaît plus la salle. Tout est brisé, le public glacé. On se regarde en riant.

J'étais jeune quand je vis une scène bien forte, dont je suis resté indigné. J'aime à croire que de nos jours les choses ne sont plus ainsi.

Chez un de ces terribles juges que je connaissais, je vois arriver une petite personne, fort simplement mise, d'une figure douce et bonne, fatiguée déjà et un peu fanée. Elle lui dit, sans préface, qu'elle venait lui demander grâce, qu'elle le priait du moins de lui dire pourquoi il ne passait pas un jour sans la cribler, l'accabler. Il répondit hardiment, non pas qu'elle jouait mal, mais qu'elle était impolie, qu'à un premier article assez favorable elle eût dû répondre par un signe de reconnaissance, une marque *solide* de souvenir. « Hélas! monsieur, je suis si pauvre! je ne gagne presque rien, et je dois soutenir ma mère. — Peu m'importe! ayez un amant... — Mais je ne suis pas jolie. Et d'ailleurs je suis si triste!... On n'aime que les femmes gaies...— Non, vous ne m'en ferez pas accroire. Vous êtes jolie, mademoiselle, et c'est mauvaise volonté. Vous êtes fière, cela ne vaut rien. Il faut faire comme les autres, il faut avoir un amant. » Il ne sortit pas de là.

Je n'ai jamais compris comment on avait la force de siffler une femme. Chacun d'eux est peut-être bon, et ils sont cruels en masse. Cela arrive parfois dans telle ville de province. Pour forcer le directeur à dépenser plus qu'il ne peut, et à faire venir les premiers talents, on exécute chaque soir une infortunée qui, elle-même, aurait du talent, mais qui, sous cet acharnement, ce honteux supplice, perd la tête, chancelle, bégaye, ne sait plus ce qu'elle dit. Elle pleure, reste muette, implore des yeux... On rit, on siffle. Elle s'irrite, se révolte contre une si grande barbarie. Mais alors, c'est une tempête si horrible et si féroce, qu'elle tombe, demande pardon...

Maudit qui brise une femme, qui lui ôte ce qu'elle avait de fierté, de courage, d'âme! Dans *une Fausse position*, ce moment est marqué d'une manière si tragique et si vraie, qu'on sent que c'est la nature même; cela est pris sur le vif. Camille, la femme de lettres, habilement entourée

du cercle de feu, n'ayant plus d'issue, veut mourir. Elle n'en est empêchée que par un hasard
imprévu, une occasion inévitable, impérieuse, de
faire quelque bien encore. Attendrie par la charité,
amollie, elle perd les forces que l'orgueil prêtait à
son désespoir. *Un sauveur* lui vient, elle cède. La
voilà *humble*, désarmée par le grand dilemme
qui corrompit tant les mystiques : « Si le vice
est un péché, l'orgueil est un plus grand péché. »
Elle est devenue tout à coup, celle qui portait la
tête si haut, bonne, docile, obéissante. Elle fait
l'aveu de la femme : « *J'ai besoin d'un maître*. Com-
mandez, dirigez... Je ferai ce qu'on voudra. »

Ah! dès qu'elle est une femme, dès qu'elle est
douce, pas fière, tout est ami, tout s'aplanit. Les
saints lui savent gré d'être humble. Les mondains
en ont bon espoir. Les portes se rouvrent devant
elle, et littérature et théâtre. On travaille, on conspire pour elle. Plus elle est morte de cœur, mieux
elle est posée dans la vie. Les apparences rede-
viennent excellentes. Tout ce qui fit guerre à l'artiste, à la femme laborieuse et indépendante,
est bon pour la femme soumise (désormais entretenue).

L'auteur du roman, à la fin, torture, mais sauve l'héroïne. Il lui met un fer brûlant au cœur, celui d'un véritable amour. Elle succombe, perd l'esprit avant sa dégradation. Peu ont ce bonheur; la plupart ont déjà trop souffert, trop baissé pour sentir si vivement ; elles subissent leur sort, sont esclaves, — esclaves grasses et florissantes.

Esclaves de qui? direz-vous. De cet être incertain et inconnu qui d'autant moins est responsable, et d'autant plus est léger, sans égard et sans pitié. Son nom? C'est *Nemo*, le nom sous lequel Ulysse s'affranchit du cyclope. Ici, c'est le cyclope même, le minotaure dévorant. C'est *Personne*, et c'est *Tout le monde*.

J'ai dit qu'elle était *esclave*. Plus misérablement esclave que le nègre du planteur, plus que la fille publique numérotée du ruisseau. Comment? Parce que ces misérables, du moins, n'ont pas d'inquiétude, ne craignent pas le chômage, sont nourries par leurs tyrans. La pauvre *camellia*, au contraire, n'est sûre de rien. On peut la quitter tous les jours, et la laisser mourir de faim. Elle semble gaie, insouciante. Son métier est de sourire. Elle sourit, et dit cependant : « Peut-être affamée demain !... Et pour retraite, une borne ! »

Même dans son for intérieur, elle tâche aussi d'être gaie, ayant peur d'être malade, de mai-

grir. Cela est atroce de ne pouvoir être triste. Elles
savent bien qu'au milieu des demi-égards, un
peu ironiques, que l'on a pour elles, on ne leur
pardonnera pas un jour de langueur, ni la moindre altération. Certaine ombre de souffrance, un
peu de pâleur maladive qui parerait la grande
dame et peut-être rendrait fou d'amour, c'est la
ruine de la dame au camellia. Elle est tenue d'être
brillante de fraîcheur, luisante plutôt. Point de
grâce. Un médecin très-honnête qu'une d'elles avait
appelé, huit jours après, de lui-même, sans autre
intérêt que la pitié, passant dans la rue, monta, demanda comment elle allait. Elle fut extrêmement
touchée et ouvrit son cœur. « Vous me voyez
toujours seule, dit-elle. Il vient à peine un jour
par semaine. Si je souffre ce jour-là, il dit :
« Bonsoir, je vais au bal » (c'est-à-dire chercher
une femme), me faisant sèchement entendre que
je ne suis bonne à rien, que je ne gagne pas mon
pain. »

La façon dont on s'en défait est la chose la
plus cruelle. M. Bouilhet, dans son beau drame
d'*Hélène Peyron*, a mis en scène ce qui se voit
tous les jours. On n'aime pas à rompre en face,
mais on s'arrange si bien, que la créature dé-
laissée, demain sans ressources peut-être, ac-
cueille trop crédulement l'amour d'un ami per-

fide. Libre à l'infidèle, au traître, de dire qu'elle l'a trahi.

———

Dans un poëme immortel, d'une inexprimable tendresse, Virgile a exprimé l'amertume, l'insondable mer de douleurs, où se noie l'amant de Lycoris. Ces courtisanes esclaves, qu'un maître avare louait, vendait, ont tiré des vers déchirants de la muse infortunée des Properce et des Tibulle. Elles étaient lettrées, gracieuses et de véritables *dames*, plus semblables à la dame au *camellia* actuelle qu'aux Manon Lescaut de l'ancien régime, si naïvement corrompues, simple élément de plaisir, qui ne sentaient, ne savaient rien.

Le danger est très-grand ici. Le plus sûr est de rester loin. Un jour, un de mes amis, penseur distingué, charitable, mais qui a les mœurs du temps, me disait que c'était par ses relations légères, sans conséquence, en évitant tout engagement sérieux, qu'il avait su se réserver pour l'étude et l'exercice solitaire de l'intelligence. Je lui dis : « Quoi! vous trouvez que cela est sans conséquence? Mais n'est-ce pas un grand péril?... Par quel effort philosophique d'oubli et d'abstraction peut-on voir une infortunée jetée là par la misère, par la trahison peut-être, sans que son horrible sort ne déchire le cœur? Et si la pauvre créature, jouet de la fatalité, allait le prendre, ce cœur, vous seriez perdu! — Moi! dit-il en souriant (mais d'un si triste sourire!), cela ne peut pas arriver. Mes parents y ont pourvu; ils ont fermé cette porte qui mène aux grandes folies. Avant que j'aie senti mon cœur, on m'en a débarrassé. On a tué l'amour en moi. »

Cette parole funéraire me fit frémir. Je pensai au mot qu'un empereur sophiste dit au dernier jour de l'empire romain : « L'amour est une convulsion. » Le lendemain, tout s'écroula, non par l'invasion des barbares, mais par celle du célibat et de la mort préventive.

IV

LA FEMME NE VIT PAS SANS L'HOMME

Une vie toujours laborieuse nous enrichit, en avançant, de sens nouveaux qui nous manquaient. Bien tard, seulement l'hiver dernier (1858-1859), je me suis trouvé au cœur le sens des petits enfants. Je les avais toujours aimés, mais je ne les comprenais pas. Je dirai plus loin l'aimable révélation qui m'en vint par une dame allemande. C'est à elle certainement qu'on devra ce qui pourrait se trouver de meilleur dans les premiers chapitres sur l'éducation qu'on lira tout à l'heure.

Pour pénétrer dans cette étude, je crus devoir connaître mieux l'anatomie de l'enfant. Mon ami,

M. le docteur Béraud, chirurgien des hôpitaux, ex-
prosecteur de Clamart, jeune encore, mais si connu
par le beau traité de physiologie qu'il a fait avec
notre illustre Robin, voulut bien, dans le cabinet
qu'il a à Clamart, disséquer plusieurs enfants sous
mes yeux. Il m'avertit sagement que l'étude de
l'enfant est utilement éclairée par celle de l'adulte.
Me voilà donc, sous ses auspices, lancé dans l'anatomie que je ne connaissais jusque-là que par les
planches.

Admirable étude, qui, indépendamment de tant
d'utilités pratiques, est au fond tout une morale.
Elle trempe le caractère. On n'est homme que par
le ferme regard dont on envisage la vie et la mort.
Et, ce qui n'est pas moins vrai, quoique moins
connu, elle humanise le cœur, non d'un attendrissement de femme, mais en nous clairant sur une
foule de ménagements naturels qu'on doit à l'humanité. Un éminent anatomiste me disait : « C'est
un supplice pour moi de voir une porteuse d'eau
sous le poids des seaux qui l'accablent et qui lui
scient les épaules. Si l'on savait combien chez la
femmes ces muscles sont délicats, combien les nerfs
du mouvement sont faibles, et au contraire si développés ceux de la sensibilité ! »

Mon impression fut analogue, lorsque, ayant vu
l'organisme qui fait de l'enfant un être fatalement

mobile, à qui la nature impose un changement continuel, je pensai à l'enfer d'immobilité que lui inflige l'école. D'autant plus je me rattachai à la bonne méthode allemande (*ateliers et jardins d'enfants*), où on leur demande justement ce que veut la nature, le mouvement, en développant chez eux l'activité créatrice qui est le vrai génie de l'homme.

Tant qu'on n'a pas vu, touché les réalités, on hésite sur tout cela, on discute, on perd le temps à écouter les bavards. Disséquez. En un moment vous comprendrez, sentirez tout. C'est la mort surtout qui apprend à respecter la vie, à ménager, à ne pas surmener l'espèce humaine.

Si je pouvais avoir quelque doute sur l'influence morale de l'anatomie, il m'eût suffi de me rappeler que les meilleurs hommes que j'ai connus étaient de grands médecins. Au moment même où j'étudiais à Clamart, j'y vis un célèbre chirurgien anglais qui, dans son grand âge de quatre-vingts ans, passe tous les ans la mer pour visiter cette capitale des sciences, et connaître les nouveautés heureuses que son génie inventif trouve incessamment pour le soulagement de l'humanité.

———

Il s'agissait pour moi surtout de l'anatomie du

cerveau. J'en étudiai un grand nombre de l'un et de l'autre sexe, de tout âge, et fus frappé de voir combien naïvement la face inférieure du cerveau répond, dans sa physionomie, à l'expression du visage. Je dis la face inférieure et nullement la partie supérieure, et toute *veineuse*, à laquelle évidemment Gall attachait trop d'importance. C'est loin de la boîte osseuse, aux larges bases du cerveau, *pleines d'artères*, accidentées de volutes plus ou moins riches, selon que l'intelligence fut développée; c'est là que se révèle énergiquement la personne, autant qu'au visage même. Celui-ci, face grossière, exposé à l'air, à mille chocs, déformé par des grimaces, s'il n'avait les yeux, parlerait bien moins que cette face inférieure, si bien gardée, si délicate, si merveilleusement nuancée.

Chez les femmes vulgaires, qui visiblement avaient eu des métiers grossiers, le cerveau était fort simple de forme, comme à l'état rudimentaire. Elles m'auraient exposé à la grave erreur de croire que la femme en général est, dans ce centre essentiel de l'organisme, inférieure à l'homme. Heureusement d'autres cerveaux féminins me détrompèrent, spécialement celui d'une femme qui, sous un rapport pathologique offrant un cas singulier, obligea M. Béraud à connaître et sa maladie, et ses précédents. J'eus donc ici ce qui me manquait pour ces autres morts, l'histoire de la vie, de la destinée.

Cette singularité infiniment rare, c'était un calcul considérable trouvé dans la matrice. Cet organe généralement si altéré aujourd'hui, mais peut-être jamais à ce point, révélait là un état bien extraordinaire. Qu'au sanctuaire de la vie génératrice et de la fécondité on trouvât ce cruel desséchement, cette atrophie désespérée, une Arabie, si j'ose dire, un caillou..., que l'infortunée se fût comme changée en pierre... cela me jeta dans une mer de sombres pensées.

Cependant les autres organes n'en étaient pas altérés autant qu'on aurait pu croire. La tête était fort expressive. Si le cerveau n'était pas large, fort, puissant, comme celui de quelques hommes que j'avais pu observer, il était aussi varié, aussi riche de volutes. Petites volutes accidentées, historiées d'un détail infini, — naguère meublées, on le sentait, d'une foule d'idées, de nuances délicates, d'un monde de rêves de femme. Tout cela parlait. Et, comme j'avais eu sous les yeux, le moment d'auparavant, des cerveaux peu expressifs, j'allais dire silencieux, celui-ci, au premier aspect, me fit entendre un langage. En l'approchant, je croyais par les yeux ouïr encore un écho de ses soupirs.

Les mains, douces et assez fines, n'étaient pas cependant élégamment allongées, comme celles de la dame oisive. Elles étaient moyennement courtes, faites pour la préhension. Elle avait sans doute tenu de petits objets, qui ne déforment pas la main, mais la courbent et la concentrent. Ce devait être une ouvrière, — en linge peut-être? fleuriste? Telles étaient les conjectures naturelles. Elle pouvait avoir vingt-huit ans. Ses yeux d'un gris bleu, surmontés de sourcils noirs assez forts, une certaine qualité du teint, révélaient la femme de l'Ouest, ni Normande ni Bretonne, d'une zone intermédiaire et pas encore du Midi.

La figure était sévère, fière plutôt. Les sourcils, arqués fortement, mais non surbaissés, témoignaient d'une personne honnête, nullement avilie, qui avait gardé son âme et jusqu'à la mort lutté.

Le corps, déjà ouvert à l'hôpital, montrait assez au côté gauche qu'une fluxion de poitrine l'avait enlevée. Elle était morte le 21 mars. En retranchant douze jours, nous remontions au mardi gras, au 9 mars. On était tenté de croire qu'elle était une des victimes si nombreuses des bals de cette époque. Cruel moment qui tout à coup comble les hôpitaux et bientôt les cimetières! On peut justement l'appeler la *Fête du Minotaure*. Que de femmes dévorées vivantes!

Quand on songe à l'ennui mortel, à la monotonie profonde, à la vie déshéritée, sèche et vide, que mène l'ouvrière, surtout l'ouvrière de l'aiguille avec son pain sec éternel, et seule dans son froid grenier, on s'étonne peu si elle cède à la jeune folle d'à côté, ou à une amie plus mûre, intéressée, qui l'entraîne. Mais ce qui me donne toujours un étonnement douloureux, c'est que celui qui en profite ait si peu de cœur, qu'il protége si peu la pauvre étourdie, ne veille pas un peu sur elle, ne s'inquiète pas (lui chaudement couvert de manteaux, de paletots!) de savoir si elle revient vêtue, de savoir si elle a du feu, si elle a le nécessaire, de quoi manger pour demain. Hélas! cette infortunée dont vous eûtes tout à l'heure les dernières caresses, la jeter dans la nuit glacée!... Barbares! vous faites semblant d'être *légers* dans tout ceci. Point du tout. Vous êtes habiles, vous êtes cruels et avares, vous craignez d'en savoir trop, vous aimez mieux ignorer ce qui suit, — la vie, la mort...

Pour revenir, malgré l'époque, je doutai fort, sur la vue du visage de cette femme, que ce fût une *étudiante*, une habituée de ces bals. On connaît aisément ce monde-là. Elle n'y eût pas réussi. Un nez sévèrement arrêté, un menton ferme, une bouche à lèvres fines et précises, un certain air de réserve, l'auraient fait trop respecter.

L'enquête ultérieure prouva que j'avais très-bien jugé. C'était une demoiselle de province, de petite bourgeoisie marchande, qui, dans une ville peuplée en majeure partie de célibataires, employés, etc., n'avait pu, malgré son honnêteté naturelle, se défendre seule contre des assauts infinis, une poursuite de toutes les heures. Sur promesse de mariage, elle avait aimé et eu un enfant. Trompée, sans autre ressource que ses doigts et son aiguille, elle avait quitté cette ville, celle de France où les femmes sont le moins embarrassées. Elles y gagnent tout ce qu'elles veulent. Celle-ci aima mieux aller se cacher à Paris, et mourir de faim. Elle traînait un enfant ; grand obstacle à toute chose. Elle ne pouvait être ni femme de chambre ni demoiselle de boutique. La couture ne produisait rien. Elle essaya de repasser ; mais dans son état maladif, aggravé par le chagrin, elle ne pouvait le faire sans que le charbon lui donnât de cruelles migraines, et elle ne restait debout tout un jour qu'avec de grandes douleurs. Les ouvrières n'en savaient rien et la croyaient paresseuse. Les Parisiennes sont rieuses, elles n'épargnaient pas les risées à la pauvre provinciale. Toutefois, elles avaient bon cœur, et, dans ses embarras, lui prêtaient de leur argent.

Ses tristes robes d'indienne déteinte, que j'ai vues, témoignaient assez que, dans cette extrême misère, elle n'eut aucun recours à ce qui lui restait de beauté. Un tel vêtement vieillit. Il ne laissait nullement deviner combien cette personne était jeune encore, entière. La douleur et les misères maigrissent, mais ne fanent pas comme les excès et les jouissances. Et celle-ci, très-visiblement, avait peu usé des joies de la vie.

La maîtresse qui l'employait à repasser avait eu la charité de lui permettre de coucher dans une grande soupente qui servait d'atelier, lieu fortement imprégné des vapeurs du charbon, et qui d'ailleurs devait le matin être libre pour le travail. Quelque souffrante qu'elle fût, elle ne pouvait rester au lit, même un jour. De bonne heure, les ouvrières arrivaient, se moquaient « de la paresseuse, fainéante et propre à rien. »

Au 1ᵉʳ mars, elle fut plus mal, eut un peu de fièvre, un peu de toux. Ce n'eût été rien si elle avait eu un *chez soi.* Mais, ne l'ayant pas, il lui fallut laisser sa petite fille à la bonté de la maîtresse et aller à l'hôpital.

Elle entra dans un de nos grands vieux hôpitaux où il y avait en ce moment beaucoup de fièvres typhoïdes. Le très-habile médecin qui l'y reçut prévit sans peine que sa petite fièvre prendrait ce caractère. Mais il espéra l'atténuer. On lui demanda si sa santé, en général, était bonne. Elle dit modestement : *Oui*, dissimulant la grave lésion intérieure, et redoutant un pénible examen.

Dans l'immensité de ces salles qui réunissent tant de souffrances, où l'on voit agoniser, mourir à côté de soi, la tristesse ajoute souvent à la maladie. Les parents sont admis à certains jours. Mais combien n'ont pas de parents! combien meurent seuls! Celle-ci fut visitée par la charitable maîtresse, qui, pourtant, voyant plusieurs malades de la fièvre typhoïde, prit peur, et ne revint plus.

L'aération nécessaire se fait encore, comme autrefois, par de vastes fenêtres, de grands courants d'air. On s'occupe sérieusement d'établir un meilleur système. Ces courants frappent des malades peu défendus par leurs rideaux. La petite toux qu'elle avait devint une forte bronchite, puis une fluxion de poitrine. Épuisée depuis longtemps par une très-faible nourriture, elle n'avait pas la force de réagir. Elle fut très-bien soignée, mais mourut en trois semaines.

Sa petite fille (enfant charmante et déjà raisonnable) fut mise aux Enfants trouvés.

Son corps, n'étant réclamé de personne, fut envoyé à Clamart. Et, j'ose dire, très-utilement, puisqu'il a éclairé la science par un fait dont elle tirera de fécondes inductions. D'autre part, ce simple récit aura aussi été utile, s'il avertit fortement l'attention des bons esprits. *La femme meurt, si elle n'a foyer et protection.* Si celle-ci avait eu seulement un abri, un lit pour huit jours, son indisposition eût passé, selon toute apparence, et elle eût encore vécu.

———————

Il lui aurait fallu un moment l'hospitalité d'une femme. Qu'il serait souvent aisé, pour une dame intelligente, à certains jours décisifs, de sauver celle que le malheur engloutit ! Je suppose que cette dame, traversant un jardin public qui est près de l'hôpital, l'ait vue assise sur un banc, avec son petit paquet, se reposant un moment de sa longue course, avant d'entrer. Cette dame la voyant si pâle, frappée de sa figure honnête, distinguée, malgré l'extrême pauvreté du vêtement, se fût assise à côté d'elle, et, de manière ou d'autre, l'aurait fait un peu parler.

« Qu'avez-vous, mademoiselle ? — J'ai la fièvre, madame. Je me sens tout à fait mal. — Voyons... Je m'y connais un peu. Oh ! c'est peu de chose. Dans ce moment, l'épidémie régnante est forte aux hôpitaux. Vous pourriez bien la gagner. Un peu de quinquina peut-être vous mettra sur pied en deux jours. J'aurais beaucoup à repasser. Pour ces deux jours, venez chez moi. Guérie, vous ferez mon ouvrage. » — Cela lui eût sauvé la vie.

Deux jours n'eussent pas suffi. Avec une semaine, elle eût été remise. La dame appréciant ce caractère honnête et sûr qu'elle portait sur son visage, l'eût sans doute gardée davantage. Un peu ouvrière, un peu demoiselle, mieux vêtue, redevenue belle par quelques mois d'une vie douce, elle eût touché plus d'un cœur de sa grâce sérieuse. Le malheur d'avoir été trompée et d'avoir ce joli enfant, bien compensé par sa sage tenue, sa vie économe et laborieuse, n'aurait guère arrêté l'amour. J'ai eu occasion de voir plusieurs fois la magnanimité tendre et généreuse des bons travailleurs dans ce genre d'adoption. J'ai vu un de ces ménages admirables. La femme aimait, j'ose dire, adorait son mari, et l'enfant, par je ne sais quel instinct, s'était attaché à lui plus qu'on ne fait à un père; il ne le quittait qu'en pleurant, et, s'il tardait, pleurait pour le revoir.

On se figure trop aisément qu'une destinée est gâtée sans retour. Notre bonne vieille France ne pensait pas ainsi. Toute femme qui émigrait, par exemple, au Canada, passait pour purifiée de toute faute et de tout malheur, par le baptême de la mer. Ce n'était pas une vaine opinion. Elles prouvaient parfaitement qu'en effet il en était ainsi, devenaient d'admirables épouses, d'excellentes mères de famille.

Mais l'émigration la meilleure, pour celles qui, presque enfants, se sont trouvées jetées par le hasard dans une vie légère, c'est de remonter courageusement par le travail et les privations. Un de nos premiers penseurs a soutenu cette thèse dans une lettre sévère à une de nos pauvres amazones, si brillantes et si malheureuses, qui lui demandait comment on peut sortir de ce gouffre. La lettre, très-dure de forme, mais bonne au fond et très-bonne, lui dit comment elle peut expier par la misère, se laver par le travail et la souffrance voulue, redevenir digne et pure. Il a tout à fait raison. L'âme de femme, bien plus mobile, plus fluide que l'âme d'homme, n'est jamais si profondément corrompue. Quand elle a voulu sérieusement revenir au bien, qu'elle a vécu d'efforts, de sacrifices, de réflexion, elle est vraiment renouvelée. C'est un peu comme la rivière, qui, à tels jours fut gâtée, mais d'autres eaux sont venues, et elle est claire aujourd'hui. Si la femme ainsi changée, oubliant le mauvais rêve de ses fautes involontaires où le cœur n'était pour rien, parvient à le trouver, ce cœur, si elle aime... tout est sauvé. Le plus honnête homme du monde peut avoir son bonheur en elle, et s'honorer d'elle encore.

Je ne voulus rien ajouter à ce lugubre récit. Mes amis émus se levèrent. D'un seul mot, je leur rappelai ce qui l'avait précédé.

Mes chers messieurs, la raison pour laquelle vous vous marierez, la plus forte pour vos cœurs, c'est celle que je vous disais :

La femme ne vit pas sans l'homme.

Pas plus que l'enfant sans la femme. Tous les enfants trouvés meurent.

Et l'homme vit-il sans eux? Vous-même le disiez tout à l'heure : Votre vie est *sombre et amère*. Au milieu des amusements et des vaines ombres féminines, vous ne possédez pas la femme, ni le bonheur, ni le repos. Vous n'avez pas la forte assiette, l'équilibre harmonique, qui sert tant la production.

La nature a formé la vie d'un nœud triple et absolu : l'homme, la femme et l'enfant. On est sûr de périr à part, et on ne se sauve qu'ensemble.

Toutes les disputes des deux sexes, leurs fiertés ne servent à rien. Il faut en finir sur ce point. Il ne faut pas faire comme l'Italie, comme la Pologne, l'Irlande, l'Espagne, où l'affaiblissement de la famille, et l'égoïsme solitaire, ont tant contribué à perdre l'État. Dans l'unique livre du siècle où il y ait une grande conception poétique (le poëme du *Dernier Homme*), l'auteur croit le monde épuisé, et la Terre près de finir. Mais il y a un sublime obstacle : *La Terre ne peut pas finir, si un seul homme aime encore.*

Ayez pitié de la Terre fatiguée, qui sans l'amour n'aurait plus de raison d'être. Aimez, pour le salut du monde.

———

Si je vous ai bien compris, vous en auriez assez envie, mais la crainte vous arrête. Franchement, vous avez peur des femmes. Si la femme restait une chose, comme jadis, vous vous marie-

riez. Mais alors, mes chers amis, il n'y aurait pas
mariage. C'est l'union de deux personnes. Voici
que le mariage commence à devenir possible, justement parce qu'aujourd'hui elle est une personne
et une âme.

Sérieusement, êtes-vous des hommes? Cette puissance que vous prenez maintenant sur la nature
par votre irrésistible génie d'invention, est-ce
qu'elle vous manquera ici? Un seul être, celui qui
résume la nature et qui est tout le bonheur, sera
hors de votre portée! Par la science, vous atteignez
les scintillantes beautés de la voie lactée; est-ce
que celles de la terre, plus indépendantes de vous,
vont vous renvoyer (comme la Vénitienne renvoya
Rousseau) *aux mathématiques?*

Votre grosse objection sur l'opposition de la foi,
la difficulté d'amener la femme à la vôtre, elle ne
me semble pas bien forte pour qui envisage froidement, pratiquement, la difficulté.

La fusion ne s'opérera complétement qu'en deux
mariages, deux générations successives.

La femme qu'il faut épouser, c'est celle que j'ai
donnée dans le livre de *l'Amour,* celle qui, simple
et aimante, n'ayant pas encore reçu une empreinte
définitive, repoussera le moins la pensée moderne,
celle qui n'arrive pas d'avance ennemie de la science
et de la vérité. Je l'aime mieux pauvre, isolée, peu

entourée de famille. La condition, l'éducation, est chose fort secondaire. Toute Française naît reine ou près de le devenir.

Comme épouse, la *femme simple* que l'on peut élever un peu. Et, comme fille, la *femme croyante*, qu'un père élèvera tout à fait. Ainsi se trouvera rompu ce misérable cercle où nous tournons, où la femme empêche de créer la femme.

Avec cette bonne épouse, associée, de cœur au moins, à la foi de son mari, celui-ci, suivant la voie fort aisée de la nature, exercera sur son enfant un incroyable ascendant d'autorité et de tendresse. La fille est si croyante au père ! A lui d'en faire tout ce qu'il veut. La force de ce second amour, si haut, si pur, doit faire en elle *la Femme*, l'adorable idéal de grâce dans la sagesse, par lequel seul la famille et la société elle-même vont être recommencées.

PREMIÈRE PARTIE

—

DE L'ÉDUCATION

I

LE SOLEIL, L'AIR ET LA LUMIÈRE

Un illustre observateur affirme que nombre d'êtres microscopiques, qui, tenus à l'ombre, restent végétaux, s'animalisent au soleil, et deviennent de vrais animaux. Ce qui est sûr, incontesté, accepté de tout le monde, c'est que, loin de la lumière, tout animal végète; que le végétal n'arrive guère à la floraison, et que la fleur reste pâle, languissante, avorte et meurt.

La fleur humaine est, de toutes, celle qui veut le plus de soleil. Il est pour elle le premier et le suprême initiateur de la vie. Comparez l'enfant d'un jour, qui n'a connu que les ténèbres, avec l'enfant d'une année; la différence est énorme entre ce fils de la nuit et ce fils de la lumière. Le cerveau de ce dernier, mis en face de celui de l'autre, offre le miracle palpable d'une transfiguration complète. On ne s'en étonne pas, quand on voit que dans le cerveau l'appareil de la vision tient à lui seul plus de place que tous les organes des sens réunis. La lumière inonde la tête, la traverse de part en part jusqu'aux nerfs, profonds, reculés, d'où sort la moelle épinière de tout le système nerveux, tout l'appareil de la sensibilité et du mouvement. Même au-dessus des conduits optiques où la lumière circule, la masse centrale du cerveau (*la couronne rayonnante*) semble encore en être pénétrée et sans doute en tient ses *rayons*.

———

Le premier devoir de l'amour, c'est de donner à l'enfant, et aussi à la jeune mère, hier enfant, chancelante, ébranlée par l'accouchement, fatiguée de l'allaitement, beaucoup, beaucoup de lumière, la salubrité, la joie d'une bonne exposition, que le soleil égaye de ses premiers regards, qu'il aime et regarde longtemps, tournant autour à midi, même à deux heures, s'il se peut, l'échauffant, l'illuminant encore, ne la quittant qu'à regret.

A ceux qui vivent du monde, de la vie artificielle, laissez la splendeur des appartements tournés vers le soir. Les rois, les grands, les oisifs, ont cherché,

dans leurs Versailles l'exposition du couchant, qui
glorifiait leurs fêtes. Mais celui qui sanctifie la vie
par le travail, celui qui aime et met sa fête dans
l'enfant et la femme aimés, celui-là vit le matin.
A lui-même il assure la fraîcheur des premières
heures où la vie, tout entière encore, est énergique et productive. A eux il donne la joie, la
prime fleur de gaieté qui enchante toute la nature
dans le bonheur de son réveil.

Que comparer à la grâce innocente et délicieuse
de ces scènes du matin, lorsque le bon travailleur,
ayant prévenu le soleil, le voit qui, sous les rideaux, vient admirer la jeune mère et l'enfant
dans le berceau? Elle est surprise, elle s'étend :
« Quoi! si tard! » — Elle sourit : « Oh! que je suis
paresseuse! » — « Ma chère, il n'est que cinq
heures. L'enfant t'a souvent réveillée; je te prie,
dors une heure encore. » Elle ne se fait pas trop
prier, et les voilà rendormis.

Fermons, doublons les rideaux, et baissons la
jalousie. Mais le jour, dans sa triomphante et rapide
ascension, ne se laisse pas exclure. Un charmant
combat s'établit entre la lumière et l'ombre. Et ce
serait bien dommage si l'on refaisait la nuit. Quel
tableau on y perdrait! Elle, penchée vers l'enfant,
elle arrondit sur sa tête la courbe d'un bras amoureux... Un doux rayon cependant parvient à s'in-

sinuer. Souffre-le, laisse autour d'eux cette touchante auréole de la bénédiction de Dieu.

———

J'ai parlé dans un de mes livres d'un arbre fort
et robuste (c'était un châtaignier, je crois) que j'ai
vu vivre sans terre, et de l'air uniquement. Nous
suspendons dans des vases certaines plantes élégan-
tes qui végètent également sans autre aliment que
l'atmosphère. Nos pauvres cultivateurs ne leurs res-
semblent que trop, leur très-faible nourriture, qui la
supplée? qui leur permet de faire, si peu nourris,
des travaux si longs, si rudes? La perfection de l'air
où ils vivent et la puissance qu'il leur donne de tirer
de cette alimentation tout ce qu'elle a de nutritif.

Eh bien, toi qui as le bonheur d'élever et de
nourrir ces deux arbres du paradis, la jeune femme
qui vit en toi, et son enfant, qui est toi, — songe
bien que, pour qu'elle vive, qu'elle fleurisse et ali-
mente le cher petit de bon lait, il faut lui assurer
d'abord l'aliment des aliments, l'air vital. Quel
malheur serait-ce, quelle triste contradiction, de la
mettre, ta pure, ta chaste et charmante femme,
dans la dangereuse atmosphère qui flétrirait son
corps, son âme? Non, ce n'est pas impunément
qu'une personne délicate, impressionnable et péné-

trable, recevra le fâcheux mélange de cent choses
viciées, vicieuses, qui montent de la rue à elle, le
souffle des esprits immondes, le pêle-mêle de fumées, d'émanations mauvaises et de mauvais rêves
qui plane sur nos sombres cités!

Il faut faire un sacrifice, mon ami, et à tout prix,
les mettre où ils puissent vivre. S'il se peut, sors de
la ville. — Tu verras moins tes amis? Ils feront
bien un pas de plus, si ce sont de vrais amis. — Tu
iras peu au théâtre? On en désire moins les plaisirs
(agitants et énervants), quand on a à son foyer
l'amour, ses joies rajeunissantes, sa *Divine Comédie*. — Tu perdras moins de temps le soir, à traîner
dans les salons, à jaser. En récompense, le matin,
frais, reposé, tout ce que tu n'auras pas dépensé
en vaines paroles, tu le mettras en travail, en œuvres solides de résultats durables qui ne s'envole-
ront pas.

———

Je veux un jardin, non un parc : un petit jardin.
L'homme ne croît pas aisément hors de ses harmonies végétales. Toutes les légendes d'Orient commencent la vie dans un jardin. Le peuple des forts,
des purs, la Perse, met le monde d'abord dans un
jardin de lumière.

5

Si tu ne peux quitter la ville, loge aux étages les plus hauts. Plus heureux que le premier, le cinquième et le sixième se font des jardins sur les toits. Tout au moins, la lumière abonde. J'aime que la jeune femme enceinte ait une vaste et noble vue, dans les rêveries de l'attente, pendant les longues heures d'absence. J'aime que les premiers regards de l'enfant, lorsqu'on le tiendra au balcon, tombent sur les monuments, sur les effets majestueux du soleil qui tourne autour et leur donne aux heures différentes des aspects si divers. Quand on n'a pas sous les yeux les montagnes, les hauts ombrages, les belles forêts, on reçoit des grands édifices (où est la vie nationale, l'histoire en pierres de la Patrie) des émotions précoces dont la trace subsiste toujours. Les petits enfants ne savent le dire, mais, de bonne heure, leur âme vibre aux effets de l'architecture, ainsi transfigurée. Tel rayon, tel coup de lumière qui, à telle heure, frappe un temple, leur reste à jamais présent.

Pour **moi**, je puis affirmer que rien dans ma première enfance ne me fit plus d'impression que d'avoir vu une fois le Panthéon entre moi et le soleil. C'était le matin. L'intérieur, révélé par ses vitraux, rayonnait comme d'une gloire mystérieuse. Entre les colonnes légères du charmant temple ionique, si énormément élevé sur les grands murs austères et sombres, l'azur circulait, mais rosé d'une inexprimable lueur. Je fus saisi, ravi, atteint, et plus que je ne l'ai été de très-grands événements. Ils ont passé; cette lueur me reste et m'illumine encore.

II

DE L'ÉCHANGE DU PREMIER REGARD ET DU COMMENCEMENT DE LA FOI

Le divin ravissement du premier regard maternel, l'extase de la jeune mère, son innocente surprise d'avoir enfanté un Dieu, sa religieuse émotion devant ce merveilleux rêve, qui est si réel pourtant, c'est ce qu'on voit tous les jours, mais ce qui semblait impossible à peindre. Corrège a pu le saisir inspiré de la nature, libre de la tradition, dont jusqu'à lui l'air était contenu et refroidi.

Il y a des spectateurs autour du berceau, et cependant la scène est solitaire, tout entre *elle* et *lui* qui sont la même personne. Elle le regarde frémissante. D'elle à lui, de lui à elle, un rayonnement électrique se fait, un éblouissement, qui les confond l'un avec l'autre. Mère, enfant, c'est même chose dans cette vivante lumière qui rétablit leur primitive, leur si naturelle unité !

Si elle n'a plus le bonheur de le contenir palpitant au fond de son sein, en récompense elle a cet enchantement, cette féerie, de l'avoir en face d'elle sous son avide regard. Penchée sur lui, elle tressaille. Jeune et innocente qu'elle est, par les signes les plus naïfs elle révèle sa jouissance de s'assimiler par l'amour ce fruit divin d'elle-même. Naguère, il s'est nourri d'elle ; maintenant elle se nourrit de lui, l'absorbe, *le boit et le mange*. Échange délicieux de la vie ; l'enfant la donne et la reçoit, absorbant sa mère à son tour, comme lait, comme chaleur et lumière.

Grande, très-grande révélation. Ce n'est pas ici un vain spectacle d'art et de sensibilité, simple volupté du cœur et des yeux. Non, c'est un acte de foi, un mystère, mais non absurde, la base sérieuse et solide de religion, d'éducation, sur lequel va s'élever tout le développement de la vie humaine. Quel est ce mystère ? Le voici :

Si l'enfant n'était pas Dieu, si le rapport de la mère à lui n'était pas un culte, il ne vivrait pas. — C'est un être si fragile, qu'on ne l'eût jamais élevé s'il n'eût eu dans cette mère la merveilleuse idolâtrie qui le divinise, qui lui rend doux et désirable, à elle, de s'immoler pour lui. Elle le voit beau, bon et parfait. Et ce serait peu dire encore, elle le voit comme idéal, comme absolu de beauté et de bonté, la fin de la perfection.

Dans quel étonnement douloureux tomberait-elle si quelque esprit chagrin, quelque malencontreux sophiste, se hasardait à lui dire que « l'enfant est né méchant, que l'homme est dépravé avant de naître, » et tant de belles inventions philosophiques ou légendaires! Les femmes sont douces et patientes. Elles font la sourde oreille. Si elles avaient cru cela, si un seul moment elles avaient pris ces idées au sérieux, tout eût été bientôt fini. Incertaines et découragées, elles n'auraient pas mis leur vie toute dans ce berceau; l'enfant négligé eût péri. Il n'y eût pas eu d'humanité; l'histoire eût été finie dès ses premiers commencements.

———

Dès que l'enfant voit la lumière et se voit dans l'œil maternel, il reflète, instinctivement il renvoie le regard d'amour, et dès lors, le plus profond et le plus doux mystère de vie vient de s'accomplir entre eux.

Le temps y ajoutera-t-il? Peut-elle croître, la béatitude d'un si parfait mariage? Par une seule chose peut-être, c'est que tous deux l'aient compris; que lui il se dégage de l'immobilité divine, agisse et veuille correspondre, aille à elle de tout son petit cœur, qu'il ait l'élan de se donner.

Ce second moment de l'amour et de la foi mutuelle est saisi dans une œuvre unique, que la France possède au Louvre. L'auteur, Solari (de Milan), se survit par ce seul tableau; tous les autres ont péri. Il avait vécu longues années chez nous, et il eut le double sens, l'âme des deux nations sœurs. Autrement eût-il trouvé l'exquis de la vie nerveuse, son délicat frémissement?

Ici, point d'effet magique, point de mystérieux combat entre la lumière et la nuit. Au grand jour, sans artifice, sous un arbre, dans un paysage agréable et médiocre, une mère et son enfant; rien de plus. Même çà et là la crudité de tel ton (effet des restaurations?) blesse les yeux. Et comment le cœur est-il si troublé?

La jeune mère, fine et jolie, singulièrement délicate, veut bien plus qu'elle ne peut. Non que son sein manque de lait; il est beau de sa plénitude, beau de tendresse visible et d'un doux désir d'allaiter. Mais si frêle est cette personne charmante! On se demande comment elle nourrira la belle source, sinon de sa propre vie.

Qui est-elle? Une fleur italienne, chancelante, un peu épuisée? ou une nerveuse Française (je le croirais bien tout autant). La nation du reste paraît ici bien moins que l'époque. C'est le temps cruel des guerres, des misères, où l'art sentit, exprima l'attrait pénétrant que la douleur donne à la grâce, ces sourires de femmes souffrantes qui s'excusent de souffrir et voudraient ne pas pleurer.

———

Le... l et puissant enfant, la magnifique créature, sur qui celle-ci se penche, repose sur un coussin. A peine elle pourrait le porter. Frappante disproportion, qui n'a ici nul sens mystique. Mais l'enfant est de grande race, d'un père qui sans doute appartint aux temps héroïques encore. Et elle, la toute jeune mère, elle est de l'âge souffrant, affaibli et affiné de l'Italie du Corrége. Dernière goutte d'élixir divin, sous le pressoir de la douleur.

Notez aussi qu'aux mauvais temps, la mère, quoique mal nourrie, allaite longtemps son enfant. Et plus il a de connaissance, plus il trouve cela très-doux et moins il veut y renoncer. Elle, elle n'a pas la force de ce grand détachement. Elle s'épuise, elle le sent; mais elle ira tout de même, tant qu'elle en aura une goutte. Elle s'épuise, elle mourra pour ne pas faire pleurer l'enfant.

Celle de Solari dit trois choses.

Faible qu'elle est, ne donnant pas son superflu, mais plutôt son nécessaire, sa substance, elle n'en sourit pas moins, et dit avec passion : « Bois, mon enfant ! bois, c'est ma vie ! »

Mais soit que le charmant enfant, d'une innocente avidité, ait un peu blessé ce beau sein, soit que la succion puissante retentisse à la poitrine et tire ses fibres intérieures, elle a souffert, elle souffre. N'importe, elle dit encore : « Jouis, bois... C'est ma douleur. »

Et cependant le lait qui monte, qui gonfle et qui tend le sein, sort et se plaît à couler. La douleur, se taisant, fait place à un doux engourdissement qui n'est pas sans quelque charme, comme celui du blessé qui se plaît à voir écouler sa vie. Mais ici c'est un bonheur; si elle diminue en elle, elle se sent augmenter en lui. Elle en éprouve un étrange et profond ébranlement jusqu'aux sources de son être, et dit : « Bois, c'est mon plaisir ! »

———

Lui, son invincible puissance qui fait que, quoi qu'il advienne, elle ne peut plus s'en détacher.

Amour qui peut sembler calme, dans l'innocence

de cet âge, et qui n'est pas comme celui de sa mère, aiguisé de toutes les flèches de délices et de douleurs, mais fort de sa grande unité. S'il pouvait dire, il dirait : « Toi seule es mon infini, mon monde absolu et complet ; rien en moi qui ne soit de toi, et qui ne veuille aller à toi... Je ne sais si je vis, mais j'aime ! »

L'Inde symbolise le cercle de la vie parfaite et divine par l'attitude d'un Dieu qui de la main se prend le pied, se concentre et se forme en arc. Ainsi font souvent les petits enfants, ainsi fait celui-ci, doucement soulevé au sein. Elle l'aide à aller à elle. Mais lui, il le veut tout autant, y fait ce qu'il peut. Par ce mouvement gracieux, charmant, d'instinct naturel où l'on sent poindre pourtant l'élan voulu de la tendresse, il ramasse tout son corps, bande en arc toute sa personne, aussi grande qu'elle puisse être et sans en réserver rien. Il se fait un, pour s'offrir et se donner tout entier.

III

LE JEU. — L'ENFANT ENSEIGNE LA MÈRE

Rien de plus joli, rien de plus touchant que l'embarras d'une jeune mère, toute neuve à la maternité, pour manier son enfant, l'amuser, le faire jouer, entrer en communication avec lui. Elle ne sait pas trop bien par où prendre le bijou, l'être adoré, mystérieux, la vivante énigme, qui gît là et semble attendre qu'on le remue, qu'on devine ses désirs, ses volontés. Elle l'admire, elle tourne autour, elle tremble de le toucher trop fort. Elle le fait prendre par sa mère. Son admirable gaucherie fait sourire le témoin discret qui les observe en silence, et se dit que la jeune dame, pour avoir eu un enfant, n'est pas moins une demoiselle. Les vierges sont maladroites ; la grâce et la facilité n'arrivent guère qu'à celle qui est vraiment la femme, déjà assouplie par l'amour.

Eh bien, madame, puisque enfin vous êtes madame déjà, y a-t-il donc tant d'années que vous n'êtes plus petite fille? A quinze ans, s'il m'en souvient, sous prétexte d'essayer des modes, vous jouiez encore aux poupées. Même, quand vous étiez bien seule (convenez-en), il vous arrivait de les baiser, de les bercer. — La voici, la poupée vivante, qui ne demande qu'à jouer... Eh! jouez donc, pauvre petite! on ne vous regardera pas.

« Mais je n'ose... Avec celle-ci, j'ai peur. Elle est si délicate! Si je la touche, elle crie. Et, si je la laisse, elle crie... Je tremble de la casser! »

———

Il est des mères tellement idolâtres, tellement perdues dans l'extase de cette contemplation, qu'elles resteraient tout le jour à genoux devant leur enfant. Par le lait, par le regard, quelque petit chant de nourrice, elles se sentent unies avec lui, et n'en demandent pas plus. Ce n'est pas assez; l'union est bien plus encore dans la volonté agissante, dans le concours d'action. S'il n'agit avec toi, sauras-tu s'il t'aime? C'est le jeu qui va créer entre vous ce rapprochement plus intime que l'allaitement même, et qui aura tous les effets d'un allaitement de l'esprit.

Éveille, en jouant, sa jeune âme, sa pensée et sa volonté. En lui repose une personne, évoque-la. Et tu auras ce bonheur que cette âme et cette personne, ce désir et ce vouloir, n'auront d'abord d'autre but que toi-même. Sa liberté, aidée de toi, n'aura son premier élan que pour retourner à toi... Ah! qu'il a raison! et que tous, après avoir traversé les faux bonheurs de ce monde, nous retournerions volontiers vers le paradis maternel! Sortis du sein de la femme, notre ciel d'ici-bas n'est autre que de revenir à son sein.

« Mais que ferais-je?... Sans doute, je me trouverais bien heureuse de devenir son amie et son petit camarade. Que faire? » — Peu ou rien, ma chère, surtout ce qu'il fera lui-même. — Observons-le, — posons-le doucement dans l'herbe soleillée et sur ce tapis de fleurs. Tu n'as qu'à le regarder; ses premiers mouvements te guideront. Il va t'enseigner. »

Ces mouvements, ces cris, ces essais d'abord impuissants d'action, les petits jeux qui les suivent, ne sont point du tout arbitraires. Ce n'est pas ton nourrisson tout seul que tu vois ici, c'est l'humanité enfant, comme elle fut. — « Cette première activité, dit Frœbel, nous raconte et nous renouvelle les penchants, les idées, les besoins, que notre espèce eut d'abord. Il peut s'y mêler sans doute

quelque élément trouble, dans nos races altérées
par une société factice. Mais ce n'en est pas moins,
au total, la révélation très-grave du passé lointain
de l'humanité et de ses instincts d'avenir. Le jeu est
un miroir magique où tu n'as qu'à regarder pour
apprendre ce que fut l'homme, et ce qu'il sera, ce
qu'il faut faire pour le mener à son but. »

Tirons de là sans hésiter le premier principe de
l'éducation qui déjà contient tous les autres : *La
mère n'enseigne à l'enfant que ce que l'enfant d'abord
doit lui avoir enseigné.* Cela veut dire que, de lui,
elle tire les premiers germes de ce qu'elle développe en lui. Cela veut dire qu'en cet enfant, elle a
vu d'abord passer par lueur, ce qui à la longue,
elle aidant, deviendra lumière.

« Ainsi, ces germes sont bons, dit-elle, et ces
lueurs sont saintes ?... Merci... Oh! je l'avais pensé.
On m'avait dit durement que l'enfant ne naît pas
bon. Jamais je n'en voulus rien croire. Je sentais
si bien Dieu en lui!

« Aimable, charmant conseil! qu'il va à mon
cœur! Tenir bien mes regards sur lui, et de lui faire
en tout ma règle, ne vouloir rien que ce qu'il veut! »

Doucement, chère petite, doucement. Observons
d'abord s'il est sûr qu'il veuille et sache bien ce
qu'il veut. Voyons plutôt si, accablé d'un chaos de
choses confuses qui lui arrivent à la fois, il n'attend

pas ton secours pour lui choisir, lui éclaircir les
objets d sa volonté.

C'est ici le coup de génie du bon Frœbel, et c'est
ici que vraiment, à force de simplicité, il a trouvé
ce que les sages avaient cherché vainement, le
mystère de l'éducation.

Tel fut l'homme, telle fut la doctrine. Ce paysan
d'Allemagne eut beau devenir un habile, il retint
un don singulier d'enfance, et la faculté unique de
retrouver nettement les impressions de son berceau. « J'étais, dit-il, enveloppé d'un obscur et
profond brouillard. Ne rien voir, ne rien entendre,
c'est d'abord une liberté ; mais, à mesure que nos
sens nous transmettent tant d'images, tant de sons,
la réalité nous opprime. Un monde de choses in-
comprises, sans ordre et sans suite, nous arrivent
à la fois et sans consulter nos forces ; nous sommes
étonnés, inquiets, obsédés, trop excités. De tant
d'impressions éphémères la fatigue nous reste
seule. C'est un secours, un bonheur, si une providence amie, de la foule de ces objets, en choisit, en
ramène fréquemment tels et tels, qui, devenant fa-
miliers, n'occupent qu'en délassant, et nous déli-
vrent de cette Babel. »

Ainsi cette première éducation, loin d'être une
gêne pour l'enfant, lui est un secours, *une déli-*
vrance du chaos des impressions trop diverses

qui l'accablaient. La mère en lui amenant les choses par ordre, une à une, pour considérer à l'aise, observer et manier tel petit objet qui lui plaît, lui crée la vraie liberté que demande alors son âge.

——

Pour se faire, dans cette voie, une méthode bonne et sûre, il suffit de bien comprendre ses tendances. Chose facile pour celle qui, nuit et jour, penchée sur lui, le regarde, s'informe uniquement de ce qu'il est, de ce qu'il veut, du bien qu'elle peut lui faire.

Premièrement, il veut être aimé, que tu t'occupes de lui et lui témoignes de l'amour...—Oh! que cela est facile!

Deuxièmement, il veut vivre, vivre beaucoup, toujours davantage, agrandir le cercle de sa petite action, remuer, varier sa vie, la transporter ici et là, être libre... Ne t'effraye pas; libre autour de toi, chérie; au plus près de toi, toujours à portée de toucher ta robe, libre surtout de t'embrasser.

Troisièmement, déjà lancé aux voyages de découvertes, il n'est pas peu préoccupé de tant d'objets nouveaux. Il veut connaître, — par toi, et toujours il va à toi, — non par un instinct seulement de faiblesse et d'ignorance, mais par je ne sais quel sens qui lui dit que par toi tout arrive, doux, aimable et bon, que tu es le lait de la vie et le miel de la nature.

Quatrièmement, si petit, parlant à peine, à peine marchant, il est déjà comme nous; son cœur, ses yeux jugent de même, et il te trouve très-belle. Chaque chose est belle pour lui selon qu'elle te ressemble. Tout ce qui de près ou de loin rappelle les formes suaves de sa mère, il dit nettement : « C'est joli ! » Quand ce sont des choses inertes, il en saisit moins le rapport avec ta beauté vivante. Mais même en ces choses elle influe puissamment sur son jugement. La symétrie des organes et des formes doubles, de tes mains, de tes yeux, fait son idée d'harmonie.

Du reste, ce qui est en lui magnifique et vraiment divin, c'est qu'il est si riche de vie, qu'il en prête libéralement à tous les objets. Les plus simples lui vont le mieux. Des êtres organisés, vivants, pourraient l'amuser, mais leur action indépendante le gênerait : il les briserait sans malice, pour les connaître uniquement et par simple curiosité

Donne-lui plutôt des choses de formes élémentaires (il est encore un élément), et de figure régulière, qu'il puisse grouper en jouant. La nature, au premier essai d'association, donne des cristaux. Fais comme elle, donne à l'enfant des formes analogues aux cristaux. Tu es sûre qu'il s'en servira, comme d'autant de matériaux, les juxtaposant, les superposant. Son instinct est tel. Si on ne lui donne rien, il s'essaye avec du sable, qui luit, s'écroule toujours.

Surtout, jamais de modèle sous ses yeux qui l'assujettisse. N'en fais pas un imitateur. Sois sûre que dans son esprit, tout au moins dans son souvenir, il trouvera les jolis types de sa petite architecture. Un matin, émerveillée, tu reconnaîtras ta maison.

« Miracle! t'écrieras-tu. C'est lui qui a fait cela... Mon fils est un *créateur!* »

C'est le nom propre de l'homme que tu viens de trouver là.

Ajoutez qu'en créant quelque chose, il va se créer lui-même. Il est son vrai Prométhée.

Et c'est pour cela, jeune mère, que du pur instinct de ton cœur, sans oser le dire, tout d'abord tu sentis bien qu'il était Dieu.

Mais voilà qu'elle a déjà peur : « S'il en est ainsi, dit-elle, il est déjà indépendant, tout à l'heure il va m'échapper! »

Non, ne crains rien : bien longtemps, il reste dépendant de l'amour, il t'appartient, c'est son bonheur. S'il crée, c'est toujours pour toi. « Regarde, maman, regarde (rien ne serait beau pour lui sans la caresse de ton regard, la bénédiction de tes yeux). Vois ce que j'ai fait pour toi... Si cela n'est pas joli, je le ferai autrement. » — Il met pierre sur pierre, bois sur bois... « Voilà une petite chaise où maman pourra s'asseoir... Deux montants et une traverse, c'est un toit, c'est la maison où maman pourra demeurer avec son petit enfant. »

Donc, tu es son cercle complet. Il part de toi et y retourne. L'essai, le premier effort de sa jeune invention, c'est de te loger dans son œuvre, de t'avoir à son tour chez lui.

Vie enfantine et bienheureuse, tout entière dans l'amour encore!... Qui s'en souviendra sans regret?

IV

COMBIEN L'ENFANT EST FRAGILE ET SACRÉ.

Quand on pense que les enfants vivent si peu généralement, on éprouve un vif désir de les rendre heureux à tout prix.

Un quart meurt avant un an, — disons, avant d'avoir vécu, avant d'avoir reçu le baptême divin de lumière qui transfigure le cerveau dans cette première année.

Un tiers meurt avant deux ans, avant presque d'avoir connu les douces caresses de la femme, et goûté dans une mère le meilleur des biens d'ici-bas.

La moitié (dans plusieurs pays) n'atteint pas la puberté, la première aurore d'amour. Accablés de travaux précoces, d'études sèches et de rigueurs, ils ne peuvent pas arriver à cette seconde naissance, ce bonheur, cet enchantement.

On peut dire que les meilleurs hospices d'enfants trouvés sont des cimetières. Celui de Moscou, sur 37,000, en vingt ans, en sauve 1,000. Celui de Dublin 200 sur 12,000, c'est-à-dire un soixantième. Que dire de celui de Paris? Je l'ai vu et admiré, mais les résultats n'en sont pas bien positivement connus. On y trouve réunis deux classes d'enfants très-différentes : 1° des *orphelins* qu'on amène tout élevés, et ceux-là ont chance de vivre; 2° les *enfants trouvés* proprement dits, les nouveau-nés apportés à la naissance; on les envoie en nourrice, et l'on prolonge ainsi leur vie pendant quelques mois.

———

Ne parlons que des *heureux,* de ceux qui ont une mère, de ceux qu'on entoure de tendresse, de soins, d'avenir. Regardons-les : tous sont jolis à quatre ans, et laids à huit. Dès que nous commençons à vouloir les cultiver, ils changent, ils se vulgarisent, se déforment. Nous en accusons la nature, nous appelons cela l'âge *ingrat.* Ce qui est ingrat, stérile, desséchant, c'est la maladresse avec laquelle on fait passer l'enfant d'une vie toute mobile à une fixité barbare, passer une petite tête, toute sensible, tout

imaginative, à des choses aussi abstraites que la lecture ou le calcul. Il faudrait plusieurs années de transitions bien ménagées, de petits travaux fort courts, très-faciles, mêlés de mouvements et d'action (mais non pas automatique). Nos *asiles* sont encore loin de remplir ces conditions.

———

Ce problème de l'éducation, qui n'est pas seulement celui du développement futur, mais qui est pour la plupart une question de vie ou de mort, m'a souvent attristé l'esprit. J'ai vu défaillir à la fois les deux systèmes contraires d'éducation qui se partageaient le monde.

L'éducation d'enseignement, de tradition et d'autorité, telle qu'elle est dans les écoles, colléges (ou petits séminaires, tous suivent les mêmes méthodes), est partout affaiblie en Europe. A cette impuissance trop bien constatée, les récents essais d'amélioration ont ajouté le chaos.

D'autre part, les libres écoles qui s'occupaient de former l'homme plus encore que de l'instruire, celles qui, inspirées de Rousseau, de Pestalozzi, faisaient appel à sa spontanéité, n'ont brillé un moment en Suisse, en Allemagne, que pour être abandonnées.

Celles-ci allaient au cœur des mères. L'enfant, quoi qu'il arrivât, en attendant était heureux. Les pères trouvent que ces écoles, dans leurs méthodes très-lentes, enseignent trop peu, instruisent trop peu. Donc, malgré les pleurs des mères, tous les enfants vont au collége (laïques ou ecclésiastiques). Beaucoup s'y flétrissent et meurent. Peu, très-peu apprennent, et par de mortels efforts. Un enseignement si varié, où chaque étude arrive à part, sans qu'on donne jamais leurs rapports, use et énerve l'esprit.

Les filles, dont je parlerai tout à l'heure plus spécialement, ne sont pas plus élevées qu'aux temps où Fénelon a fait son aimable livre, qu'aux temps où l'auteur d'*Émile* a esquissé sa Sophie. Rien qui les prépare à la vie. Parfois, des talents pour briller, parfois (dans les classes moins riches), quelques études viriles qui la mènent à l'enseignement. Mais nulle culture propre à la femme, à l'épouse et à la mère, nulle éducation spéciale à leur sexe.

———

J'ai tant lu sur ces matières, tant de choses médiocres et vaines, que j'étais lassé des livres. D'autre part, la vie des écoles, ma propre pratique de l'enseignement, me laissaient bien des choses obscures.

Je résolus, cette année, de remonter au plus haut, d'étudier la première organisation physique de l'homme, de toucher les réalités, de retremper mon esprit par l'observation matérielle. Le corps en dit beaucoup sur l'âme. C'est beaucoup de voir, de palper l'instrument sacré dont la jeune âme s'essaye à jouer, instrument qui peut révéler ses tendances, nous donner des signes de la mesure de ses forces.

C'était au printemps. Les travaux anatomiques finissaient à Clamart, et il y avait déjà, dans ce lieu si peuplé l'hiver, de la solitude. Les arbres étaient pleins d'oiseaux, le parterre qui embellit ces funèbres galeries était tout en fleurs. Mais nulle n'était comparable à la fleur hiéroglyphique que j'allais étudier. Ce mot n'est nullement ici une vague comparaison — mon impression fut telle. — Nul dégoût. Tout au contraire, un sentiment d'admiration, de tendresse et de pitié. Le cerveau d'un enfant d'un an, vu la première fois, par sa base (la face inférieure qu'il présente en le renversant), a tout l'effet d'un large et puissant camellia, avec des nervures d'ivoire, veiné d'une rose délicat, et ailleurs d'un pâle azur. J'ai dit ivoire faute de mieux. C'est un blanc immaculé, et pourtant d'une molle douceur, unique et attendrissante, dont rien ne donne l'idée et qui, à mon sens, laisse bien loin tout autre objet de la terre.

Je ne me trompe pas ici. Les premières émotions, fortes sans doute, cependant ne m'ont pas fait illusion. M. le docteur Beraud et un artiste fort habile, qui peint tout le jour des planches anatomiques, quelque habitués qu'ils fussent à voir ces objets, jugeaient comme moi. C'est très-réellement la fleur des fleurs, l'objet délicat, innocent, charmant entre tous, la plus touchante beauté qu'ait réalisée la Nature.

Le vaste établissement où j'étudiais me permettait de suivre une méthode prudente, de renouveler et vérifier mes observations, d'établir des comparaisons entre des enfants d'âge et de sexe différents, et d'autre part de considérer les enfants et les adultes, jusqu'à la vieillesse même. En peu de jours j'eus sous les yeux des cerveaux de tous les âges, qui me permirent de suivre, d'année en année, le progrès du temps.

Les plus jeunes, c'était une fille qui avait vécu peu de jours; des garçons d'un an au plus. Elle n'avait pas vu la lumière, et eux ils avaient eu le temps d'en être imprégnés. Elle avait le cerveau flottant, à l'état rudimentaire; eux, au contraire, ils l'avaient aussi fort, aussi fixé, presque aussi riche déjà que les enfants plus âgés et même les grandes personnes.

Passé cette grande révolution de la première année, le développement de l'esprit (d'ailleurs visible sur la face) modifiait bien plus que l'âge la physionomie du cerveau. Une petite fille de quatre ou cinq ans, de figure intelligente, l'avait plus accidenté de volutes et de replis, plus nettement dessiné, plus finement découpé que celui de plusieurs femmes vulgaires de vingt-cinq ans, trente-cinq ans. Les mystérieux dessins qu'offre le cervelet dans son épaisseur et qu'on appelle *arbres de vie*, étaient bien mieux arborisés dans cette enfant encore si jeune, plus jolis, plus arrêtés.

Ce n'était pas cependant une chose exceptionnelle. Sur plusieurs enfants d'âge analogue, je retrouvai à peu près le même caractère. J'en vins à cette conclusion qu'à quatre ans, non-seulement le cerveau, mais la moelle épinière et tout le système nerveux ont leur plus grand développement. Si longtemps avant que les muscles aient le leur, et quand l'être est si faible encore, il est, pour les nerfs de la sensibilité et du mouvement, ce qu'il sera un jour; c'est déjà, dans sa plus charmante harmonie, la personne humaine.

Mais, quoique déjà si élevée, elle est encore excessivement dépendante et toute à notre merci. Le cerveau, pur et table rase, de cette enfant de quatre ans, comme une tablette d'ivoire, de sensibilité visible, avait l'air d'attendre qu'on gravât

dessus, de dire : « Écrivez ici ce que vous voulez...
Je croirai, j'obéirai. Je suis là pour obéir. Je dé-
pends tellement encore et j'appartiens tellement! »

Incapacité absolue d'éviter aucune souffrance,
incapacité de pourvoir à ce qui lui est nécessaire,
voilà l'enfant à cet âge. Celle-ci surtout très-avan-
cée, capable d'aimer et de comprendre, semblait
implorer l'assistance. On eût dit la prière même.
Morte, elle priait encore.

Je fus fortement ému, mais éclairé en même
temps. Les nerfs de la pauvre petite me donnèrent
la révélation et l'intuition très-nette de la contradiction réelle qui fait le destin de l'enfant.

D'une part, c'est la *créature mobile* entre toutes,
qui remue fatalement. Les nerfs de la motilité sont
développés et actifs avant les forces d'équilibre
qui y feraient contre-poids. Cette agitation constante
nous gêne et souvent nous irrite ; nous ne songeons
pas qu'à cet âge, elle est la vie elle-même.

D'autre part, *les nerfs de la sensibilité sont com-
plets*, par conséquent la capacité de souffrir, celle
même d'aimer bien plus qu'on ne le croit communément. On le voit aux Enfants trouvés : beaucoup
de ceux qu'on apporte à quatre ou cinq ans sont
inconsolables et meurent.

Chose plus étonnante, à cet âge si tendre, la sensibilité amoureuse est exprimée dans les nerfs plus

fortement que chez l'adulte. J'en fus effrayé. L'amour, endormi encore dans les organes sexuels, semble déjà tout éveillé aux points de la moelle épinière qui agissent sur le sexe. Nul doute qu'aux moindres appels ils n'en donnent les pressentiments. Il ne faut donc pas s'étonner de ces coquetteries innocentes, de ces timidités subites, de ces furtifs mouvements de pudeur sans sujet.

Voilà le nœud de la pitié et ce qui doit faire trembler. Cet être infiniment mobile, n'oubliez pas qu'en même temps il est infiniment sensible. Grâce! patience! je vous prie.

Nous les brisons par la rudesse, souvent par la tendresse aussi. Les mères, passionnées, variables, mûrissent, énervent l'enfant par la fougue de leurs transports. Je leur voudrais l'impression douloureuse et salutaire que donne la vue d'un organisme si tendre. Il a besoin d'être entouré d'un amour calme et doux, sérieux, d'un monde d'harmonie pure. La petite créature, d'elle-même déjà toute amoureuse, a à craindre les vives caresses presque autant que les rigueurs. Épargnez-la, et qu'elle vive!

V

L'AMOUR A CINQ ANS. — LA POUPÉE

On s'étonne de voir l'excellente madame Necker de Saussure penser que, jusqu'à dix ans, les filles et les garçons sont à peu près la même chose, et que ce qu'on dit pour les uns servira pour les autres.

Quiconque observe, sait bien que cet *à peu près* est une différence énorme, infinie.

Les petites filles, dans la légèreté même de leur âge, sont déjà bien plus posées. Elles sont aussi plus tendres. Vous ne les verrez guère faire mal à un petit chien, étouffer, plumer un oiseau. Elles ont de charmants élans de bonté et de pitié.

Une fois, indisposé, j'étais couché sur un divan, à demi couvert d'un manteau. Une charmante petite fille que sa mère avait amenée chez nous en visite, accourt et se met à vouloir me couvrir mieux et me border *dans mon lit.* Comment défendre son cœur de ces délicieuses créatures? Cependant on doit se garder de le leur témoigner trop, et de trop les attendrir.

Le petit garçon est tout autre. Ils ne jouent pas longtemps ensemble. S'ils ont commencé d'abord à faire une maison, le garçon voudrait bientôt qu'elle devienne une voiture; il lui faut un cheval de bois qu'il frappe et qu'il dompte. Alors elle jouera à part. Il a beau être son frère, ou bien son petit mari. Quand même il serait plus jeune, elle désespère de lui, se résigne à sa solitude, et voici ce qui arrive.

C'est surtout l'hiver, au foyer, que vous observerez la chose, quand on est plus renfermé, qu'on ne court pas et qu'il y a moins de mouvement extérieur. Un jour qu'on l'a un peu grondée, vous la voyez dans un coin envelopper tout doucement le moindre objet, un petit bâton peut-être, de quelques linges, d'un morceau d'une des robes de sa mère, le serrer d'un fil au milieu, et d'un autre un peu plus haut, pour marquer la taille et la tête, puis l'embrasser tendrement et le bercer. « Toi, tu m'aimes, dit-elle à voix basse; tu ne me grondes jamais. »

Voici un jeu, mais sérieux, et bien plus sérieux qu'on ne pense. Quelle est cette nouvelle personne, cette enfant de notre enfant? Examinons tous les rôles que joue cette créature mystérieuse.

Vous croyez que c'est simplement une *imitation de maternité*, que, pour être déjà grande, aussi grande que sa mère, elle veut avoir aussi une petite fille à elle, qu'elle régente et gouverne, qu'elle embrasse ou qu'elle gronde. Il y a cela, mais ce n'est pas tout : à cet instinct d'imitation il faut en ajouter un autre, que l'organisme précoce donne à toutes, à celles même qui n'auraient pas eu de mère pour modèle.

Disons la chose comme elle est : *c'est ici le premier amour.* L'idéal en est, non un frère (il est trop brusque, trop bruyant), mais une jeune sœur, douce, aimable, à son image, qui la caresse et la console.

Autre point de vue, non moins vrai. C'est ici *un premier essai d'indépendance*, l'essai timide de l'individualité.

Sous cette forme toute gracieuse, il y a, à son insu, une velléité de poser à part, quelque peu d'opposition, de contradiction féminine. Elle commence son rôle de femme; toujours sous l'autorité, elle gémit un peu de sa mère, comme plus tard de son mari. Il lui faut une petite, toute petite confidente, avec qui elle soupire. De quoi? De rien aujourd'hui peut-être, mais de je ne sais quoi qui viendra dans l'avenir. Eh ! que tu as raison! ma fille. Hélas! que tes petits bonheurs seront mêlés de douleurs! Nous autres qui vous adorons, combien nous vous faisons pleurer!

———

Il ne faut pas plaisanter, c'est une passion sérieuse. La mère doit s'y associer, accueillir avec bonté l'enfant de sa fille. Loin de mépriser la poupée, elle insistera pour que l'enfant capricieuse lui soit toujours bonne mère, la tienne proprement habillée, qu'elle ne soit gâtée ni battue, mais tenue raisonnablement comme elle l'est elle-même.

Grands enfants qui lisez ceci, père, frères, parents, je vous prie, ne riez pas de votre enfant. Examinez-vous vous-mêmes, ne lui ressemblez-vous pas? Que de fois, dans les affaires que vous croyez les plus graves, une lueur de réflexion vous vient, et vous souriez... vous avouant à demi que vous jouiez à la poupée.

Notez bien que plus la poupée de la petite fille est son œuvre, plus elle est sa fabrication simple, élémentaire, mais aussi personnelle, plus elle y a mis son cœur, et plus il y a danger de la contrister.

Dans une campagne du Nord de la France, pays pauvre et de travail dur, j'ai vu une petite fille fort sage, raisonnable avant le temps. Elle n'avait que

des frères qui étaient tous plus âgés. Elle était
venue fort tard, et ses parents, qui alors ne comp-
taient plus avoir d'enfants, semblaient ne pas lui
savoir bon gré d'être née. Sa mère, laborieuse,
austère, la tenait toujours près d'elle au travail,
pendant que les autres jouaient. D'ailleurs les garçons plus âgés, avec la légèreté sèche que leur sexe
a dans l'enfance, ne se seraient guère prêtés aux
jeux de la jeune sœur. Elle aurait voulu d'elle-même
faire un peu de jardinage, mais on riait de ses essais, on marchait dessus. Elle en vint naturellement
à se faire, avec quelques chiffons de coton, une petite consolatrice à qui elle racontait les espiègleries
de ses frères, ou les gronderies maternelles. Vives,
extrêmes étaient les tendresses. La poupée était
sensible, elle répondait à merveille et de la plus
jolie voix. Aux épanchements trop tendres, aux récits émus, elle s'attendrissait aussi, et toutes deux
s'embrassant, elles finissaient par pleurer.

On s'en aperçut un dimanche. On rit fort, et les
garçons, la lui arrachant des bras, trouvèrent plaisant de la lancer sur les plus hautes branches d'un
arbre, et si haut qu'elle y resta. Les pleurs, les cris,
n'y firent rien. La petite lui fut fidèle, et, dans sa
douleur, refusa d'en refaire jamais une autre. Pendant la mauvaise saison, elle y pensait, attristée de
la sentir là à la neige, aux gelées. Lorsqu'au prin-

temps on tailla l'arbre, elle pria le jardinier de la chercher. Inutile de dire que dès longtemps la pauvre sœur s'était envolée au souffle du vent du nord.

Deux ans après, la mère achetant des habits pour les aînés, la marchande, qui vendait aussi des jouets, remarqua la petite qui les regardait. Par un mouvement de bon cœur, elle voulut donner quelque chose à celle pour qui on n'achetait rien, et lui mit entre les bras une petite poupée d'Allemagne. Sa surprise fut si forte, et tel le ravissement que, chancelante sur ses jambes, à peine elle put la rapporter. Celle-ci, mobile, obéissante, suivait toute volonté. Elle se prêtait à la toilette. Sa maîtresse ne pensait plus qu'à la faire belle et brillante. Et c'est ce qui la perdit. Les garçons la firent danser, à mort ; ses bras s'arrachèrent ; elle devint impotente ; on la soigna, on la coucha. Nouveaux sujets de douleur, — la petite fille en maigrit.

Cependant une demoiselle la voyant si triste, si triste, s'émut et chercha, retrouva dans ses rebuts une superbe poupée qui avait été la sienne. Quoique maltraitée par le temps, elle faisait illusion bien plus que celle de bois. Elle avait des formes complètes ; même nue, elle paraissait vivante. Les amies la caressaient fort, et déjà dans ses amitiés elle avait des préférences, les lueurs, les premiers signes d'une vie précoce de passion. Pendant une courte maladie que fit l'enfant, je ne sais qui, peut-être par jalousie, brisa cruellement la poupée. Sa maitresse, relevée du lit, la trouva décapitée. Cette troisième tragédie était trop, elle tomba dans un tel découragement qu'on ne la vit plus jamais rire, jamais jouer. Toujours trompée dans ses rêves, elle désespéra de la vie, qu'elle avait à peine effleurée, et rien ne put la sauver. Elle mourut, laissant un vrai deuil à tous ceux qui avaient vu cette douce, cette suave et innocente créature, qui n'avait guère été heureuse, et qui pourtant était déjà si tendre et le cœur plein d'amour.

VI

LA FEMME EST UNE RELIGION

Le père, dans l'éducation, est beaucoup trop dominé par l'idée de l'avenir, c'est-à-dire de l'incertain. La mère veut surtout le présent, que l'enfant soit heureux, qu'il vive. Je suis du parti de la mère.

Qu'il vive! C'est en réalité le plus difficile. Les hommes ne s'en doutent pas. Même quand ils ont sous les yeux le spectacle des efforts, des veilles, des soins inquiets, qui chaque jour sauvent, prolongent la fragile créature, ils raisonnent avec sang-froid sur ce qu'elle fera dans dix ans. Qu'ils comprennent donc au moins les chiffres incontestés, officiels, de la mortalité effroyable des enfants. Celui qui naît est longtemps un mort probable; sans la mère, un mort certain. Le berceau est pour la plupart un petit moment de lumière entre la nuit et la nuit.

Les femmes qui écrivent, impriment, ont fait des livres éloquents sur le malheur de leur sexe. Mais si les enfants écrivaient, que de choses ils auraient à dire ! Ils diraient : « Ménagez-nous, épargnez-nous, dans ce peu de mois et de jours que nous donne généralement la sévérité de la nature. Nous sommes si dépendants de vous ! vous nous tenez tellement par la supériorité de force, de raison, d'expérience !... Pour peu que vous y mettiez d'art et de bons ménagemènts, nous serons bien obéissants, nous ferons ce que vous voudrez. Mais n'abrégez pas l'heure unique où nous sommes sous la tiède lumière du soleil et dans la robe de nos mères... Demain nous serons dans la terre. Et de tous les biens d'ici-bas nous n'emporterons que leurs larmes. »

———

Les esprits impatients vont conclure de là que je désire pour l'enfant la liberté illimitée qui serait pour nous une servitude, que je m'en remets uniquement à ses tendances instinctives, que je veux qu'on lui obéisse.

Au contraire, mon point de départ a été, comme

7

on l'a vu, l'idée profonde, originale, que Frœbel posa le premier. « L'enfant, laissé au chaos des premières impressions, en serait très-malheureux. C'est pour lui une délivrance qu'à cette confusion fatigante la mère substitue un petit nombre d'objets harmoniques, qu'elle en ait l'initiative et les lui amène par ordre. L'ordre est un besoin de l'esprit, un bonheur pour l'homme enfant. »

Les mouvements déréglés, l'agitation effrénée, ne sont pas plus nécessaires au bonheur de l'enfant grandi que le chaos des sensations confuses ne l'a été au nourrisson. J'ai bien souvent observé les petits malheureux qu'on laisse au hasard de leur fantaisie, et j'ai été frappé de voir combien la vaine exaltation, le dévergondage, les fatiguaient bientôt eux-mêmes. Au défaut de contrainte humaine, ils rencontraient à chaque instant la contrainte des choses, l'obstacle muet, mais fixe, des réalités ; ils se dépitaient en vain. Au contraire, l'enfant dirigé par une providence amie et dans l'ordre naturel, ne rencontrant que rarement la tyrannie de l'impossible, vit dans la vraie liberté.

L'usage habituel de la liberté dans l'ordre a cela d'admirable que tôt ou tard il donnera à la nature la noble tentation de subordonner la nature même, de dompter la liberté par une liberté plus haute, *de vouloir l'effort* et le sacrifice.

L'effort même est dans la nature, et il en est le meilleur. J'entends l'effort libre et voulu.

———

J'ai donné cette explication avant l'heure, et pour répondre à ceux qui critiquent avant d'avoir lu. Je suis fort loin maintenant d'imposer l'effort à la petite créature que j'ai dans les mains. Elle est intelligente, aimante. Mais c'est encore un élément. Dieu me garde, ah! pauvre petite! de te parler de tout cela. Ton devoir aujourd'hui, c'est vivre, grandir, manger bien, dormir mieux, courir dans les blés, dans les fleurs. Mais on ne peut courir toujours, et tu seras bien heureuse si ta mère, ta sœur aînée, jouent avec toi, te rendent habile à ces travaux qui sont des jeux.

Le *devoir*, c'est l'âme intérieure, c'est la vie de l'éducation. L'enfant le sent de très-bonne heure ; nous avons tous, presque en naissant, inscrite au cœur l'idée du juste. Je pourrais lui faire appel. Mais je ne le veux pas encore. Il faut que la vie au complet soit déjà bien constituée, avant qu'on lui crée sa carrière et qu'on limite son action. Ceux qui font grand bruit de morale, d'obligation, avec l'enfant qui n'est pas sûr de vivre encore, qui travaillent à resserrer, circonscrire ce qui, au contraire, aurait

besoin de s'étendre, ne sont que des insensés. Eh!
malheureux, laissez donc là vos ciseaux; pour re-
trancher, couper, tailler, attendez au moins que
l'étoffe existe.

L'appui de l'éducation, son âme et sa vie constante, c'est ce qui de très-bonne heure apparaît
dans la conscience, le *bon*, le *juste*. Le grand art,
c'est que, par l'amour, la douceur, l'ordre et l'harmonie, l'âme enfantine, obtenant sa vraie vie saine
et complète, de plus en plus *aperçoive la justice*,
qui est en elle, inscrite au fond de l'amour.

Des exemples, et point de préceptes (du moins
dans les commencements). L'enfant, de lui-même,
ira aisément de l'un à l'autre. Il trouvera, sans
chercher, ceci : « *Je dois* bien aimer ma mère qui
m'aime tant. » — Voilà le *devoir*. Et rien de plus
naturel.

———

Je ne fais pas ici un livre sur l'éducation, et je
ne dois pas m'arrêter sur les points de vue géné-
raux, mais insister sur mon sujet spécial, l'*éducation de la fille*. Abrégeons ce qui est commun entre
la fille et le garçon. Insistons sur la différence.

Elle est profonde. La voici :

-- L'éducation du garçon, dans l'idée moderne, *c'est*

d'*organiser une force*, force efficace et productive, de créer un *créateur*. L'homme moderne n'est pas autre chose.

L'éducation de la fille est de faire une harmonie, d'*harmoniser une religion*.

La femme est une religion.

Sa destinée est telle que, plus elle restera haut comme poésie religieuse, plus elle sera efficace dans la vie commune et pratique.

Dans l'homme, l'utilité peut se trouver séparée de l'idéal ; l'art qui donne de nobles produits, peut avoir parfois cet effet que l'artiste se vulgarise et ne garde que fort peu du beau qu'il met dans ses œuvres.

Jamais rien de tel pour la femme.

La femme au cœur prosaïque, celle qui n'est pas une poésie vivante, une harmonie pour relever l'homme, élever l'enfant, sanctifier constamment et ennoblir la famille, a manqué sa mission, et n'aura aucune action, même en ce qui semble vulgaire.

———

La mère, assise au berceau de sa fille, doit se dire : « Je tiens ici la guerre ou la paix du monde, ce qui troublera les cœurs ou leur donnera la paix et la haute harmonie de Dieu.

« C'est elle qui, si je meurs, sur mon tombeau, à douze ans, relèvera son père de ses petites ailes, le reportera au ciel. (V. la Vie de Manin.)

« C'est elle qui, à seize ans, d'un mot de fière exigence, met l'homme au-dessus de lui-même, lui fait dire : « Je serai grand! »

« C'est elle qui, à vingt ans, à trente et toute la vie, chaque soir ravive son mari, amorti par le métier, et dans l'aridité des intérêts, des soucis, lui fait surgir une fleur.

« Elle qui, dans les mauvais jours où l'horizon se ferme, où tout se désenchante, lui rend Dieu, le lui fait toucher et retrouver sur son sein. »

Élever une fille, c'est élever la société elle-même. La société procède de la famille, dont l'harmonie est la femme. Élever une fille, c'est une œuvre sublime et désintéressée. Car tu ne la crées, ô mère, que pour qu'elle puisse te quitter et te faire saigner le cœur. Elle est destinée *à un autre*. Elle vivra *pour les autres*, non pour toi, et non pour elle. C'est ce caractère relatif qui la met plus haut que l'homme, et en fait une religion. Elle est la flamme d'amour et la flamme du foyer. Elle est le berceau d'avenir, elle est l'école, autre berceau. D'un seul mot : *Elle est l'autel.*

Grâce à Dieu, tous les systèmes débattus pour l'éducation du garçon finissent ici. Ici cessent les disputes. La grande lutte des méthodes, des théories, expire dans la culture paisible de cette fleur bénie. Les discordes désarmées se sont embrassées dans la Grâce.

Celle-ci n'est pas condamnée à l'action forte et violente. Elle ne doit pas subir le monde effrayant du détail, qui va croissant, au delà de toutes les forces de l'homme.

Ira-t-elle jusqu'aux sommets de la haute spéculation? Pourquoi pas? Mais nullement en passant par nos filières. Nous lui trouverons des voies pour qu'elle arrive à l'idée, sans que son âme charmante passe par la torture préalable où se perd l'esprit de vie.

Que doit-elle être? Une harmonie. D'après quel miroir, ô mère! sur qui se réglera-t-elle?

Chaque matin et chaque soir, tu feras cette prière : « Mon Dieu, faites-moi très-belle!... Et que ma fille, pour l'être, n'ait besoin que de regarder. »

———

Le but de la femme, ici-bas, sa vocation évidente, c'est l'amour. Il faut être bien tristement né, bien

ennemi de la nature, bien aveugle et d'esprit tortu,
pour prononcer, contre Dieu même, que ce charmant organisme et cette tendresse de cœur ne la
vouent qu'à l'isolement. « Élevons-la, disent-ils,
pour être seule, c'est le plus sûr. L'amour est l'ex-
ception, mais l'indifférence est la règle. Qu'elle
sache se suffire à elle-même, travailler, prier,
mourir et faire son salut dans un coin. »

Et moi, je réponds que l'amour ne lui manquera
jamais. Je soutiens que, comme femme, elle ne fait
son salut qu'en faisant le bonheur de l'homme. Elle
doit aimer et enfanter, c'est là son devoir sacré.
Mais entendons-nous sur ce mot. Si elle n'est pas
épouse et mère, elle sera éducatrice, donc n'en sera
pas moins mère, et elle enfantera de l'esprit.

Oui, si le malheur voulait qu'elle fût née dans
un temps maudit où la plus aimable ne fût pas aimée, d'autant plus ouvrira-t-elle ses bras, son cœur,
au grand amour. Pour un enfant qu'elle aurait eu,
elle en aura mille, et les serrant contre elle-même,
elle dira : « Je n'ai rien perdu. »

Que les hommes sachent bien une chose, un
mystère noble et charmant que la nature a caché

au sein de la femme, c'est la divine équivoque où chez elle flotte l'amour. Pour eux, c'est toujours le désir. Mais pour elle, à son insu même, dans ses plus aveugles élans, l'instinct de la maternité domine encore tout le reste. Et quand un orgueil égoïste dit à l'amant qu'il a vaincu, il pourrait voir le plus souvent qu'elle ne cède qu'à son propre rêve, l'espoir et l'amour de l'enfant, que, presque dès sa naissance, elle avait conçu de son cœur.

Haute poésie de pureté. A chaque âge de l'amour où les sens ont un mot à dire, les instincts de maternité les éludent et portent l'amour dans une région supérieure.

Élever la femme, c'est seconder sa transformation, — c'est, à chaque degré de la vie, en lui donnant l'amour à la mesure de son cœur, l'aider à l'étendre ainsi et l'élever à cette forme si pure, et pourtant plus vive.

Pour dire d'un mot cette sublime et délicieuse poésie : dès le berceau, la femme est mère, folle de maternité. Pour elle, toute chose de nature, vivante et même non vivante, se transforme en petits enfants.

On sentira de plus en plus combien cela est heureux. Seule, elle peut élever l'homme, surtout dans les années décisives où il faut, avec une tendresse prudente, ménager, en l'harmonisant, sa jeune liberté. Pour briser brutalement et casser la plante humaine, comme on l'a fait jusqu'ici, il n'était besoin des femmes. Mais elles seront reconnues comme les seules éducatrices possibles, à mesure que l'on voudra cultiver dans chaque enfant le génie propre et natif qui varie infiniment. Nul que la femme n'est assez fin, assez doux, assez patient, pour sentir tant de nuances et pour en tirer parti.

———

Le monde vit de la femme. Elle y met deux éléments qui font toute civilisation : sa *grâce*, sa délicatesse, — mais celle-ci est surtout un reflet de sa *pureté*.

Que serait-ce du monde de l'homme, si ces deux choses manquaient ? Ceux qui semblent y tenir le moins ignorent que, sans cette grâce, ces formes au moins de pureté, l'amour s'éteindrait ici-bas, l'amour, l'aiguillon tout-puissant de nos activités humaines. Heureux tourments ! trouble fécond ! sans vous, qui voudra de la vie ?

Il faut, il faut absolument que la femme soit gra-

cieuse. Elle n'est pas tenue d'être belle. Mais la
grâce lui est propre. Elle la doit à la nature, qui la
fait pour s'y mirer. Elle la doit à l'humanité. La
grâce charme les arts virils et donne un sourire
divin à la société tout entière.

Que faut-il pour qu'elle soit gracieuse, cette
enfant? Qu'elle sente toujours qu'elle est aimée.
Qu'elle soit menée également. Point d'alternative
violente de rigueur et de tendresse. Rien de brusque, de précipité, un progrès très-gradué; nul
saut, et nul grand effort. Il ne faut pas l'embellir
d'ornements surajoutés; mais, par une douce imbibition, faire que peu à peu du dedans fleurisse
une beauté nouvelle.

La grâce est un reflet d'amour sur un fond de
pureté. *La pureté, c'est la femme même.*

Telle doit être la constante pensée de la mère,
dès que lui est née sa fille.

La pureté de l'enfant est d'abord celle de la mère.
Il faut que l'enfant y trouve à toute heure une
candeur, une lumière, une absolue transparence,
comme d'une glace accomplie que nul souffle ne
ternit jamais.

L'une et l'autre, le matin, le soir, font d'abondantes ablutions, tièdes, ou plutôt un peu froides. Tout se tient. Plus la petite verra sa mère attentive à se tenir nette, plus elle voudra l'être elle-même de corps, et bientôt de cœur.

Pureté d'air et de milieu. Pureté, unité d'influences. Point de bonne qui gâte en dessous tout ce qu'on fait en dessus, flattant la petite et lui faisant trouver la maman sévère.

Pureté surtout de régime et de nourriture. Que doit-on entendre par là?

J'entends que la petite fille ait une nourriture d'enfant, qu'elle continue le régime lacté, doux, calme, peu excitant; que, si elle mange à votre table, elle soit habituée à ne point toucher à vos aliments, qui sont des poisons pour elle. Une révolution s'est faite; nous avons quitté le sobre régime français, adopté de plus en plus la cuisine lourde et sanglante de nos voisins, appropriée à leur climat bien plus qu'au nôtre. Le pis, c'est que nous infligeons ce régime à nos enfants. Spectacle étrange de voir une mère donner à sa fille, qu'hier encore elle allaitait, cette grossière alimentation de viandes sanglantes, et les dangereux excitants, le vin, l'exaltation même, le café! Elle s'étonne de la voir violente, fantasque, passionnée. C'est elle qu'elle en doit accuser.

Ce qu'elle ne voit pas encore, et ce qui est bien autrement grave, c'est que, chez cette race française, si précoce (où j'ai vu des nourrissons amoureux dans le berceau), l'éveil des sens est provoqué directement par ce régime. Loin de fortifier, il agite, il affaiblit et énerve. La mère trouve plaisant, joli, d'avoir une enfant si vive, qui déjà a des reparties, et une enfant si sensible qui, au moindre mot, s'attendrit. Tout cela vient d'elle. Surexcitée elle-même, elle veut que l'enfant soit telle, et elle est, sans le savoir, la corruptrice de sa fille.

Tout cela ne vaut rien pour elle, madame, et guère mieux pour vous. Vous n'avez pas le courage, dites-vous, de manger rien sans qu'elle ait sa part. Eh bien, vous-même abstenez-vous, ou du moins modérez-vous dans l'usage de ce régime, bon pour l'homme fatigué peut-être, mais funeste à la femme oisive, régime qui la vulgarise, la trouble, la rend violente, ou somnolente, alourdie.

Pour la femme et pour l'enfant, c'est une grâce, une grâce d'amour, d'être surtout frugivore, d'éviter la fétidité des viandes et de vivre plutôt des aliments innocents qui ne coûtent la mort à personne, des suaves nourritures qui flattent l'odorat autant que le goût. La raison fort raisonnable qui fait que ces chères créatures n'inspirent répu-

gnance en nulle chose, mais nous semblent éthérées, en comparaison de l'homme, c'est surtout
leur préférence pour les herbes et pour les fruits,
cette pureté de régime qui ne contribue pas peu à
celle de l'âme et vraiment les assimile à l'innocence des fleurs.

VII

L'AMOUR A DIX ANS. — LES FLEURS

Dès le temps où le bon Frœbel avait mis dans la jolie main, un peu gauche, de ma chère petite, les formes élémentaires par où commence la nature (les cristaux, etc.), il l'avait appelée aussi à l'amour de la vie végétale. Bâtir une maison, c'est beau. Mais combien plus beau de faire venir une plante, de créer une vie nouvelle, une fleur qui va s'épanouir, vous récompenser de vos soins !

Un superbe haricot rouge, admiration de l'enfance, avait été mis en terre, non sans quelque solennité. Mais, attendre ! c'est l'impossible à cinq ans. Comment attendre inactif ce que Nature fait d'elle-même ? Dès le lendemain, on alla le visiter, ce haricot. Remis soigneusement en terre, il ne s'en

porta pas mieux. Les tendres inquiétudes de sa
jeune nourrice ne le laissèrent pas reposer ; elle
remuait au moins la superficie du sol ; d'un arrosoir
infatigable elle sollicitait la paresse du nonchalant
végétal. La terre buvait à merveille, semblait toujours avoir soif. Si bien soigné, abreuvé, le haricot
succomba.

C'est une œuvre de vertu, de patience, que de jar-
diner. Cela prépare très-bien le caractère de l'enfant. Mais à quel âge peut-on commencer réellement? Les petits Allemands de Frœbel doivent commencer à quatre ans, les nôtres un peu plus tard
sans doute. Je crois que nos petites filles peuvent
(bien plus que les garçons), par bon cœur et par
tendresse pour la plante favorite, prendre sur elles
d'attendre, de la ménager, de l'épargner. Dès qu'un
essai a réussi, dès qu'elles ont vu, admiré, touché,
baisé le petit être, tout est fait. Elles désirent tant
renouveler le miracle, qu'elles deviennent patientes.

La vraie vie de l'enfant est celle des champs.
Même à la ville, il faut, tant qu'on peut, l'associer
au monde végétal.

Et, pour cela, un grand jardin, un parc, n'est
pas nécessaire. Celle qui a peu, aime plus. Elle n'a
sur son balcon, sur un prolongement de toit,
qu'une girollée de muraille. Eh bien, elle pro-

fitera par son unique giroflée plus que l'enfant
gâtée des riches, lancée dans de grands parterres
qu'elle ne sait que dévaster. Le soin, la contemplation assidue de cette fleur, les rapports qu'on
lui montrera entre sa plante et telle influence d'atmosphère ou de saison, avec cela seul on ferait
une éducation tout entière. Observation, expérience, réflexion, raisonnement, tout peut y venir. Qui ne sait le parti admirable que Bernardin de Saint-Pierre a tiré de ce fraisier né par
hasard sur une fenêtre dans un pot de terre? Il y
a vu un infini, et pris là le point de départ de ses
harmonies végétales, simples, populaires, enfantines, parfois non moins scientifiques. (V. Alex.
de Humboldt.)

Cette fleur est tout un monde, pur, innocent, pa-
cifiant. La petite fleur humaine s'y harmonise d'autant mieux qu'elle ne lui est pas semblable dans le
point essentiel. La femme, surtout la femme enfant,
est toute dans la vie nerveuse; la plante qui n'a
pas de nerfs, lui est un doux complément, un cal-
mant, un rafraîchissant, une innocence relative.

Il est vrai que cette plante, à l'état de fleur surexcitée au-dessus d'elle-même, paraît animalisée,
et dans certaines espèces (petites et vues au mi-
croscope), elle affecte, pour l'organe d'amour, une
surprenante identité avec les vies supérieures. Mais

l'enfant n'est guère avertie de ce charmant délire des plantes que par leur enivrante odeur. Sa mobilité la préserve de s'en imprégner longtemps.

La petite fille, qui de bonne heure est un être si complet, bien plus fine que le garçon, plus susceptible de recevoir des impressions délicates, a un sens de plus, celui des parfums, des aromes. Elle en serait pénétrée, et par moments y trouverait un épanouissement sensuel, mais cette fleur n'est pas pour elle un objet d'amour oisif, de jouissance paresseuse ; elle est une occasion de travail et d'activité, d'inquiétude, de succès, de joie, une occupation de cœur et d'esprit. Enfin, pour dire d'un mot la chose : ici encore, *la maternité balance et guérit l'amour.* La fleur n'est pas son amant ; pourquoi? C'est qu'elle est sa fille.

———

Mauvaise et dangereuse ivresse pour la petite demoiselle, tenue assise, privée du grand air et du mouvement, que d'aspirer dans un salon l'émanation concentrée d'un amoureux bouquet de fleurs. Et ce n'est pas la tête seule qui chancelle. Un de nos romanciers s'est plu à montrer la vertu incertaine d'une jeune femme qui cède à ces influences. Elles ne seraient pas moins puissantes pour trou-

bler la petite fille, pour hâter en elle la crise des
sens, précipiter la floraison, qu'il vaut bien mieux
retarder.

Le dirai-je? (mais quel paradoxe! que les dames
vont être choquées!) il est trois choses que j'aime
peu : les babels de peintures qu'on appelle des musées, où les tableaux se tuent l'un l'autre; — les
babels de ramages qu'on appelle des volières, où
le rossignol, mêlé aux chanteurs vulgaires, risque
de tomber au patois; — en troisième lieu, les bou-
quets mêlés de couleurs, de parfums, qui se com-
battent et s'annulent.

Quiconque a le sentiment vif et délicat de la vie
ne souffre pas volontiers ces confusions, ces chaos,
quelque brillants qu'ils puissent être. Chaque odeur
est suave à part, dit un mystère, parle un langage.
Toutes ensemble, ou frappent la tête, ou donnent
un trouble sensuel dont les nerfs souffrent comme
de certaines vibrations de l'harmonica. C'est volup-
tueux et affadissant. On sourit et le cœur tourne.
Les odeurs discrètes y périssent barbarement as-
phyxiées. « Hélas! dit la marjolaine, étouffée des
puissantes roses, vous ne voulez donc pas savoir la
divine senteur d'amertume qui se mêle au parfum
d'amour? »

Certaine femme que je sais bien n'a jamais
coupé une fleur qu'à regret et malgré elle, en lui

demandant pardon. Chacune a sa gentillesse à elle, si elle est à part. Elle a son harmonie propre, un charme qui lui vient de la terre sa mère et qu'elle n'aura plus arraché. Que saura-t-on maintenant du port, de la désinvolture, de l'air aimable et dégagé dont elle portait sa tête? Les fleurs simples, qui sont les fleurs amoureuses, dans leurs grâces modestes et légères, pâlissent ou plutôt disparaissent entre les grosses corolles de ces vierges luxueuses que nos jardiniers amplifient par leur art de stérilité.

Replaçons, pour notre enfant, dans sa vérité naïve et sainte, le monde végétal. Que de bonne heure elle sente, aime et comprenne la plante dans la légitimité de sa vie complète. Qu'elle ne connaisse point la fleur comme luxe et coquetterie, mais comme un moment de la plante, comme la plante à l'état de fleur. C'est une grande injustice d'y prendre le plaisir passager d'une vaine décoration, comme d'une fleur de papier, tandis qu'on oublie la merveille réelle, le miracle progressif caché au petit sanctuaire, la sublime opération d'avenir et d'immortalité par laquelle la vie chaque année échappe et rit de la mort.

Dans une promenade d'hiver, en février, la petite, regardant aux arbres les bourgeons rougeâtres, soupirait et demandait : « Serait-ce bientôt le printemps? » Tout à coup elle s'écrie... Elle l'avait à ses pieds... Une petite clochette d'argent, marquée d'un point vert au bord, le perce-neige, disait le réveil de l'année.

Le soleil reprend bientôt force. Dès mars, à ses premiers rayons, variables et capricieux, tout un petit monde éclôt, les jeunettes, les pressées, primevères et pâquerettes, fleurs enfants qui cependant, par leur petit disque d'or, se disent enfants du soleil. Elles n'ont pas grand parfum, sauf, je crois, la seule violette. La terre est trop mouillée encore. Narcisses, jacinthes et muguets apparaissent aux prés humides, dans l'ombre humide des bois.

Quelle joie ! et que de surprises !... Cette végétation innocente semble faite pour celle-ci. Chaque jour, elle en fait la conquête, recueille, amasse, lie, rapporte des bottes de petites fleurs qu'il faudra jeter demain. Elle va saluer une à une toutes les nouvelles venues, leur donner le baiser de sœur. Gardons-nous de la troubler dans cette fête du printemps. Mais, lorsque, un mois, deux mois passés, elle se sera satisfaite, je lui dirai : « Pendant que tu jouais, enfant, le grand jeu de la nature, la superbe et splendide transformation de la terre s'est accom-

plic. La voilà vêtue de sa robe verte aux plis immenses qu'on appelle des montagnes et des coteaux.
Crois-tu que ce soit seulement pour te donner des
marguerites, qu'elle a versé de son sein cet océan
d'herbe et de fleurs? Non, amie; la grande nourrice,
la maman universelle, a d'abord servi ce banquet à
nos humbles frères et sœurs par lesquels elle nous
nourrit. La bonne vache, la douce brebis, la sobre
chèvre qui vit de si peu et fait vivre le plus pauvre,
c'est pour elles que sont préparées ces belles prairies... Du lait virginal de la terre elles vont com-
bler leurs mamelles, te donner le lait, le beurre...
Reçois-les, et remercie.

A ces aliments frais et doux va se joindre la fraîcheur des premières plantes potagères, des premiers
fruits. Avec la chaleur apparaît à point nommé la
groseille, la petite fraise des bois, qu'une autre,
petite gourmande, découvre à son exquise odeur.
L'aigrelet de la première, le fondant de la seconde,
et la douceur de la cerise, ce sont les prévoyants
remèdes qui nous viennent aux jours brûlants où
l'idée s'exalte, s'enivre, où commencent sous un soleil accablant les grands travaux de récolte.

Cette ivresse a apparu d'abord aux parfums de
la rose, suaves mais trop pénétrants, dont la tête
est alourdie. La coquette reine des fleurs amène
triomphalement la légion plus sérieuse de ses

sœurs, fleurs médicinales et plantes de pharmacie, utiles et salutaires poisons.

Mais voici l'œuvre souveraine de la grande maternité. Elles arrivent celles qui doivent nourrir les populations entières, les *vénérables tribus des légumineuses* (E. Noël). Elles arrivent les graminées, les pauvres du règne végétal, qui en sont aussi, dit Linné, la vaillance, la force héroïque; qu'on les maltraite et qu'on les foule, elles multiplieront davantage !

« Leurs deux feuilles nourricières (ou cotylédons) sont des mamelles. Cinq ou six pauvres graminées, du trop plein de leurs mamelles nourrissent l'espèce humaine. » (E. Noël).

Ma fille, n'imite pas l'enfant léger, étourdi, qui voyant flotter au vent cette mouvante mer d'or, que le coquelicot et le bluet égayent de leur éclat stérile, va au travers chercher ses fleurs. Que ton petit pied suive bien la ligne étroite du sentier. Respecte notre père nourricier, ce bon blé, qui, de faible tige, soutient avec peine sa tête pesante où est notre pain de demain. Chaque épi que tu détruirais ôterait la vie aux pauvres, au méritant travailleur, qui, toute l'année, a pâti pour le faire venir. Le sort de ce blé lui-même mérite ton plus tendre respect. Tout l'hiver, enclos dans la terre, il a patienté sous la neige ; puis, aux froides pluies du printemps, sa petite tige verte a lutté, blessée parfois d'un retour de gelée, parfois de la dent du mouton ; il n'a grandi qu'en supportant les cuisants rayons du soleil. Demain, tranché de la faucille, battu, rebattu des fléaux, froissé, écrasé de la pierre, *Grain d'orge*, le pauvre martyr, réduit en poudre impalpable, cuit comme pain, ira sous la dent, ou, distillé comme bière, sera bu. De toute façon sa mort fera vivre l'homme.

Toutes les nations ont chanté dans de joyeuses complaintes ce martyre et celui de la vigne sa sœur. Dans le blé déjà résidait avec la plus haute puissance nutritive de nos climats, quelque chose de la force sucrée, enivrante, que sa sœur va nous donner. La vertu de faire du sucre, qui est un trait singulier de l'organisation humaine, existe dans ces végétaux, qu'on dirait humanisés. C'est l'effort dernier de l'année. A mesure que l'homme fatigue, faiblit, se fond en sueur, la mère Nature lui a donné une plus vivante nourriture.

———

A l'âge printanier des prairies et du lait a succédé l'âge substantiel et fort du froment, et celui-ci est à peine coupé et battu, que l'humble petite vigne (traînante et rampante ici, d'autant plus fine et plus exquise) prépare son breuvage divin. Que de travaux ici, ma fille! Que ce modeste végétal, ce mauvais petit bois tortu que tu méprisais au printemps, exerce les forces de l'homme! Dès mars, si tu parcourais l'immensité de la Champagne, de la Bourgogne et du Midi, une si grande partie de la France, tu verrais des millions d'hommes replantant les échalas, relevant, liant, coupant la vigne, puis buttant la terre autour, et toute l'année sur pied pour mener à bien cette délicate personne. Pour la tuer, un brouillard suffit.

C'est la sévère alternative de la vie et de la mort. Chaque plante meurt et nourrit les autres. N'as-tu pas vu, en automne, vers la fin, quand la saison avait pâli, comme tombaient doucement les feuilles, sans même attendre le vent? Chacune, en tournant un peu, descendait toute résignée, sans bruit, sans réclamation. La plante (si elle ne le sait) sent au moins qu'elle a charge de nourrir sa sœur, et qu'il faut mourir pour cela. Donc, elle meurt de bien bonne grâce, se pose, et de son débris alimentant l'air qui l'emporte ou la terre qui s'en pénètre, elle prépare la vie des amies qui viennent la renouveler. Elle s'en va consolée, et qui sait, peut-être joyeuse, de reposer, son devoir fait, et de suivre la loi de Dieu.

Ainsi, chère, si tu m'as compris, tu as vu que,

sous ce cercle brillant de l'évolution annuelle où chacune a un moment pour se montrer au soleil, un cercle muet, plus sombre, se fait dans l'intime intérieur par l'échange des douces sœurs, chacune se retirant sans jalousie et passant la vie aux autres.

Monde de paix et d'innocence, de résignation. Mais les êtres supérieurs, soumis à la même loi, ont peine à s'y prêter de même. — « Cependant, dit la Nature, qu'y faire? ce n'est pas ma faute. Je n'ai que cela de substance à partager entre vous tous, mais pas plus ; je ne puis pas augmenter à volonté. Il est juste que chacun en ait un peu à son tour.

« Donc, dit-elle aux animaux, vous, favoris de la vie, tellement privilégiés d'organisme supérieur, vous n'êtes pas pour cela exempts de nourrir vos sœurs les plantes, qui, reconnaissantes, gracieuses, en revanche vous nourrissent chaque jour. A vous de payer un tribut (seulement ce qui ne vous profite). Vos mues, à certaines saisons, seront un tribut encore. Vos débris enfin, à la mort... Ce sera le plus tard possible. Je vous ai donné des moyens d'aviser à le retarder. Mais il faudra bien y venir, car je ne puis faire mieux. »

Voilà qui est raisonnable, n'est-ce pas, ma fille? Et le père de la nature, Dieu qui t'a faite et douée, qui t'a donné des mains adroites (ou propres à le devenir), qui t'a donné une tête légère encore,

mais peu à peu susceptible de penser, te permet
l'honneur insigne de participer au travail. Tu pour-
ras couver, élever des nourrissons végétaux, et de
petites filles-fleurs. Tu susciteras la vie, en t'unissant de tout cœur aux grandes opérations de Dieu.
Plus tard, femme, et peut-être mère, quand il sera
temps, volontiers tu passeras la vie aux autres, tu
sauras de bonne grâce vivifier ta bonne nourrice,
la Nature, et la nourrir à ton tour.

VIII

LE PETIT MÉNAGE. — LE PETIT JARDIN

Si on donne à la petite fille le choix entre les jouets, elle choisira certainement des miniatures d'ustensiles de cuisine et de ménage. C'est un instinct naturel, le pressentiment d'un devoir que la femme aura à remplir. La femme doit nourrir l'homme.

Haut devoir, devoir sacré! Il l'est surtout dans nos climats où le soleil, moins puissant que celui de l'équateur, n'achève pas la maturité de beaucoup de végétaux, ne les mûrit pas au point où l'homme puisse les assimiler. La femme continue le soleil, elle sait à quel degré l'aliment, cuit et adouci, peut être approprié à lui, passer dans sa circulation, refaire son sang et ses forces.

C'est comme un autre allaitement. Si elle pouvait suivre son cœur, elle nourrirait son mari, ses
enfants, d'elle-même, du lait de ses mamelles. Ne
le pouvant, elle emprunte l'aliment à la nature,
mais elle le leur donne bien autre, mêlé d'elle et
par la tendresse devenu délicieux. Du pur froment,
solide et fort, elle fait le gâteau sacré où la famille
communie de son amour. Le lait prend cent formes
par elle, elle y met sa fine douceur, ses parfums, et
il devint crème légère et éthérée, un aliment de
volupté. Les fruits éphémères que l'automne verse
à torrents pour les perdre, elle les fixe, les enchante.
Dans un an encore, ses enfants émerveillés verront
sortir du trésor de sa prévoyance les fugitives délices qu'ils croyaient fondues bien avant les premières neiges d'hiver. Les voici, à son image, inal-
térablement fidèles, purs et limpides comme sa
vie, transparents comme son cœur.

O la belle et douce puissance! Véritable enfantement. Création de chaque jour, lente, partielle,
mais continue. — Elle les fait et les refait corps et
âme, humeur, énergie. Elle augmente, diminue leur
activité, tend le nerf et le détend. Les changements
sont insensibles, et les résultats profonds. — Que
ne peut-elle? L'enfant léger, joueur et rebelle,
change, est disciplinable et doux. L'homme, en-
tamé par le travail et l'excès de volonté, peu à peu

rajeunit par elle. Un matin, le cœur plein d'amour, il dit : « Je revis tout en toi. »

Au reste, quand cette grande puissance est sagement exercée, elle n'a pas besoin de refaire, de guérir. Elle n'a que faire de médecine. Elle est la suprême médecine, créant la santé jour par jour, l'équilibre harmonique, et fermant la porte à la maladie. Quel cœur de femme, de mère, pourrait, en songeant à cela, marchander avec la nature, alléguer quelques dégoûts !

L'amour est spiritualiste, et dans tout ce que demande la vie de l'objet aimé, il ne voit rien que l'esprit. Les nobles et hauts résultats que ces humbles soins obtiennent, les élèvent, les ennoblissent et les rendent chers et doux.

Une jeune dame distinguée, délicate et maladive, n'aurait cependant laissé à personne la cuisine de son rossignol. Cet artiste ailé est comme l'homme ; pour refaire son foyer brûlant, il voudrait la moelle des lions. Il lui faut la viande et le sang. La domestique de cette dame y aurait eu répugnance. Elle aucune ; elle n'y voyait que le chant, l'âme amoureuse à qui elle allait rendre force. Il recevait de sa main le banquet de l'inspiration (le sang, le chanvre et le pavot), la vie, l'ivresse et l'oubli.

———

Fourier a très-bien remarqué que les enfants ont le goût de la cuisine et y aident volontiers. Est-ce singerie? gourmandise?

Mais je ne suis pas d'avis d'encourager la singerie, comme il le conseille. Je n'aime pas non plus, lorsqu'il s'agit d'une chose qui sera si grave, qu'on habitue cette enfant à s'en faire un jeu, à perdre le temps en petits gâchis pour le repas de sa poupée. J'aime mieux qu'on attende un peu plus, et que, quand elle est devenue adroite, et déjà sérieuse par ses essais de jardinage, sa mère l'initie à une fonction où la vie de son père est intéressée, où celui qui les nourrit est nourri par elles, où pour la première fois l'enfant peut le servir, heureuse de l'entendre dire au repas : « Merci, ma fille ! »

Chaque art développe en nous quelques qualités nouvelles. Le ménage et la cuisine exigent la propreté la plus exquise, et passablement de dextérité. L'égalité d'humeur et de caractère y fait beaucoup plus qu'on ne croit. Nulle personne brusque, variable, n'y peut mener à bien les choses. Un sens juste de mesure précise y est nécessaire. Ajoutez, au plus haut degré, l'à-propos, la décision, pour finir où il faut finir et savoir s'arrêter à point.

Mettez en face les dons, plus graves encore,

qu'exige la culture du jardin. Il n'était qu'un amusement, mais, dès qu'il est compris, soigné, dans
son rapport avec la vie, la santé de ceux qu'on
aime, quand le jardin est l'auxiliaire du ménage, il
devient chose importante, et on le cultive bien
mieux. Observer et tenir compte de nombre de circonstances variables ; respecter le temps et dompter ses impatiences puériles, soumettre sa jeune
volonté à la loi générale : employer son activité,
mais savoir qu'elle n'est pas tout, et reconnaître le
concours de la nature ; finalement, manquer souvent, ne se décourager jamais ; — c'est la culture,
c'est le travail mêlé de tous les travaux ; — c'est,
au complet, la vie humaine.

Cuisine et jardin sont deux pièces du même labo-
ratoire : travaillant pour le même but. La prémière
achève au foyer la maturation que l'autre commença par le soleil. Ils échangent entre eux leurs
puissances. Le jardin nourrit la cuisine, la cuisine
nourrit le jardin. Les simples eaux de ménage qu'on
jette au loin avec dégoût sont acceptées (si j'en
crois un horticulteur distingué), comme un excellent aliment par les pures et nobles fleurs. Ne mé-
prisez rien. Le dernier rebut, le moindre débris
du café, est avidement saisi par les végétaux,
comme une flamme, un esprit de vie ; au bout de
trois années entières, ils en sentent encore la chaleur.

Il faut dire à votre enfant ces lois nécessaires de la vie. Ce serait une sotte réserve de lui laisser ignorer l'alternation de la substance, sa circulation naturelle. Nos dédaigneuses demoiselles, qui ne connaissent les plantes que pour les couper, ne savent pas que la fleur mange aussi bien que l'animal. Comment vivent-elles, elles-mêmes? Elles se gardent de le deviner. Elles ont un bon appétit, absorbent, mais sans reconnaissance, sans songer au devoir de restituer. Il le faut pourtant, par la mort surtout; et il le faut constamment par la série de sueurs, de mues, de diminutions de nous-mêmes, de pertes et petites morts quotidiennes que nous impose la nature, au profit des vies inférieures.

Ce *circulus* fatal n'est pas certes sans grandeur. Il a un côté fort grave, qui touchera le cœur de l'enfant d'une salutaire émotion, c'est que notre affaiblissement de chaque jour nous condamne à chercher la force où elle est accumulée, chez les animaux nos frères, et à vivre de leur vie.

Double leçon. Nullement inutile à la jeune fille, au premier élan d'orgueil que donneront l'âge et la beauté, l'intensité de la vie, qui leur font penser par moments : « Je suis; le reste est peu de chose. La fleur et le charme du monde, c'est moi, et le reste un rebut. »

Fleur? beauté? jeunesse? d'accord. Oui, mais

n'oublie pas à quel prix. Sois modeste, souviens-toi des conditions humbles, sévères, auxquelles la nature vend la vie. Mourir un peu chaque jour, avant de mourir tout à fait ; et chaque jour, à cette table riante et parée, renaître, hélas! par la mort d'innocentes créatures.

———

Que du moins ils soient heureux, ces animaux, tant qu'ils vivent. Enseignons bien à l'enfant leur droit d'exister, le regret et la pitié qu'on leur doit, même lorsque le besoin de notre organisation nous force de les détruire. Il faut lui apprendre avec soin les utilités qu'ils ont, ou eurent tous, même ceux qui aujourd'hui peuvent nous nuire. L'enfant est très-poétique, mais peu poète. Cependant, elle sentira, ma petite, par l'instinct de son cœur charmant, ce qui toucherait moins son esprit. La maternité héroïque de l'oiseau, construisant son nid avec tant de peine, subissant pour ses enfants tant d'épreuves si pénibles, la frappera à coup sûr. Et ce n'est pas sans respect, une sorte de religion, qu'elle verra chez la fourmi, chez l'abeille, un génie bien autrement artiste encore, que la maternité inspire. L'immense travail de la fourmi, remontant, descendant ses œufs par l'échelle bien calculée de ses trente ou quarante étages, selon l'air et le soleil et toutes les variations de température, la remplira d'admiration. Dans ces infiniment petits elle verra la première lueur, le ravissant premier rayon du haut mystère qu'on lui ajourne, le grand, l'universel Amour.

———

Comme je sais qu'il n'y a ici-bas de bonheur qu'un seul, *créer* et créer toujours, j'ai tâché à tout âge qu'elle fût heureuse, c'est-à-dire qu'elle créât.

A quatre ans, dans ses jolies mains, j'ai mis des matériaux, formes régulières (analogues aux premiers essais d'association que fait la nature, aux cristaux), et avec ces cristaux de bois, associés à sa manière, elle fit de petites maisons et autres œuvres enfantines.

Plus tard, on lui a montré comment Nature, associant la sympathie des opposés, fait de véritables cristaux, brillants, colorés et si beaux ! elle en a fait elle-même.

Dès lors, de sa jeune main elle semait, faisait des plantes, et par les soins, l'arrosement, elle les amenait à l'amour, à la floraison.

Les vers à soie, innocemment, elle en cueille la petite graine (semence de papillon), la soigne, la garde sur elle, la mûrit de sa chaleur, la tient jour et nuit dans l'abri de son sein, qui n'est pas encore. Un matin, elle a le bonheur de voir un monde nouveau, éclos d'elle, de son jeune amour.

Ainsi, elle va toujours heureuse et créant. Continue, aime, enfante, ma fille. Associe-toi, chère petite, à la grande maternité. Il n'en coûte rien encore à ton tendre cœur. Tu crées, et dans la paix profonde. Demain, il t'en coûtera davantage, ton cœur saignera… Ah! le mien aussi, crois-le bien. Mais pour aujourd'hui, jouissons. Je n'aurai rien de plus doux que de voir, en si grand repos, dans l'attendrissante innocence, ta petite fécondité. Cela me rassure pour toi. Quoi qu'il arrive, tu auras eu ta part en ce monde. Cette part, c'est, dans l'œuvre divine, de concourir et de créer.

X

MATERNITÉ DE QUATORZE ANS
LA MÉTAMORPHOSE

Je n'ai craint pour cette enfant qu'une chose, c'est la rêverie. J'en vois qui rêvent à quatre ans. Mais, heureusement, celle-ci en a été préservée : 1° par sa vie active; 2° parce qu'en naissant elle eut une confidente pour penser tout haut, sa mère.

La femme a toute sa vie un besoin d'épanchement.

Donc, toute petite encore, sa mère la prenait sur elle chaque soir, et, cœur contre cœur, la faisait parler.

Oh! quel bonheur de s'épancher, s'alléger, et s'accuser même!... « Dis, mon enfant, dis toujours! Si c'est bien, je t'embrasserai. Et, si cela n'est pas bien, demain, toutes deux ensemble, nous tâcherons de faire mieux. »

Elle dit tout. Eh! que risque-t-elle? — « Beaucoup, car maman souffrira si je fais mal... — Non, ma chère, dis-le tout de même. Et, quand j'en devrais pleurer, laisse en moi couler ton cœur. »

La confession filiale est tout le mystère de l'enfance. Celle ci, par *sa confession de chaque soir, a dicté elle-même son éducation.*

——

Avec un si doux chevet, elle a profondément dormi. Mais, qu'est-ce donc? elle s'éveille. Treize ans et demi sont dépassés, et la voilà languissante. Que te faut-il, chère petite? Jusqu'ici, rien ne te manque pour jouer et t'amuser. — Quand ta poupée n'a plus suffi, je t'en ai donné de vivantes; tu as joué à la poupée avec toute la nature. Tu as bien aimé les fleurs, et tu en as été aimée. Tes oiseaux libres te suivent, jusqu'à oublier leur nid, et l'autre jour le bouvreuil (ceci n'est pas inventé) a quitté sa femme pour toi.

Je devine, il lui faudrait quelque ami, — non pas oiseau, ni fleur, ni papillon, ni chien, — un ami de son espèce. A quatre ans, cinq ans, sa mère la menait jouer aux *Jardins d'enfants.* Mais maintenant, à la campagne, elle n'a plus de petites filles. Elle avait bien encore son frère, plus jeune, qu'elle ai-

mait tant, et qui ne la quittait pas. Mais elle en eût
fait une fille, ou il eût fait d'elle un garçon. On l'a
placé de bonne heure, loin des gâteries excessives
de la mère et de la sœur, dans une maison plus vi-
rile, chez un ami, en attendant qu'il aille aux écoles
publiques. La compagnie de garçons qu'il amenait
rendait d'ailleurs la maison inhabitable. La petite
en a conservé une grande antipathie pour cette
gent tapageuse ; leurs cris, leurs coups, leurs bat-
teries, la faisaient fuir. Toute semblable à sa douce
et discrète mère, elle aime l'ordre, la paix, le silence, les jolis jeux à demi-voix.

Je la vois cependant là-bas qui se promène seu-
lette dans une allée du jardin. Je l'appelle. Obéissante, elle vient un peu lentement, mais le cœur
gonflé, les yeux humides. Pourquoi ? sa mère a
beau la baiser, la caresser, elle est muette. Elle ne
peut pas répondre, car elle ne sait ce que c'est. Nous
qui le savons bien mieux, nous devons y trouver
remède, faire encore ce qui, à chaque âge, lui a
réussi déjà, lui donner un amour nouveau.

Sa mère, qui en a pitié, veut dès ce jour la tirer
de cet état trouble, inquiet, lui mettre, non pas
quelque chose, mais plutôt quelqu'un dans les bras.

Elle la mènera tout droit aux écoles du village,
et lui montrera les petits enfants. La grande fille
d'abord, la jeune rêveuse, trouverait ces petits un

peu insipides. Mais on lui fait remarquer qu'ils n'ont pas tout ce qu'il leur faut. Celle-ci est bien peu vêtue ; il lui faudrait une robe. Celle-là est venue à l'école sans apporter son déjeuner, car sa mère n'avait pas de pain. Cette autre n'a pas de mère, et son père est mort aussi. La voilà seule à quatre ans. On la nourrit comme on peut... Là s'éveille le jeune cœur... Sans rien dire, elle la prend et se met à l'arranger. Elle n'est pas maladroite. On dirait qu'elle a tenu des enfants toute sa vie. Elle la lave, elle la baise, elle va lui chercher du pain, du beurre, des fruits, tout ce qu'elle a..... Werther aima en voyant Charlotte donner une tartine aux petits. Il m'en fût arrivé autant.

L'orpheline l'intéresse aux autres. L'une est jolie, l'autre si sage ! en voici une de malade, une autre a été battue, et il faut la consoler. Toutes lui plaisent, toutes l'amusent. Quel bonheur d'avoir en main ces délicieuses poupées, qui parlent, celles-ci rient et mangent, qui ont déjà des volontés, qui sont presque des personnes ! quel plaisir de les faire jouer ! Et, sous ce prétexte, voilà qu'elle se remet elle-même à jouer, la grande innocente. — Même à la maison, elle y pense ; plus de rêveries, elle est vive, elle est gaie et sérieuse à la fois, comme on le devient lorsqu'on a tout à coup un vif intérêt dans la vie. Elle ne va plus seule maintenant, elle cherche sa mère, lui parle, elle a besoin d'elle, désire obtenir ceci, négocie cela. Chaque jour, tout le temps qu'elle a de libre, elle va le passer avec les enfants. Elle vit toute dans ce petit monde, très-varié, lorsqu'on le voit de près et qu'on s'y mêle. Elle a là des amitiés, des demi-adoptions, des préférences, des tendresses avivées par la charité, de légers soucis parfois, puis des gaietés, puis des transports, et que sais-je? même des larmes. — Mais elle sait pourquoi elle pleure. Le pis, pour les jeunes filles, c'est de pleurer sans savoir pourquoi.

———

. . . .

. . . . . Elle venait d'avoir quatorze ans en mai. C'étaient les premières roses. La saison, après quelques pluies, désormais belle et fixée, étalait toutes ses pompes. Elle aussi, elle avait eu un petit moment d'orage, de la fièvre et quelques souffrances. Elle sortait pour la première fois, un peu faible encore, un peu pâle. Une imperceptible nuance d'un bleu finement teinté (d'un faible lilas peut-être?) marquait sous ses yeux. Elle n'était pas bien grande; mais sa taille avait changé, s'était gracieusement élancée. Couchée enfant, en peu de jours, elle s'était levée demoiselle. Plus légère et pourtant moins vive, elle ne méritait plus le nom que lui donnait sa mère : « Mon oiseau! mon papillon! »

Son premier soin, en revoyant son jardin, changé comme elle; et tellement embelli, ce fut d'y prendre quelques fleurs pour son père et pour sa mère, qui l'avaient soignée, gâtée, encore plus qu'à l ordinaire. Elle les rejoignit souriante, avec son petit hommage. Elle les trouva tout attendris, ne se disant rien l'un à l'autre, muets d'une même pensée.

Pour la première fois peut-être depuis bien longtemps ils la mirent entre eux. Quand elle était toute petite et apprenait à marcher, sans être tenue, elle avait besoin de les voir ainsi à portée de droite et de gauche. Mais ici, devenue grande, et presque autant que sa mère, elle sentit bien doucement que c'étaient eux maintenant qui avaient besoin de l'avoir entre eux, ils l'enveloppaient de leur cœur, et d'un amour si ému, que sa mère avait quelque peine à s'empêcher de pleurer.

« Chère maman ! qu'avez-vous donc? » Et elle se pendit à son cou. Sa mère l'accablait de caresses, mais ne lui répondait pas, craignant que son cœur n'échappât. Enfin, un peu affermie, quoique une larme charmante lui noyât encore les yeux, la mère dit en souriant : « Je racontais à ton père ce que j'ai rêvé cette nuit. Tu étais seule au jardin, tu t'é-

tais piquée au rosier. Je voulais soigner ta blessure, et je ne le pouvais pas : tu restais blessée
pour la vie... J'étais morte, et je voyais tout. —
O maman, ne mourez jamais ! » Et elle se jeta,
rougissante, dans les bras de sa mère.

Ces trois personnes, à ce moment, étaient bien
unies de cœur. Et que j'ai tort de dire trois ! Non,
c'était une personne. Ils vivaient d'amour dans leur
fille, elle en eux. Ce n'était la peine de rien dire,
s'entendant si bien. On ne se voyait guère non plus,
car c'était déjà le soir. Ils allaient obscurs, indis-
tincts, le père l'appuyant de son bras, la mère en-
laçant la petite, s'appuyant sur elle.

On n'entendait plus de chants, mais quelques
légers bruits d'oiseaux, leurs dernières causeries
intimes en se serrant dans le nid. Cela très-char-
mant, très-divers. Les uns bruyants et pressés,
tout joyeux de se retrouver. D'autres, plus mélan-
coliques, inquiets des ombres de la nuit, semblaient se dire : « Qui est sûr de se réveiller demain ? » Le rossignol, confiant, regagna son nid
presque à terre, croisa l'allée, presque à leurs
pieds, et la mère émue lui dit ce bonsoir : « Dieu
te garde, mon pauvre petit ! »

Rien de plus simple que la révélation du sexe à l'enfant préparée ainsi. Pour celle qu'on laisse ignorante des lois générales, qui apprend tout en une fois, c'est une chose grande et dangereuse. Que penser de l'imprudence des parents qui s'en remettent au hasard ? Car, qu'est-ce que le hasard ? C'est souvent une compagne nullement innocente, nullement pure d'imagination. Le hasard, c'est encore (et plus souvent qu'on ne croit) un mot léger, sensuel, du jeune, du plus proche parent. Les mères diront non, et s'indigneront ; tous leurs enfants sont parfaits. Elles sont trop assoties de leurs fils, pour croire l'évidence même.

Quoi qu'il en soit, cette révélation, si elle n'est donnée par la mère, est saisissante et foudroyante ; elle tue la volonté ; à cette heure la pauvre petite, avant de revenir à elle, est comme à discrétion.

Quant à celle-ci, qui, de bonne heure, a très-froidement appris la génération des plantes, la génération des insectes, elle qui sait qu'en toute espèce la vie se refait par l'œuf, et que la nature entière est dans le travail éternel de l'ovulation, elle n'est point du tout étonnée d'être dans la règle commune. La mue pénible qui chaque mois accompagne ce phénomène semble aussi fort naturelle quand on a vu des mues si laborieuses dans les espèces inférieures.

Tout cela apparaît noble, grand, pur, dans la généralité de la loi du monde, plus grande encore quand on y voit la constante réparation de ce que détruit la mort. « La mort nous pousse, elle nous presse, ma chère fille, lui dit sa mère. Le remède, c'est le mariage. Ton père et moi, nous mourrons, et, pour compenser cela, il faudra bien problablement que, même avant, tu nous quittes et que tu sois mariée. Comme moi, tu accoucheras avec de vives douleurs, et tu amèneras à la vie des enfants qui ne vivront pas, ou, s'ils vivent, ils te quitteront... Voilà ce que je vois d'avance, et ce qui me fait pleurer... J'ai tort ; c'est notre sort à toutes, et Dieu veut qu'il en soit ainsi. »

X

L'HISTOIRE COMME BASE DE FOI

Rousseau, qui, chez les modernes, a posé le premier avec force le problème des méthodes en éducation, ne me semble pas voir assez que la méthode n'est pas tout. Il cherche seulement *comment* on doit diriger l'élève, ou plutôt comment l'élève, aidé dans sa libre action, pourra se former lui-même et devenir capable d'apprendre toute chose. — Je n'examine pas son livre. Je remarque seulement qu'il ne dit pas un seul mot du second problème de l'éducation : *quel sera l'objet* principal de l'étude? qu'apprendra-t-il cet élève? En supposant que Rousseau ait réussi à former un esprit énergique, actif, indépendant des routines ordinaires, à quoi s'appliquera-t-il? n'est-il pas quelque connaissance où il trouve son développement, sa gymnastique naturelle? Ce n'est pas assez de créer le *sujet*; il faut déterminer l'*objet* sur lequel il s'exercera avec le plus d'avantage. J'appellerai cet objet : la *substance de l'éducation.*

Selon moi, elle doit être tout autre pour le garçon et pour la fille.

Si l'on veut mieux réussir dans l'éducation qu'on ne l'a fait jusqu'ici, il faut marquer sérieusement les différences profondes qui non-seulement séparent les deux sexes, mais les opposent même, les constituent symétriquement opposés.

Autres sont leurs vocations et leurs tendances naturelles. Autre aussi leur éducation, — *différente dans la méthode*, harmonisante pour la fille, pour le garçon fortifiante, — *différente en son objet*, pour l'étude principale où s'exercera leur esprit.

Pour l'homme qui est appelé au travail, au combat du monde, la grande étude, c'est l'*Histoire*, le récit de ce combat. L'Histoire, aidée par les langues, dont chacune donne le génie d'un peuple. L'Histoire dominée par le Droit, écrivant sous lui et pour lui, constamment éclairée, corrigée et rectifiée par la justice éternelle.

Pour la femme, doux médiateur entre la nature et l'homme, entre le père et l'enfant, son étude toute pratique, rajeunissante, embellissante, c'est celle de la *Nature.*

Luï, il marche de drame en drame, dont pas un ne ressemble à l'autre, d'expérience en expérience, et de bataille en bataille. L'*Histoire* va, s'allonge toujours... et lui dit toujours... « En avant ! »

Elle, au contraire, elle suit la noble et sereine épopée que la *Nature* accomplit dans ses cycles harmoniques, revenant sur elle-même, avec une grâce touchante de constance et de fidélité. Ces retours, dans son mouvement, mettent la paix, et si j'osais dire, une immobilité relative. Voilà pourquoi les études naturelles ne lassent, ne flétrissent jamais. La femme peut s'y livrer en confiance ; car Nature est une femme. L'Histoire, que nous mettons très-sottement au féminin, est un rude et sauvage mâle, un voyageur hâlé, poudreux. Dieu me garde d'associer trop cette enfant aux pieds délicats à ce rude pèlerinage ! elle se fanerait bientôt, halèterait, et, défaillante, s'assoirait sur le chemin.

L'histoire ! ma fille, l'histoire ! il faut bien que je t'en donne. Et je te la donnerai, franche et forte, simple, vraie, amère, comme elle est ; ne crains pas que, par tendresse, je l'édulcore d'un miel faux. Mais il ne m'est pas imposé, pauvre enfant, de te faire boire tout, de te prodiguer à flots ce terrible fortifiant où dominent les poisons, de te donner jusqu'à la lie la coupe de Mithridate.

Ce que je te dois de l'histoire, c'est la tienne d'abord, ce que j'ai dû te révéler de ton berceau, et ce qui appuie la base même de ta vie morale. Je t'ai dit d'abord comment tu naquis, les douleurs, les soins infinis de ta mère, et toutes ses veilles, combien de fois elle souffrit, pleura, mourut presque pour toi. Cette histoire, mon enfant, que ce soit ta chère légende, ton souvenir religieux et ton premier culte ici-bas.

Puis, je t'ai sommairement dit ce qu'est et fut ta seconde mère, la grande mère, la Patrie. — Dieu t'a fait cette noblesse de naître en ce pays de France, dont toute la terre, mon enfant, enrage et raffole, — personne n'est froid pour elle, — tous en disent du bien et du mal, — à tort? à raison? qui le sait. Nous, nous n'en disons qu'un mot : « On ne souffre gaiement qu'en France. — C'est le peuple qui sait mourir. »

De la longue vie de tes pères, tu sauras la grande chose, si tu sais qu'au moment sacré où la Patrie fut sur l'autel, Paris vint dire à la France le vœu, la volonté de tous : « Se perdre dans le grand tout. »

C'est de cet effort d'unité que la France fut une personne. Elle sentit son cœur qui battait, l'interrogea, trouva dans ce premier battement la sainte fraternité du monde, le vœu de délivrer la terre.

Voilà tes origines, ô fille ! Soutiens-les, et puis-ses-tu n'aimer jamais que les héros !

———

De la France, tu iras au monde. Nous préparerons ensemble, tout comme dans ton jardinage, des terrains appropriés pour y planter les nations. Agréable et vivante étude du sol, des climats, des formes du globe, qui de tant de façons ont déterminé l'action des hommes, souvent fait l'histoire d'avance. Ici la terre a commandé, l'homme obéi ; et parfois, tel végétal, tel régime, a fait telle civilisation. Parfois la force intérieure de l'homme a pu réagir, lutter contre. En ces combats, ta bonne amie d'enfance, la nature et les sciences naturelles, vont se liant, se rencontrant avec les sciences morales où la vie doit t'initier.

———

L'enseignement de l'histoire est-il le même pour les garçons et pour les filles ?

Oui, sans doute, comme base de foi. Aux uns, aux autres, elle donne son grand fruit moral, le soutien du cœur et l'aliment de la vie , à savoir, la magnifique *identité de l'âme humaine sur la question du juste*, la concordance historique des croyances du genre humain sur le devoir et sur Dieu.

Mais qu'il soit entendu de plus que l'homme étant appelé aux affaires, au combat du monde, l'histoire doit spécialement l'y préparer. Elle est pour lui le trésor de l'expérience, l'arsenal des armes de tout genre dont il se servira demain. Pour la fille, l'histoire est surtout une base religieuse et morale.

La femme qui semble si mobile, et qui physiquement mois par mois se renouvelle sans doute, doit cependant ici-bas remplir, bien plus que l'homme, deux conditions de fixité. *Toute femme est un autel*, la chose pure, la chose sainte, où l'homme, ébranlé par la vie, peut à chaque heure trouver la foi, retrouver sa propre conscience, conservée plus pure qu'en lui. *Toute femme est une école*, et c'est d'elle que les générations reçoivent vraiment leur croyance. Longtemps avant que le père songe à l'éducation, la mère a donné la sienne, qui ne s'effacera plus.

Il faut qu'elle ait une foi.

Les embûches vont bientôt venir. Les plus dangereuses viennent par l'ébranlement des croyances. Elle n'aura pas vingt ans, peut-être deux ans de mariage, un enfant, — qu'on commencera à examiner le terrain. Les agréables viendront causer,

rire de toute chose, railler tout ce que son père
put lui enseigner de bon, la simple foi de sa mère,
le sérieux de son mari, lui faire croire qu'il faut
rire de tout et que rien n'est sûr ici-bas.

Il faut qu'elle ait une foi, — et que ces légèretés
perfides et intéressées ne trouvent en elle que le
dégoût, qu'elle leur oppose le sérieux, la douce
fermeté d'une âme qui a par devers soi une base
fixe de croyances enracinée dans la raison, dans la
simplicité du cœur, dans la voie concordante, una-
nime, du cœur des nations.

———

Il faut que, de très-bonne heure, le père et la
mère soient d'accord, et que, sous les formes successives où l'histoire, selon son âge, lui sera admi-
nistrée, elle en sente toujours l'accord moral et
l'unité sainte.

Sa mère, sous forme lactée, je veux dire par le
doux milieu d'un langage approprié à sa faiblesse,
lui en aura conté d'abord quelques grands faits
capitaux qu'elle écrira à sa manière. — Son père,
dans l'âge intermédiaire (dix ans? douze ans?), lui
aura fait quelques bonnes lectures choisies d'écrivains originaux, tel et tel récit d'Hérodote, la
Retraite des Dix mille, la Vie d'Alexandre le Grand,

quelques beaux récits de la Bible, ajoutez-y l'*Odys-sée*, et nos odyssées modernes, nos bons voya-geurs. Tout cela lu fort lentement; toujours dans le même esprit, c'est-à-dire en lui montrant sous ces différences extérieures de mœurs, d'usages, de cultes, combien peu l'homme a changé. La plupart des discordances ne sont qu'apparentes, ou parfois nécessitées par des singularités de races ou de climats. Le bon sens éclaire tout cela.

Pour la famille, par exemple, on sent bien qu'elle ne peut être la même sous la fatalité physi-que de cette fournaise de l'Inde, où la femme est une enfant qu'on épouse à huit ou dix ans. Mais, dès qu'on se place dans un monde libre et naturel, l'idéal de la famille est absolument identique. Tel il est dans Zoroastre, dans Homère, tel pour So-crate (voir l'admirable passage des *Économiques* de Xénophon), tel enfin à Rome et chez nous. On voit dans Aristophane que les femmes grecques, nullement dépendantes, régnaient chez elles, et souvent influaient puissamment dans l'État. On le voit dans Thucydide, où, les hommes ayant voté le massacre de Lesbos, mais se retrouvant chez eux le soir en face de leurs femmes, se déjugèrent, rétractèrent cet arrêt.

Les lois nous trompent beaucoup. On croit par exemple que, partout où le gendre paye le père, il

y a achat de la femme, et qu'elle est esclave. Il n'en
est rien. Cette forme de mariage existe encore en
Afrique, et c'est justement chez des tribus où la
femme, libre et reine, gouverne, et non l'homme
(Livingstone). Ce prix n'est point un achat de la
femme, mais une indemnité qui dédommage la famille du père pour les enfants futurs qui ne profi-
teront pas à cette famille, mais à celle où la femme
va entrer.

Il est curieux de voir comment les sceptiques s'y
prennent pour créer des discordances, des excep-
tions à la règle, et dire qu'il n'est point de règle.
Les ennemis du sens moral et de la raison humaine n'ont d'autre moyen que de chercher, dans
les sources les plus suspectes, des faits mal compris.

———

« Mais, dit le père, où prendrai-je assez de pénétration pour m'orienter moi-même et pour gui-
der mon enfant parmi tant de choses obscures? »

La forte et simple critique se prend dans le
cœur plus que dans l'esprit. Elle se prend dans la
loyauté, dans la sympathie impartiale que nous devons à nos frères du présent et du passé. Avec cela
vous aurez beaucoup de facilité à distinguer dans

l'histoire le grand courant identique de la moralité humaine.

Voulez-vous en croire quelqu'un qui a fait plus d'une fois cette grande navigation? Voici ce qu'on y éprouve : exactement la même chose qui arrive au voyageur qui sort de la mer des Antilles; l'infini des eaux au premier coup d'œil; au second, sur le vert immense, une grande rue bleue se dessine; c'est l'énorme fleuve d'eaux chaudes qui traverse l'Atlantique, arrive encore tiède à l'Irlande, et qui, même à la pointe de Brest, n'est pas tout à fait refroidi. On le voit parfaitement, et mieux encore sur la route on en ressent la chaleur.

Tel vous apparaîtra le grand courant de la tradition morale, si vous portez sur l'histoire un regard un peu attentif.

———

Mais bien avant qu'on arrive à cette haute simplification où l'histoire devient identique avec la morale elle-même, je voudrais que ma jeune vierge eût été doucement nourrie de lectures saines et virginales, empruntées surtout à l'antiquité, même au primitif Orient. Comment se fait-il qu'on ne mette aux mains des enfants que les livres des peuples vieux, tandis qu'on leur laisse ignorer l'enfance, la jeunesse du monde? Si l'on recueillait quelques hymnes vraiment éthérées des Védas, telles prières, telles lois de la Perse, si pures et si héroïques, en y joignant plusieurs des touchantes pastorales bibliques (Jacob, Ruth, Tobie, etc.), on donnerait à la jeune fille un merveilleux bouquet de fleurs, dont le parfum, de bonne heure respiré et lentement, imprégnerait son âme innocente et lui resterait toujours.

Point de choses compliquées de longtemps. Loin, loin les Dante et les Shakspeare, les sophistes et les magiciens de la vieillesse du monde! Plus loin, les romans historiques, funeste littérature, qu'on ne peut plus désapprendre et qui fait solidement ignorer l'histoire à jamais!

Je veux des chants de nourrice, comme l'*Iliade* et l'*Odyssée*. Celle-ci est le livre de tous, le meilleur pour un jeune esprit. Livre jeune aussi, mais si sage!

Du reste, pour savoir les livres qui lui vont, il faut les classer par le degré de lumière qui les éclaire et les colore. Chaque littérature semble répondre à quelque moment du jour. Hérodote, Homère, ont partout comme un reflet du matin, et il en reste dans tous les souvenirs de la Grèce. L'aurore semble toujours luire sur ses monuments.

C'est toujours une transparence, une sérénité merveilleuse, une gaieté héroïque qui gagne et fait rire l'esprit.

Dans les poëmes et drames indiens, modernes relativement en comparaison des Védas, il y a mille choses qui raviraient l'imagination de l'enfant, charmeraient son cœur de fille!... Mais je ne suis pas pressé. Tout cela a la chaleur languissante de l'heure de midi. Ce monde de ravissants mensonges a été rêvé sous l'ombre des forêts fascinatrices. A son amant bienheureux je laisse la volupté de lui lire Sakountala sous quelque berceau de fleurs.

C'est le soir, c'est dans la nuit, que semblent avoir été écrits la plupart des livres bibliques. Toutes les questions terribles qui troublent l'esprit humain y sont posées âprement, avec une crudité sauvage. Le divorce de l'homme avec Dieu, et du fils avec son père, le redoutable problème de l'origine du mal, toutes ces anxiétés du peuple dernier-né de l'Asie, je me garderai d'en troubler trop tôt un jeune cœur. Que serait-ce, grand Dieu! de lui lire les rugissements que David poussait dans l'ombre, en battant son cœur déchiré des souvenirs du meurtre d'Urie?

Le vin fort est pour les hommes et le lait pour les enfants. Je suis vieux et ne vaux guère. Ce livre me va. L'homme y tombe, se relève, et c'est pour tomber encore. Que de chutes ! comment ferais-je pour expliquer tout cela à ma chère innocente ? Puisse-t-elle ignorer longtemps le combat de l'*homo duplex !* Ce n'est pas que ce livre-ci ait l'énervante mollesse des mystiques du moyen âge. Mais il est trop orageux, il est trouble, il est inquiet.

———

Une des causes encore qui me feront hésiter de faire trop tôt cette lecture, c'est la haine de la nature qu'expriment partout les Juifs. Ils y craignent visiblement les séductions de l'Égypte ou de Babylone. N'importe. Cela donne à leurs livres un caractère négatif, critique, de sombre austérité, qui pourtant n'est pas toujours pure. Dispositions toutes contraires à celles que je veux chez l'enfant, qui ne doit être qu'innocence, gaieté et sérénité, sympathie pour la nature, spécialement pour les animaux que les Juifs fort cruellement nomment d'un vilain nom : les *velus.* Puisse ma petite avoir plutôt le doux sentiment du haut Orient qui bénit toute vie !

Ma fille, lisons ensemble, dans la Bible de la lumière, le Zend-Avesta, la plainte antique et sacrée

de la vache à l'homme pour lui rappeler ses bienfaits. Lisons les fortes paroles, toujours vraies et
subsistantes, où l'homme reconnaît ce qu'il doit à
ses compagnons de travail, le fort taureau, le vail-
lant chien, la bonne terre nourricière. Elle n'est
pas insensible, cette terre, et ce qu'elle dit au la-
boureur restera éternellement. (Zend. II, 284.)

*Être pur pour être fort, — être fort pour être fé-
cond*, c'est tout le sens de cette loi, l'une des plus
humaines, des plus harmoniques que Dieu ait données à la terre.

Chaque matin avant l'aurore, et quand rôde encore le tigre, partent les deux camarades, je veux
dire l'homme et le chien. Il s'agit du chien primitif, de ce dogue colossal sans lequel la terre
alors eût été inhabitable, être secourable et terrible qui, seul, vint à bout des monstres. On en
montra encore un à Alexandre, et il étrangla un
lion devant lui.

L'homme n'avait d'armes alors que la grosse et
courte épée qui est sur les monuments, et dont,
face à face, poitrine contre poitrine, on le voit poi-
gnarder le lion.

Tout le jour, il dompte la terre, sous la garde
du chien fidèle ; il lui donne la bonne semence ; il
lui distribue les eaux salutaires, il la pénètre par
le soc, la réjouit par les fontaines ; et lui-même ré-

o it son cœur de la bonne œuvre de la Loi : il en revient sanctifié.

Compagne de cette grande vie de travail et de danger, la femme, sa puissante épouse, la maîtresse de maison, le reçoit au seuil, le refait des aliments de sa main : il mange ce qu'elle lui donne, se laisse nourrir comme un enfant. C'est elle qui sait toute chose, les vertus de toutes plantes, celles qui font fleurir la santé, celles qui relèvent le cœur.

La femme est mage, elle est reine. Elle domptera le vainqueur des lions.

Ce monde de l'ancienne Perse est un monde de fraîcheur : c'est comme la rosée d'avant l'aube ; j'y sens circuler partout ces quarante mille canaux souterrains dont parle Hérodote, veines cachées qui, par-dessous, ranimaient la terre, et dérobaient les eaux vives à la soif du brûlant soleil.

XI

LA PALLAS. — LE RAISONNEMENT

Chère enfant, tu n'as guère été encore aux galeries de sculpture. Ta mère les trouve trop froides, et toujours nous montons plutôt à l'étage supérieur du Louvre, au monde chaud, vivant, des tableaux. Cependant, l'été surtout, c'est un lieu de noble repos, de silence, où l'on pourrait méditer, étudier, mieux que dans le musée d'en haut. Aujourd'hui que certaine affaire retient ta mère à la maison, faisons ensemble ce voyage au grave pays des morts.

Les peuples, les écoles, ne sont pas classés ici comme au musée des peintures. La haute et pure antiquité s'y trouve trop souvent rapprochée des œuvres de la décadence. Et rien ne se confond pourtant. Si fiers, si nobles, si simples, sont les vrais enfants de la Grèce, qu'au milieu même des

10

Romains, empereurs et sénateurs, ils éclatent, dominent, et ce sont les Grecs qui semblent les maîtres du monde. Les basses passions qui marquent
les bustes de l'Empire (les Agrippa, les Vitel-
lius, etc.) n'apparaissent pas encore chez leurs
nobles devanciers. Une sérénité sublime est l'attribut de ces fils de l'idéal. Leur front a encore le
reflet dont l'aurore illuminait le faîte de l'Acropole
d'Athènes, tandis que leurs yeux profonds indi-
quent, non la molle rêverie, mais la perçante intuition et le mâle raisonnement.

Tu as lu les Vies de Plutarque; tu cherches ici
tes grands morts, objets de ta prédilection. Ces
biographies de la décadence, intéressantes et roma-
nesques, nous donnent une idée très-contraire au
génie de l'antiquité. Elles proclament le héros,
l'intronisent et le divinisent. Or la beauté de la Cité
grecque, c'est d'être un monde héroïque où l'on ne
voit point de héros. Nul ne l'est, et tous le sont.
Par la gymnastique du corps et par celle de l'esprit,
tout citoyen doit obtenir l'apogée de sa beauté, at-
teindre la hauteur héroïque, ressembler de très-près
aux dieux. D'une incessante activité, par les combats, ou les disputes de la place et de l'école, par
le théâtre, par les fêtes qui sont des jeux et des combats, l'homme évoque de sa nature tout ce qu'elle
a de beau, de fort, se sculpte infatigablement à l'i-

mage d'Apollon, d'Hercule, emprunte l'énergie du
second, la svelte élégance de l'autre, sa haute harmonie, ou les puissances méditatives de la Minerve
d'Athènes.

Les Grecs naissaient-ils tous beaux? On serait
bien fou de le croire. Mais ils savaient se faire beaux.
« Socrate naquit un vrai satyre. Mais, du dedans
au dehors, il se transforma tellement, par cette
sculpture de raison, de vertu, de dévouement, il
refit si bien son visage, qu'au dernier jour un dieu
s'y vit, dont s'illumina le Phédon. »

———

Entrons dans cette grande salle où l'on voit au
fond le colosse de la Melpomène, et, sans aller jusqu'à elle, arrêtons-nous un moment devant celui de
la Pallas. C'est une sculpture des temps romains,
mais copiée d'une Pallas grecque, de celle de Phi-
dias peut-être. On y trouve précisément l'expression des figures connues de Périclès, de Thémistocle. Pour la nommer de son vrai nom, c'est la
pensée, c'est la sagesse, ou plutôt la *réflexion*.

Réfléchir, c'est retourner sa pensée vers elle-
même, la prendre pour son propre objet, la regarder comme en un miroir. Il faut fictivement qu'elle
se double, et que la pensée regardante fixe la pen-

sée regardée, l'étende, la développe par l'analyse
du langage, ou par le langage intérieur du raisonnement muet.

Le haut génie de la Grèce, ce ne fut pas l'habileté
des Ulysse et des Thémistocle qui les fit vainqueurs
de l'Asie, ce fut cette invention des méthodes de la
raison qui fit d'eux les suprêmes initiateurs de l'humanité à venir.

————

L'intuition poétique et prophétique, ce procédé
de l'Orient, si sublime dans les livres juifs, n'en
suivait pas moins une voie scabreuse, pleine de
brouillards et de mirages. Elle était fatale d'ailleurs, dépendant du hasard tout involontaire de
l'inspiration.

A ce procédé obscur la Grèce substitue un art
viril de chercher et de trouver, d'arriver avec certitude en pleine lumière par des voies connues de
tous, où l'on peut passer, repasser, et faire toute
vérification. L'homme devient son fabricateur et
l'artisan même de sa destinée. Quel homme? Un
homme quelconque, non l'élu, non le prophète,
non le rare favori de Dieu. Avec les arts de la raison, Athènes donne à toute la terre les moyens de
l'égalité.

Jusque-là, rien de lié. L'aveugle élan du sentiment, des essais de réflexion, mais qui avortaient
bientôt. Tout décousu, tout fortuit, rien de régu-
lier.

Jusque-là tout le progrès par secousses et par
saccades. Point d'histoire possible du mouvement
du genre humain. L'Asie est peu historique. Ses
rares annales donnent des faits isolés, dont on ne
peut tirer de conclusion. Que conclure de choses
fatales et que la sagesse ne sait diriger?

Mais du jour où la raison devient un art, une
méthode; du jour où la vierge Pallas enfante, dans
sa forme pure, la puissance de déduction et de
calcul, une génération régulière non interrompue
existe pour les œuvres humaines. Le fleuve coule,
ne s'arrête plus, et de Solon à Papinien, et de So-
crate à Descartes, et d'Archimède à Newton.

———

Elle est en toi, comme en nous tous, enfant cette
grande puissance. Il ne faut que la cultiver. Je ne
demande pas que tu l'appliques aux sujets les plus
abstraits, que tu traduises Newton, comme une
femme célèbre de l'autre siècle. Je ne demande pas
qu'au milieu d'un cercle d'hommes attentifs et d'é-
lèves respectueux tu enseignes les hautes mathéma-

tiques, comme j'ai vu une dame le faire à Granville
en 1859. Mais je serais bien heureux si, dans les
traverses qui peuvent affliger ta vie, tu trouvais un
refuge vers ces hautes et pures régions. L'amour
du beau est chose tellement propre au cœur de la
femme, que se sentir devenir belle, c'est pour se
consoler de tout. La pureté, la noblesse, l'élévation
d'une vie tournée tout entière vers le vrai, voilà
un dédommagement de tous les bonheurs de la
terre. Qui sait? s'en souvient-on encore?

Nous avons eu ce spectacle dans une admirable
enfant, la jeune Émilia, fille de Manin. Elle avait
été de bonne heure frappée des coups les plus
cruels, et de la perte de sa mère, et de la ruine de
son père, du drame terrible de Venise, dont elle eut
les contre-coups. L'exil et la pauvreté, la vie sombre
des villes du Nord, devaient achever. Mais le plus
terrible, c'est que cette souffrante image du martyre de l'Italie, qui en eut tous les tressaillements,
subissait les accès meurtriers d'une cruelle maladie nerveuse. Eh bien, à travers tout cela, la
jeune vierge de douleur gardait sa pensée haute et
libre, aimant le pur entre le pur, l'algèbre et la
géométrie. C'est elle qui soutenait son père de sa

noble sérénité. Il consultait cette enfant, et, même après qu'il l'eut perdue, se réglait sur son jugement. « Il me semble, nous disait-il sur une affaire patriotique, que ma fille doit m'approuver. »

———

Entre Dieu et la Raison est-il une différence? Il serait impie de le croire. Et de toutes les formes de l'Amour éternel (beauté, fécondité, puissance), nul doute que la Raison ne soit la première, la plus haute. C'est par elle qu'il est l'harmonie, l'ordre qui fait prospérer tout, l'ordre bienfaisant, bienveillant. Dans la Raison, qui paraît froide, il n'est pas moins l'Amour encore.

Nous ne vivrons pas toujours pour t'aimer et te protéger. Peut-être, comme bien d'autres femmes, seras-tu seule sur la terre. Eh bien, que le cœur paternel te donne une protectrice, une patronne sérieuse et fidèle qui ne te manquera pas. Je te voue et te dédie, ô chère! à la Vierge d'Athènes, je veux dire à la Raison.

XII

LA CHARITÉ D'ANDRÉ DEL SARTE

Les esprits attentifs, je pense, ont pu saisir le double fil des méthodes que j'ai suivies dans ces trois derniers chapitres, méthodes également austères, quoique l'une semblât ménager et caresser la nature, et l'autre la contrarier. Du jour où ma jeune enfant, au pas délicat des deux âges, se trouve à son tour atteinte de cette maladie charmante qui n'est autre que l'amour, j'ai employé concurremment deux médecins, non pour guérir, mais pour modifier, transformer. Je ne veux pas frauder l'amour, pour qui j'ai le tendre respect qu'on doit aux bonnes choses de Dieu, mais l'étendre et le satisfaire mieux qu'il ne ferait lui-même, l'ennoblir et le grandir vers les plus dignes objets.

On a vu qu'au moment de la crise (vers quatorze

ans), ou plutôt un peu avant, lorsque je la sentais venir, j'ai employé des moyens qu'on peut dire *homœopathiques*, balançant et détournant le semblable par le semblable. A l'émotion du sexe j'ai donné pour contre-poids l'émotion maternelle et le soin des petits enfants.

Mais dans les années qui suivent, par un art *allopathique*, j'ai occupé son esprit d'études nouvelles, de lectures pures et sereines. Dans la variété amusante des voyages et des histoires, je lui ai fait trouver elle-même la sérieuse base morale où sa vie va s'appuyer : *l'unité de la foi humaine* sur le devoir et sur Dieu.

Elle a vu Dieu dans la nature, elle le voit dans l'histoire. Elle sent dans l'amour éternel le lien de ces deux mondes qu'elle étudiait séparés. Quelle vive et tendre émotion!... Mais n'ai-je pas créé ici moi-même mon propre danger? Ce jeune cœur amoureux ne va-t-il pas délirer, et sous ombre de pureté, dans une sphère supérieure, suivre un tourbillon d'orages non moins dangereux?

Tout dépend ici de sa mère. Aux premiers frémissements de la nature, l'enfant, troublée, amollie, était toute dans les bras maternels; elle a trouvé là non-seulement les vives caresses, mais les rêves aussi. La femme est si attendrie quand son enfant devient femme, qu'elle-même en redevient enfant. Elle craint pour l'objet adoré, alors chancelant, fragile, prie et pleure, retourne aisément aux faiblesses du mysticisme, dont toutes deux peuvent être énervées.

Et moi, alors, que deviendrais-je? que me servirait d'avoir donné à cette fleur l'eau saine et fortifiante, si une faible mère devait la tenir attiédie de lait et de larmes, et, ce qui est pis, languissante des breuvages des empiriques?

De tous les romans corrupteurs, les pires sont les livres mystiques, où l'âme dialogue avec l'âme, aux heures dangereuses d'un faux crépuscule. Elle croit se sanctifier, et elle va s'attendrissant, s'amollissant, se préparant à toute faiblesse humaine. Ce débat, rude et sauvage, violent, dans les livres juifs, devient malsain, fiévreux, dans ceux du moyen âge. Combien plus, dans les copies, si tristement équivoques! Ma jeune fille, qui, d'âge en âge, par une tout autre voie, a monté vers l'idée de Dieu (du Dieu fort, vivant, créateur), a moins à craindre qu'une autre. Cependant, c'est à ce moment que j'ai cru devoir l'armer, abriter sa jeune tête de ce qui fait fuir les songes, le lumineux casque d'acier de la vraie vierge Pallas. Le dialogue intérieur que je veux commencer en elle, ce n'est point du tout celui d'une dangereuse rêverie, c'est l'austère conversion de la pensée, bien éveillée, avec la pensée elle-même. Là, plus haut que le raisonnement, elle a aperçu la Raison. Au-dessus des sphères de vie qu'elle a traversées, elle a vu la sphère de cristal, où l'Idée, en pleine lumière, est pénétrée de part en part. Et cela, si beau, si pur, qu'elle en a aimé, adoré la Pureté pour elle-même.

Voilà l'amour qui chez elle a transfiguré l'amour et comment j'ai gardé son cœur.

———

Cela servira-t-il toujours? Je ne dois pas m'en flatter. Chère enfant! ce n'est pas sa faute. C'est celle de la nature, qui chaque jour l'enrichit de forces, l'embellit d'un luxe de séve, et fait d'elle un enchantement. Vierge, pure et haute de cœur, de digne et sage volonté, par cette pureté même il semble qu'elle donne une prise plus forte à ces puissances impérieuses. L'œil et la pensée sont au ciel, son cœur est aux grandes choses, et son esprit vertueux, qui sait se dompter lui-même, ne fuit point l'abstraction. Mais voilà que bien souvent, au sein de ces nobles études, quelqu'un (et qui donc?) l'agite; sa joue tout à coup se colore, ses beaux yeux errent et se troublent, un flot de vie a monté, et comblé son jeune sein.

Elle est femme... Que faire à cela? Elle rayonne

tout autour d'une électricité charmante. Sous les
forêts de l'Équateur, l'amour, chez des myriades
d'êtres, éclate par la flamme même, par la magie
des feux ailés dont sont transfigurées les nuits.
Naïves révélations, mais non plus naïves que le
charme innocent, timide de la vierge qui croit cacher tout. Une adorable lueur émane d'elle à son
insu, une voluptueuse auréole, et justement quand
elle a honte et qu'elle rougit d'être si bell e, elle ré
pand autour d'elle le vertige du parfum d'amour.

O chère enfant, je ne veux pas, je ne peux te
laisser ainsi ! Tu passerais comme une lampe. A
cette dangereuse fièvre où tu te consumerais, il
faut en mêler une autre qui fera diversion. Une dé-
vorante puissance est en toi, mais je m'en vais lui
donner un aliment. J'aime mieux tout, fille chérie,
que te voir brûler solitaire. Reçois de moi un cor-
dial, une flamme qui guérit la flamme. Reçois (c'est
ton père qui verse) l'amertume et la douleur...
Abritée de notre amour, enfermée de ta pensée,
de ton travail, tu ne sais guère ce qu'est le travail
du monde, l'immensité de ses misères. Sauf un regard sur l'enfant qui pleure et sitôt se console, tu
n'as pu soupçonner encore l'infini des maux d'ici-

bas. Tu étais faible et délicate. Nous n'osions, ta mère et moi, te mettre aux prises avec tant d'émotions navrantes, mais aujourd'hui nous serions coupables de ne pas te dire tout.

———

Alors, je la prends avec moi, et je la mène hardiment à travers cette mer de pleurs qui coule à côté de nous, sans que nous y prenions garde. Je lui déchire le rideau, sans égard au dégoût physique, aux fausses délicatesses. Regarde, regarde, ma fille, voilà la réalité !... En présence de telles choses, il faudrait être doué d'une merveilleuse puissance d'abstraction égoïste pour mener tout seul ses rêves et son idylle personnelle, une navigation paresseuse sur le fleuve de Tendre et ses bords semés de fleurs.

. . . .

Elle rougit d'avoir ignoré, elle se trouble et elle pleure. Puis, la force lui revenant, elle rougit de pleurer et de n'agir pas ; la flamme de Dieu lui monte. Et dès lors, elle ne nous laisse plus reposer. Toutes les forces de l'amour, la chaleur de son jeune sang, tournée vers la charité, lui donne une activité, un élan, une impatience, une tristesse de faire si peu. Comment la calmer, maintenant ? A sa mère de la diriger, de la suivre, de la contenir.

Car, de cet aveugle élan, elle pourrait se jeter dans des dangers inconnus.

———

L'ivresse de la charité et sa chaleur héroïque, cette ravissante passion des vierges pleines d'amour, elle n'a jamais été dite. Elle a été peinte une fois.

Un exilé italien, reconnaissant, ému au cœur de la charité de la France, nous fit ce don inestimable, la plus chaude peinture, je crois, qui soit dans le Musée du Louvre. Hélas ! comment laisser là, parmi tant de vulgaires chefs-d'œuvre, cette chose de haute sainteté ! Et comment l'avoir altérée ! Barbares ! impies ! grâce à vous, cette merveille adorable, elle a presque péri sur la toile. Mais, dans mon ardent souvenir, elle est toujours flamboyante, et jusqu'à mon dernier jour, plus qu'aucune image pieuse elle me gardera la chaleur.

———

Voici, sans y changer rien, la note grossière, informe, que j'écrivais le 21 mai dernier, quand je l'ai vue la dernière fois :

« Œuvre infiniment hardie. Ni convenance, ni

ménagement. On y sent ce temps terrible de la catastrophe de l'Italie. C'est quand on est mort plusieurs fois qu'on peut dire ou peindre ainsi.

« Avec cette belle mamelle pleine, c'est une vierge, et non une femme. Les femmes sont plus timides. Celle-ci n'a pas été domptée ; elle n'a rien de sinueux, ne flotte à droite ni à gauche. Elle n'a ni peur ni doute. Voilà de pauvres affamés... C'est tout... Elle les nourrit.

« Il faut savoir qu'à cette époque un homme, traversant les Alpes, trouva un troupeau immense de milliers d'enfants, dont les parents étaient morts, et qui broutaient à quatre pattes, conduits par une vieille femme.

« Devant cette masse horrible de misère, de saleté, une autre eût pleuré, mais eût fui. Celle-ci, jeune, héroïque, qui n'a peur ni dégoût de rien, en ramasse à pleines mains, et les met à sa mamelle.

« Un est à ses pieds, fort maigre, et les côtes toutes marquées ; il est recru, épuisé, n'en peut plus, de fatigue et de sommeil, il est tombé sur une pierre. Comme elle n'a que deux bras, elle n'a pris que deux enfants. Elle en a mis un à son sein, son riche sein, gonflé de lait : il est en pleine jouissance ; sa bouche, avide et gloutonne (il y a si longtemps qu'il pâtit !) presse le beau jeune mamelon,

rouge de vie, rouge d'amour, de sang pur et généreux.

« Qu'elle verse ce lait d'un grand cœur, d'une
superbe volonté ! Un trait naïf témoigne bien la
précipitation charmante avec laquelle elle a pris à
elle l'enfant affamé. Ce n'est pas là une nourrice.
Elle se l'est appliqué, tout comme il s'est présenté.
Elle le tient soulevé de la main gauche, qu'elle lui
a passée dessous, avec une force délicate, sans songer à la convenance. Mais qui donc oserait rire ?...
On ne rit pas davantage de la négligence hardie
avec laquelle la jeune sainte, tout entière à la passion, a mis son bonnet de travers.

« L'enfant qu'elle tient de la droite près de la
mamelle vêtue, et qui attend impatiemment que
l'autre ait fait place, est plus grand, plus fort, plus
décent, j'allais dire plus corrompu ; il a une cein-
ture aux reins et ne montre pas son sexe ; il a l'air
craintif et flatteur déjà d'un petit mendiant ; sa
bouche aiguë, frémissante, semble faire entendre
une stridente et âpre prière, qui lui fait serrer les
dents. Il tient à la main, je crois, quelques grains
de mauvais raisin, d'aigre verjus ; il a hâte d'oublier dans les douceurs du bon lait sucré de la
femme l'agaçante nourriture. Il n'en est pas loin ;
le premier qui tette en a tant pris, que son corps
est enflé comme une sangsue.

« Près d'elle, à terre, un réchaud, un feu rouge de charbon, de braise, — mais si froid en comparaison du feu qui lui brûle le cœur !...

« Elle brûle, et elle a un grand calme de force, une ferme assiette héroïque, un trône dans la grâce de Dieu. »

XIII

RÉVÉLATION DE L'HÉROISME

Frœbel a dans l'éducation des enfants une bien heureuse exigence. Il lui faut pour les élever, indépendamment de l'institutrice, une adorable demoiselle, accomplie, et justement la femme désirable à l'homme... Qu'on remerciera les enfants!

Il veut que la jeune fille aille beaucoup aux écoles, seconde l'institutrice, et en prenne les qualités. — Celle-ci doit être soigneuse, aimable, intelligente, d'une patience infinie que donne seule la tendresse. Les demoiselles qui l'aideront seront telles, ou peu à peu le deviendront par la grâce de ce qui rend la femme capable de tout, l'amour des enfants, l'instinct maternel. Faut-il qu'elles soient parfaites? Dans ce but elles le deviendront... Heu-

reux enfants qui seront dans ces douces mains! et
combien plus heureux encore l'amant qui va recevoir le plus divin des dons du ciel!

Madame Necker est du même avis. Elle sent que
cette maternité prépare admirablement la jeune
fille au mariage.

——

Ces pauvres petits qui n'ont rien, que de choses
ils peuvent donner à la demoiselle! ils lui donneront d'abord la connaissance de la vie, des réalités, des misères, lui feront voir le monde au vrai.
Ils lui affermiront le caractère, lui feront perdre
les mauvaises délicatesses. Elle ne sera pas la bé-
gueule, la dégoûtée, la renchérie, qu'on rencontre
à chaque instant. Elle deviendra adroite, courageuse, sentira l'humanité sainte et la dignité de la
charité, n'aura pas les sottes pudeurs de celles qui
n'en valent pas mieux ; on la verra calme et noble
faire les choses les plus vulgaires, nourrir, laver,
habiller, déshabiller, au besoin, ces innocents.

Une demoiselle sérieuse qui a ainsi tout à la fois
et l'idéal de l'étude et le réel de la vie, s'affermit
par l'un et par l'autre et prend un bon jugement.
Plus tard elle n'estimera pas un monsieur sur ses
gants jaunes, ou sur ses chevaux, ses voitures.

Elle l'estimera par ses actes, par le cœur et la bonté. Elle n'aimera qu'à bon escient, s'arrêtant moins au dehors, mais voulant savoir le fond : ce qu'on fait et ce qu'on peut.

Supposé que par hasard il entre là un jeune homme, qu'il la surprenne avec sa mère dans ces saintes fonctions. Les enfants, un peu effarés de l'entrée du beau monsieur, se serrent, se groupent autour d'elle, derrière sa chaise, à ses genoux et jusque dans ses vêtements, d'où, rassurés, ils regardent et montrent leurs têtes charmantes. Elle, surprise et souriante, quoiqu'elle rougisse un peu, croyez-vous qu'elle va aller se réfugier sous sa mère ? Non, elle est mère elle-même, occupée de les rassurer, plus occupée d'eux que de l'étranger. C'est lui qui se trouble, il voudrait se mettre à genoux, voudrait leur baiser les mains. Il n'ose aborder la fille. Il va à la mère : « Ah ! madame, quelle douce vue ! Charmante scène ! Comment vous dire combien mon cœur vous bénit !... »

Puis il dit à la jeune fille : « Heureux, heureux, mademoiselle, qui pourrait vous seconder !... Mon Dieu, que pourrais-je faire ? »

Mais elle, tout à fait remise et nullement décon-

certée : « Monsieur, cela est facile... La plupart
sont orphelins ; trouvez quelques bonnes gens, sans
enfants, qui veuillent bien recueillir celui-ci. Il a
cinq ans. Je ne puis le consoler... Il lui faut une
mère, mais qui le soit tout à fait. J'ai beau faire,
je suis trop jeune, trop loin de l'âge qu'avait sa
mère quand il l'a perdue... »

———

Il y a beaucoup d'hommes du monde, pour sentir cela un instant, pour admirer en artiste la
grâce d'expression ou de pose que peut avoir la
demoiselle. Mais il n'y en a pas beaucoup pour s'y
associer de cœur, et en garder la durable et solide
impression. La vie est variée, mobile ; elle les emporte bien loin ! Tout au plus diront-ils le soir :
« J'ai vu une chose charmante ce matin... C'était
mademoiselle***, un vrai tableau d'André del Sarte.
Rien de plus joli... »

Elle sait très-bien elle-même ce que valent ces
admirateurs, le peu de compte qu'on doit faire de
leurs légères émotions. D'autant plus elle se rejette
au saint des saints de la famille, d'autant mieux
elle s'y trouve bien et désire peu d'en sortir. Chaque fois qu'elle entrevoit le monde, elle sent plus
profondément la douceur de ce nid.

Petit, bien petit ! et pourtant complète y est la
vie humaine, dans ce charmant équilibre d'une
mère qui ennoblit par le cœur les plus humbles
soins, et d'un père sérieux dont la tendresse con-
tenue se trahit souvent malgré lui. A ces éclairs
passionnés, elle vibre, la jeune fille, et plus profondément encore, elle est touchée de sa constance
à lui transmettre, chaque jour, ce qu'il y a de bon
et de grand.

Elle est femme ; elle est heureuse d'avoir si près
trouvé un homme. Elle ne connaissait pas son
père, du moins autant qu'aujourd'hui. Elle le
voyait tous les jours, écoutait ses instructions, ses
fortes et brèves paroles. Mais elle n'en connaissait
pas le profond et le meilleur. Chacun de nous est
devenu ce qu'ont voulu les circonstances, l'exigence des précédents, de l'éducation, la fatalité du
métier. Il a fallu sacrifier beaucoup à la position,
aux nécessités de famille. Et ainsi l'homme intérieur, souvent tout autre et bien plus grand, reste
au fond presque étouffé. Dans la monotonie de la
vie vulgaire où tout cela dort, une vague tristesse
accuse la sourde réclamation de cet *autre*, de ce
meilleur moi. Quel doux réveil est-ce donc, plein
de charme, quand cette jeune âme, qui n'a rien su
de nos misères, fait appel à ces puissances conte-
nues, à cette poésie captive, et lui demande se-

cours, quand, tout entière à la famille, et toute
craintive du monde, elle se tourne uniquement
vers son père et semble lui dire :

« Je t'écoute... Je n'ai foi qu'en toi !... »

———

C'est sans nul doute le moment sublime de la
paternité, le plus haut et le plus doux. Enfant par
la docilité, elle est femme par la chaleur et par la
tendresse avide dont elle reçoit toute chose. Comme
elle comprend vivement tout ce qui est noble et
bon ! Lui-même la reconnaît à peine : « Quoi !
dit-il, c'est là ma petite qui n'allait pas à mon ge-
nou, et qui me disait : Porte-moi ! »

Voilà un cœur bien attendri... Qu'il parle, qu'il
parle en ce moment... Il sera éloquent ! Je suis
bien tranquille là-dessus et n'ai pas le moindre
doute.

Profitons de ces belles heures, et de ces tête-
à-tête uniques. Je les vois qui se promènent entre
deux charmilles sombres qui ferment le petit jardin. Ils marchent d'un pas vif et ferme, plus vite
qu'on ne l'attendrait de cette chaude saison de
juillet; mais ils suivent le mouvement de leurs
cœurs et de leur pensée. Elle qui sait le goût de
son père, elle a mis dans ses cheveux noirs quel-

ques épis, quelques bleuets. Écoutons. Le sujet
est grave, il s'agit du droit et de la justice.

Dès longtemps la jeune fille est préparée à le
comprendre; de bonne heure elle a suivi dans
l'histoire l'unanimité des nations sur l'idée du
juste. Son père, dans la grande Rome, lui montra
le monde du droit. Mais ici il ne s'agit plus d'étude,
d'histoire, de science. Il s'agit de la vie même. Il
veut, dans la crise imminente, dans l'amour qui
va venir (violent peut-être, aveugle), qu'elle garde
une lumière de justice, de sagesse et de raison.
Au fond la femme est notre juge; son charme, sa
séduction, si elle est injuste et fantasque, ne sont
pour nous que désespoir. Elle jugera demain,
cette belle fille. Dans la forme la plus modeste,
d'un petit mot à sa mère, prononcé à demi-voix,
elle arrachera des larmes à tel qui ne pleura jamais, — et tel peut-être en mourra.

Celle-ci est si bien préparée et par l'exemple de
sa mère, et par les leçons de son père, par l'atmosphère de raison où elle a vécu, qu'elle se livrera
moins qu'une autre aux caprices de son sexe. Mais,
pour la généralité, on peut dire le mot de Proudhon : « La femme est la désolation du juste. »

Dites-lui, en effet, si elle aime : « Sans doute, ce préféré, vous l'avez cru le plus digne ? Vous aurez découvert en lui quelque chose de bon, de grand ? »

— Elle dira naïvement : « Je l'ai pris, *parce qu'il m'a plu.* »

En religion, elle est la même. Elle fait Dieu à son image, un Dieu de préférence et de caprice, qui sauve *celui qui lui a plu.* L'amour lui semble plus libre quand il tombe sur l'indigne, celui qui n'a pas de mérite pour forcer de l'aimer. En théologie féminine, Dieu dirait : « Je t'aime, car tu es pécheur, car tu n'as pas de mérite ; je n'ai nulle raison de t'aimer, mais il m'est doux de faire grâce. »

————

Que je remercie le père de lui enseigner la justice, à celle-ci ! c'est lui enseigner l'amour vrai. Je le remercie au nom de tous les cœurs aimants qui bientôt seront troublés d'elle, dépendront de sa jeune sagesse, attendront l'arrêt de sa bouche. Qu'ils sachent bien qu'éclairée ainsi, elle n'appartient qu'au plus digne, au méritant et au juste, à l'homme surtout des œuvres fortes, où son père lui apprend à voir la haute beauté, je veux dire la *justice héroïque.*

Qu'est-ce que c'est, cette justice? — C'est le droit par-dessus le droit, et qui lui semble contraire, l'injustice de Décius, qui découvrit *qu'il était juste que le meilleur mourût pour tous*, c'est le mystère supérieur du dévouement, du sacrifice.

Jamais jusqu'à ce jour son père ne lui parlait de son temps, du grand dix-neuvième siècle, le plus grand pour l'invention, mais l'un des plus riches aussi en dévouements héroïques. Aujourd'hui, il lui révèle ce côté sanglant, vénérable, du monde où elle a vécu tout en l'ignorant. Il lui dit *la Légende d'Or*, les martyrs et morts et vivants. Grand jour pour un jeune cœur! comme elle en est transfigurée! comme elle rayonne, cette vierge! Et qui alors ne la prendrait pour la figure de l'avenir?

Non! elle est femme. Elle a pâli... et son effort sur elle-même n'a pu retenir une larme... Cette perle orientale a roulé de ses beaux yeux.

Vous êtes payés, héros, qui en mourant, en donnant à la patrie tous vos rêves, aviez dit : « Dans l'avenir, les vierges en pleureront. »

———

Mais assez, assez pour un jour. Une douce personne avance, lentement, en souriant, et les interrompt. Elle est heureuse, cette mère, de voir le

père et la fille dans une si étroite union. Elle les
contemple, les bénit. Elle dit : « O la pauvre petite!... ce sera son meilleur amour. »

Mais voudra-t-elle aimer ailleurs? Il a une prise
bien forte, ce père, ce maître, ce pontife, qui a révélé l'héroïsme à un jeune cœur héroïque et se
trouve avoir pénétré à ce qu'elle a de plus profond.
On ne parle bien des héros qu'en l'étant soi-même
un moment. Tel il apparaît, en effet, à cette enfant
qui lui est comme suspendue. Il veut former son
idéal, mais elle n'en voit d'autre que lui.

On sait l'amour enthousiaste que madame de
Staël eut pour son père, et je ne doute nullement
que cette jeune fille, alors toute nature, toute passion, puissante, éloquente, adorable, ne l'ait mis
au-dessus de lui. Elle le vit grand, et le fit tel, ou
du moins y contribua. Médiocre avant et après,
mais dans cette heure solennelle, jeune, hardi et
transfiguré, il s'éleva à l'idée généreuse de 89,
l'espoir infini de l'égalité. Il put changer, il put
baisser; elle aussi, par telle influence. N'importe,
le rêve de l'enfant, un moment réalisé, parcourut
toute la terre.

Ce lien est bien fort alors, si fort que tout autre
paraît faible, triste, insuffisant. J'ai vu d'autres
demoiselles, moins connues, non moins éminentes,
pour qui ce premier sentiment semblait avoir fermé
le cœur. La suavité, la délicatesse, la profonde
intimité qu'on y goûtait, ne semblait plus pouvoir
se retrouver jamais. L'une avait son père presque
aveugle, et elle était sa lumière; il voyait par elle,
elle aimait par lui. Pour l'autre, le monde avait
péri et son père seul existait. Elle assurait qu'avec
lui elle eût accepté au pôle la plus profonde solitude. « Ne me parlez pas, disait-elle, du divorce
qu'on appelle mariage. »

———

Pour la nôtre dont il s'agit, c'est un sérieux devoir de l'avertir de la destinée commune. Hélas!
cette pure et tendre union ne peut être que passa-
gère; la nature nous pousse en avant et ne permet
pas à l'amour de revenir vers lui-même.

Opération douloureuse, de séparer le cœur du
cœur, de calmer, d'harmoniser ce naïf élan de
l'enfant, de l'amener à la sagesse :

« Chère enfant, dans ce bel âge de vie puissante
et rayonnante qui te vivifie toute chose, une t'é-
chappe qu'il faut bien te rappeler parfois, la mort !

« Notre amour immortel pour toi n'y peut rien, ta mère et moi, bientôt nous t'échapperons... Que serait-ce, si, m'aimant trop, tu épousais en moi... le deuil?... »

« Ces derniers temps, l'intimité de l'initiation morale, le bonheur profond que j'eus de te révéler ce qui fait la grandeur de l'homme, ont trop ravi ton cœur, enfant, et le voilà mêlé au mien. Tu m'as vu, tout à la fois, par ton illusion filiale, jeune de l'éternelle jeunesse des héros que je racontais, en même temps mûr, calme et sage, avec le don que tu appelles la suavité de l'automne. Tout cela, jeune fille, n'est pas ce que Dieu veut pour toi. Il te faut ce qui commence, non ce qui finit. Il te faut la sève âpre et forte de ceux qui ont beaucoup à faire, en qui l'âge peut travailler, diminuer, améliorer. Leurs défauts d'aujourd'hui, souvent, sont des qualités d'avenir. Ta douceur n'est que trop portée à chérir la douceur d'un père... Je veux, je demande à Dieu pour toi l'énergie d'un époux.

« Tu es encore jusqu'ici le commencement d'une femme; une autre initiation t'attend et d'autres devoirs. Épouse, et mère, et sage amie, consolatrice universelle, tu es née pour le bonheur et le salut de plusieurs.

« Prends donc un cœur ferme, ma fille, et cette

gaieté courageuse qu'on a quand on marche au devoir... Si mon cœur souffre à t'enseigner ces sérieuses lois de la vie, il se porte haut cependant...

« Existe-t-il cet amant que nous voudrions pour toi? Je ne sais. Mais quoi qu'il arrive, l'amour ne te manquera pas. Être mère, c'est le meilleur de l'amour, et tu le seras pour tous. Tous reconnaîtront en toi le plus doux reflet de la Providence. »

LIVRE DEUXIÈME

LA FEMME DANS LE MARIAGE

I

QUELLE FEMME AIMERA LE PLUS? CELLE DE RACE DIFFFRENTE

Avant de reprendre le fil de la jeune destinée qu'a préparée le premier livre, jetons un coup d'œil général sur le mariage, sur les questions physiologiques de races et de croisements.

L'amour est le médiateur du monde et le rédempteur de toutes les races humaines. Qui dit l'amour, dit la paix, la concorde et l'unité. C'est le grand pacificateur. Hostilités politiques, discordances, intérêts contraires, tout cela n'est rien pour lui. Il les efface et les surmonte, ou passe outre, et rit, s'en moque. La diversité justement, c'est le moyen dont il se sert; le contraste est un attrait, l'inconnu un charme, un mystère, qu'on veut percer; l'étrangeté, qui semblait devoir éloigner, enfonce l'aiguillon du désir.

Tous ceux qui ont été à Berne y ont vu le rude portrait de Magdalena Nageli avec ses gros gants de chamois. Forte femme et féconde mère, qui fut aimée pour sa force. Fille d'un patricien de Berne, elle faisait à la fontaine la lessive de sa famille avec ses suivantes. Passe un jeune noble d'une maison toujours ennemie à la sienne, d'une hostilité séculaire, comme celle des Montaigus et des Capulets dans *Roméo et Juliette*. Ce jeune homme s'arrêta, en voyant cette belle fille battre le linge d'une main de fer et le tordre d'un bras d'acier. Il comprit qu'il sortirait d'elle une race d'hommes forts comme des ours. Il courut sans s'arrêter à l'hôtel de son ennemi, lui dit qu'il lui demandait son amitié et sa fille, n'espérant pas en trouver une aussi fortement trempée.

Les races les plus énergiques qui ont paru sur la terre sont sorties du mélange d'*éléments opposés* (qui semblaient opposés?) : exemple, le mélange du blanc et de la femme noire, qui donne le produit mulâtre, de vigueur extraordinaire; — ou, tout au contraire d'*éléments identiques* : exemples, les Perses, les Grecs, etc., qui épousaient leurs très-proches parentes. C'est justement le procédé par lequel on fortifie les chevaux de course ; ne leur permettant d'autres épouses que leurs nobles sœurs on exalte en eux la séve héroïque.

Dans le premier cas, la puissance tient à ce que les *éléments opposés* sont d'autant plus avides. La négresse adore le blanc.

Dans le second cas, elle vient de la parfaite harmonie des *semblables* qui coopèrent. La spécialité native s'accumule et augmente de mariage en mariage.

———

Les races qu'on croit inférieures ne paraissent telles que parce qu'elles ont besoin d'une culture contraire à la nôtre, et surtout besoin d'amour. Qu'elles sont touchantes en cela, et combien elles méritent le retour des races aimées qui trouvent en elles une source infinie de régénération physique et de rajeunissement !

Le fleuve a soif des nuées, le désert a soif du fleuve, la femme noire de l'homme blanc. Elle est de toutes, la plus amoureuse et la plus génératrice, et cela ne tient pas seulement à la jeunesse de son sang, mais il faut aussi le dire, à la richesse de son cœur. Elle est tendre entre les tendres, bonne entre les bonnes (demandez aux voyageurs qu'elle a sauvés si souvent). Bonté, c'est création ; bonté, c'est fécondité, c'est la bénédiction même de l'acte sacré. Si cette femme est si féconde, je l'attribue surtout à ces trésors de tendresse, à cet océan de bonté qui s'épanche de son sein.

Africa est une femme. Ses races sont des races femmes, dit très-bien Gustave d'Eichhtall. La révélation de l'Afrique par la race rouge d'Égypte, c'est le règne de la grande Isis. (Osiris est secondaire.) Chez beaucoup de tribus noires de l'Afrique centrale ce sont les femmes qui règnent. Elles sont intelligentes autant qu'aimables et douces. On le voit bien en Haïti, où, non-seulement elles improvisent aux fêtes de charmantes petites chansons, inspirées de leur bon cœur, mais font de tête, pour leurs affaires de commerce, des calculs fort compliqués.

Ce fut un bonheur pour moi d'apprendre qu'en Haïti, par la liberté, le bien-être, la culture intelligente, la négresse disparaît, sans mélange même. Elle devient la vraie femme noire, au nez fin, aux lèvres minces ; même les cheveux se modifient.

Les traits gros et boursouflés du nègre des côtes d'Afrique sont (comme la boursouflure de l'hippopotame) l'effet de ce climat brûlant, qui, par saisons, est noyé de torrents d'eaux chaudes. Ces déluges comblent les vallées de débris qui s'y putréfient. La fermentation y fait gonfler, *lever*, toute chose, comme la pâte *lève* au four. Rien de tout cela dans les climats plus secs de l'Afrique centrale. L'affreuse anarchie de petites guerres et la traite qui désolent les côtes ne contribuent pas peu à cette laideur, et elle est la même dans les colonies d'Amérique avec l'abrutissement de l'esclavage.

———

Là même où elle reste négresse et ne peut affiner ses traits, la noire est très-belle de corps. Elle a un charme de jeunesse suave que n'eut pas la beauté grecque, créée par la gymnastique, et toujours un peu masculinisée. Elle pourrait mépriser non-seulement l'odieuse Hermaphrodite, mais la musculeuse beauté de la *Vénus accroupie* (voy. au jardin des Tuileries). La noire est bien autrement femme que les fières citoyennes grecques ; elle es essentiellement jeune, de sang, de cœur et de corps, douce d'humilité enfantine, jamais sûre de plaire, prête à tout faire pour déplaire moins. Nulle exigence pénible ne lasse son obéissance. Inquiète de son visage, elle n'est nullement rassurée par ses formes accomplies de morbidesse touchante e de fraîcheur élastique. Elle prosterne à vos pieds ce qu'on allait adorer. Elle tremble et demande grâce ; elle est si reconnaissante des voluptés qu'elle donne!... Elle aime, et, dans sa vive étreinte, son amour a passé tout entier.

———

Qu'on l'aime, et elle fera tout, elle apprendra tout. C'est la femme d'abord qu'il faut élever dans cette race, et, par la force de l'amour, elle élèvera l'homme et l'enfant. Bien entendu, une éducation tout opposée à la nôtre. Cultivez d'abord en elle ce qu'elles ont tellement, le sens du rhythme (danse, musique, etc.), et par les arts du dessin, menez-les à la lecture, aux sciences et aux arts agricoles. Elles raffoleront de la nature dès qu'on la leur enseignera. Quand elles connaîtront vraiment la Terre (si belle, si bonne, si femme), elles en tomberont amoureuses, et, bien plus énergiquement qu'on ne l'attend du climat, elles s'entremettront du mariage entre la Terre et l'Homme. L'Afrique n'eut que l'Isis rouge ; l'Amérique aura l'Isis noire, un brûlant génie femelle, et pour féconder la nature, et pour raviver les races épuisées.

———

Telle est la vertu du sang noir : où il en tombe

une goutte, tout refleurit. Plus de vieillesse, une
jeune et puissante énergie, c'est la fontaine de Jouvence. Dans l'Amérique du Sud et ailleurs, je vois
plus d'une noble race qui languit, faiblit, s'éteint ;
comment cela se fait-il, quand ils ont la vie à côté ?
Les républicains espagnols, vrais nobles et parfaits
gentilshommes, avaient été de meilleurs maîtres
que tous les autres colons ; des premiers, ils ont
généreusement aboli l'esclavage. Eh bien, en retour, cette bonne Afrique peut leur rendre la séve
et la vie. En présence du torrent trouble des nations confondues qui se précipitent sous le faux dra-
peau des États-Unis, il faut créer pour barrière un
puissant monde mulâtre. Ce Nord, répudié du Nord
même, émigrant, marchand, pirate, ne vous appor-
terait rien que violence et stérilité.

Nous aimions les États-Unis ; ce serait avec douleur que nous les verrions avorter. Peu importent
leurs conquêtes, si les mélanges étrangers, l'esclavage, l'alcool, l'argent, anéantissent ce qui fut
leur vie, leur âme. Ce n'est pas l'argent, c'est l'a-
mour qui fait et refait le monde, qui doue l'homme
et qui l'ingénie.

Voyez-vous la race africaine, si gaie, si bonne et
si aimante ? Du jour de la résurrection, à ce premier contact d'amour qu'elle eut avec la race blanche, elle fournit à celle-ci un accord extraordinaire

des facultés qui font la force, un homme d'intarissable séve, un homme? non, un élément, comme un volcan inextinguible ou un grand fleuve d'Amérique. Jusqu'où n'eût-il pas été sans l'orgie d'improvisation qu'il fait depuis cinquante ans? N'importe, il n'en reste pas moins et le plus puissant machiniste et le plus *vivant* dramaturge qui ait été depuis Shakspeare.

———

Une source inconnue de beauté nous vient par la race noire. La rose rose, que jadis on admirait seule, est peu variée pourtant, il faut l'avouer. Grâce aux mélanges, nous avons les nuances si multiples des innombrables roses thé, des roses plus délicates encore qui se veinent ou se teintent de bleu léger. Notre grand peintre Prudhon n'a rien peint avec plus d'amour que la belle dame de couleur qui est au Salon du Louvre. Elle est dans le sombre encore, comme un mystère qui se débrouille. Sa beauté sort du nuage. Ses beaux yeux ne sont pas bien grands, mais profonds et pleins de promesses. Le spectateur, qui peut-être y voit ce qu'il a au cœur, se figure que cette nuit est enténébrée de désirs.

Profonde et brûlante peinture. Mais, à un degré

plus clair, j'ai vu plus joli encore. L'hiver dernier, visitant un Haïtien éminent, qui a marqué dans les lettres autant que dans les affaires, je fus reçu en son absence par une demoiselle aussi modeste que charmante, dont la rare beauté m'interdit. Une imperceptible nuance d'un délicieux lilas mettait dans ses roses un mystère, une magie, qu'on ne peut dire. Dans un moment, elle rougit, et la flamme de ses yeux aurait ébloui les deux mondes.

———

Mille vœux pour la France noire! j'appelle ainsi Haïti, puisque ce bon peuple aime tant celui qui fit souffrir ses pères. Reçois tous mes vœux, jeune État! Et puissions-nous te protéger, en expiation du passé! Puisses-tu développer ton libre génie, celui de cette grande race, si cruellement calomniée, et dont tu es l'unique représentant civilisé sur la terre! — Tu n'es pas à moindre titre celui du génie de la femme. C'est par tes charmantes femmes, si bonnes et si intelligentes, que tu dois te cultiver, organiser tes écoles. Elles sont de si tendres mères, qu'elles deviendront, j'en suis sûr, d'admirables éducatrices. Une forte école normale pour former des institutrices et des maîtresses d'école (par les méthodes surtout, si aimables, de Frœbel) est la première institution que je voudrais en Haïti.

———

Que la France a été bien aimée! Et que je regrette encore l'accueil d'amour et d'amitié que nous trouvions chez les tribus de l'Amérique du Nord. Race haute et fière, s'il en fut. C'est une vraie gloire pour nous que ces hommes, d'un regard perçant et d'une seconde vue de chasseur, nous aient préférés pour leurs filles, et compris ce qui est réel, c'est que le Français est un mâle supérieur. Comme soldat, il vit partout, et, comme amant, il crée partout.

L'Anglais et l'Allemand, qui semblent forts, bien nés, sont et moins robustes et bien moins générateurs. Ils ne peuvent rien avec l'étrangère. Si la femme anglaise, allemande, n'est pas là toujours derrière, pour les suivre dans leurs voyages, leur race finit. Il ne restera rien bientôt de l'Anglais dans l'Inde, pas plus qu'il ne reste chez nous des Francs de Clovis, ni des Lombards en Lombardie.

L'amour de la femme noire pour les nôtres est tout naturel. Celui de la femme rouge, de l'Indienne américaine, étonne davantage. Elle est sé-

rieuse, fière et sombre. Le Français, avec sa gaieté,
quelquefois un peu légère, pouvait l'effaroucher.
Ses hautes facultés sibylliques ne semblaient guère
s'arranger avec nos joyeux danseurs, qui, jusque
dans le désert, avec un hiver de huit mois, dan-
saient aux chansons de Paris. Mais elles les savaient très-braves; elles les voyaient très-sobres,
bons, aimables et serviables, devenant frères tout
à coup de ces tragiques guerriers. Cela leur faisait
trouver grâce devant elles. A l'audace de nos étourdis, qui parfois abusaient de la solitude, si elles
opposaient des refus, c'était par des mots délicats,
nobles et nullement blessants. On connaît celui
d'une fille déjà engagée : « L'ami que j'ai devant
les yeux m'empêche de te voir. »

Elles nous prenaient un peu comme des enfants
trop vifs, dont la mère, la sœur, peuvent parfois
souffrir un peu; mais elles ne nous aimaient pas
moins.

De ces amours, il reste encore des métis, franco-
indiens, mais dispersés, peu nombreux, qui se
fondront peu à peu. Elle périt, cette noble race.
Qu'en restera-t-il dans cent ans? Peut-être un
buste de Préault.

Image amère (oh! si amère) que ce grand sculp-
teur des tombeaux a saisie d'instinct, avec une ignorance de génie, et qui reste pour conserver à l'ave-

nir la pauvre femme, la noble femme de ces races
caricaturées par M. de Chateaubriand.

Il y a une dizaine d'années, un spéculateur américain imagina d'exhiber en Europe une nom-
breuse famille d'Iovays. Les hommes étaient ma-
gnifiques, d'une beauté superbe et royale, dans
leurs colliers de griffes d'ours qui constatent leurs
combats. Très-forts, non avec de gros muscles de
forgerons ou de boxeurs, mais avec d'admirables
bras qui semblaient des bras de femmes. Un enfant de dix ans aussi semblait une jolie statue d'É-
gypte, accomplie, de marbre rouge, mais d'un terrible sérieux. On ne pouvait pas le voir sans dire :
« C'est le fils d'un héros. »

Ce qui consolait ces rois d'être montrés sur l'es-
trade comme des singes, c'était, je crois, leur mépris intérieur pour la riche populace de beaux
messieurs qui étaient là à lorgner, légers, mobiles
gesticulateurs, vrais singes d'Europe.

La seule personne de la bande qui parût triste
était une femme, la femme d'un renommé guer-
rier, le Loup, la mère de l'enfant. Elle avait bien
souffert là-bas! combien plus ici! Elle languit.
Elle mourut. Qu'est-ce que la France pouvait pour
l'une des dernières, hélas! de ces femmes infortunées qui ont tant aimé la France? Rien, qu'un tombeau qui conservât la flamme de ce génie éteint.

L'antiquité (même juive) n'a jamais eu, ni connu, ni rêvé, rien de si sombre. On sent un être supérieur qui non-seulement a rencontré tout malheur, toute douleur individuelle, mais souffert aussi de n'avoir pas eu l'expansion légitime de sa race. Douleur souterraine, immense, de ce monde américain. Flottant dans la guerre éternelle du désert et les guerres atroces (chasse à l'ours et chasse à l'homme), il n'a pas pu arriver à se révéler tout à fait. Puis s'est dressée devant lui la force prosaïque de la vieille Europe, avec le fusil, l'alcool, toute machine de surprise ou de combat.

Elle est en face de tout cela cette femme, comme un sphinx âpre et amer... Et pourtant, sous cette amertume, oh ! quel cœur de mère et de femme. Combien aisément celle-ci, dans les longues famines d'hiver, eût, pour nourrir sa couvée, coupé sur son corps des morceaux sanglants ! Avec quelle joie, pour la sauver, elle se fût fait brûler vive par la tribu ennemie ! Et quel insondable amour aurait pu trouver en elle le héros qu'elle eût préféré !

On sent bien, en la regardant, l'infini mystérieux qu'elle a caché de fierté, de silence. Sa vie fut aussi muette que sa mort. Toutes les tortures du monde, pas plus que l'aiguillon d'amour, n'en auraient tiré un soupir. Elle n'a pas perdu la parole.

Elle parle, comme elle parlait, par l'expression saisissante de l'étrange monde énigmatique et ténébreux qu'elle contient.

Étrange, mais nul plus grand peut-être dans la région des Esprits.

QUELLE FEMME AIMERA LE PLUS? CELLE DE MÊME RACE

L'Amour a son plan pour la terre. Son but serait d'en mêler, d'en fondre toutes les races dans un immense mariage. Ainsi de la Chine à l'Irlande, du pôle nord au pôle sud, tous seraient frères, beaux-frères, neveux. On connaît les parentés écossaises, par exemple les six mille Campbell, tous cousins. Il en serait de même pour l'humanité. Nous ne ferions plus qu'un seul clan.

Beau rêve! mais nous ne devons pas y céder trop facilement. Dans une telle unité, où le sang de toutes les races se trouverait mêlé ensemble, en supposant, chose difficile, qu'il s'en fît une harmonie, je crois qu'elle serait très-pâle. Un certain élément neutre, incolore, blafard, en résulterait.

Un nombre immense de dons spéciaux, très-exquis, auraient péri. Et la victime définitive de l'amour, dans cette fusion totale, serait fatale à l'amour même.

———

Un livre fort et raisonné sur l'art des croisements humains nous serait bien nécessaire. Il ne faut pas croire qu'on puisse faire impunément ces mélanges. Faits d'une manière indiscrète, ils abaissent les races, ou avortent. Ceux qui réussissent n'ont guère lieu qu'entre des races sympathiques, qui peuvent sembler opposées, mais ne le sont pas au fond. Du nègre au blanc, nulle opposition anatomique qui soit d'importance. Les métis vivent et sont très-forts. Au contraire, entre le Français et l'Anglais, qui semblent si proches parents, il y a, dans le squelette même, une différence profonde. Leurs métis ou sont peu viables, ou sont nains, ou, dans l'ensemble, offrent une discordance visible.

Entre le Français et l'Allemande, les résultats varient beaucoup. Lui, il trouve un grand attrait dans ce mariage. Sec, aduste, ardent d'esprit, il jouit fort par contraste de cette fraîcheur morale. La musique, le sens de la nature, une grande débonnaireté, lui rendent la vie fort douce, quoique peut-être un peu monotone. L'enfant (s'il y a enfant) ne vit pas toujours. Le plus souvent il est faible, agréable. Rarement il conserve l'étincelle paternelle. Ni Français, ni Allemand, il devient *européen*.

Je demandai un jour à un très-habile homme qui dressait des oiseaux savants à lire et à calculer, si ses petits héros n'étaient pas ainsi surélevés au-dessus de leurs espèces par des croisements habiles, s'ils n'étaient point des métis? « Au contraire, disait-il, ils sont de race très-pure, non mêlés, non mésalliés. »

Ceci me fit réfléchir sur la tendance actuelle que nous avons aux croisements, et sur la croyance souvent inexacte, que le métis, cumulant les dons des deux éléments simples, est nécessairement supérieur.

Entre ceux de nos grands écrivains que j'ai pu connaître, trois seulement sont des métis. Six sont de très-purs Français. Et encore les trois métis n'étant pas étrangers de père, mais seulement de grands-pères, ont trois quarts d'éléments français, une très-forte prédominance de la sève nationale.

———

Une chose fort à considérer, qui semblera un paradoxe, c'est que les femmes étrangères, de races très-éloignées de nous, sont plus faciles a connaître que les Européennes, surtout plus que les Françaises.

Si j'épouse une Orientale, je devine assez aisément ce que sera mon mariage. Là, on peut juger, prévoir, par grandes classes (race, peuple, tribu), ce que sera la femme d'Asie. Même en Europe, celui qui épouse une Allemande, qui se l'approprie, la transplante, est à peu près sûr d'avoir la vie douce. L'ascendant de l'esprit français met toutes les chances pour lui.

Mais les races où la personnalité est très-forte ne peuvent pas rassurer ainsi. On dit que les Circassiennes désirent elles-mêmes être vendues, sûres de régner où qu'elles aillent, et de mettre leur maître à leurs pieds. Il en est à peu près ainsi de la Polonaise, de la Hongroise, de la Française, énergies supérieures de l'Europe. Elles ont souvent l'esprit viril, souvent épousent leurs maris, bien plus qu'elles n'en sont épousées.

Donc, il faut les bien connaître, les étudier d'avance, savoir si elles sont femmes.

La personnalité française est la plus vive, la plus individuelle de l'Europe. Donc, aussi, la plus multiple, la plus difficile à connaître. Je parle surtout des filles. Les hommes diffèrent bien moins, moulés qu'ils sont par l'armée, par la centralisation, par un cadre d'éducation quasi identique.

D'une Française à une Française, la différence est infinie ; et, de la fille française à la même devenue femme, grande encore est la différence. Donc, la difficulté du choix n'est pas petite, — mais petite est la prévision de l'avenir.

En revanche, quand elles se donnent et quand elles persévèrent, elles permettent une communication plus réelle, je crois, et plus forte, qu'aucune femme de l'Europe. L'Anglaise, une excellente épouse, obéit matériellement, mais reste toujours un peu têtue et ne change guère. L'Allemande, si bonne et si douce, veut appartenir, veut s'assimiler, mais elle est molle, elle rêve, et, malgré elle, elle échappe. La Française donne une prise, la Française réagit : et, quand elle reçoit en elle le plus fortement vos pensées, elle vous renvoie le charme, le parfum personnel, intime, de son libre cœur de femme.

Un jour que je revoyais, après vingt années d'absence, un Français établi en pays étranger et qui s'y était marié, je lui demandai en riant s'il n'avait pas épousé quelque superbe rose anglaise, ou une belle blonde Allemande. Il répondit sérieusement, non sans quelque vivacité : « Oui, monsieur, elles sont

très-belles, plus éclatantes que les nôtres. Je les
compare à ces fruits splendides que les jardiniers
amènent au plus grand développement, les magni-
fiques fraises ananas. La saveur n'y manque pas,
et cela emplit la bouche; on n'y regrette que le
parfum. J'ai préféré la Française, et celle du Midi
encore; car c'est la fraise des bois. »

————

Quoi qu'il en soit de cette comparaison poétique
d'un nouveau marié, il reste sûr et certain que la
personnalité de la Française est très-forte en bien
et en mal. Donc, les mariages en France devraient
être circonspects, préparés par une étude sérieuse.
Et c'est le pays de l'Europe où l'on se marie le
plus vite.

Cela ne vient pas uniquement des rapides calculs d'intérêts, qui, une fois arrangés, entraînent
la conclusion du mariage; cela tient au grand défaut de la nation, l'impatience. Nous avons hâte
en toute chose.

Je crois que le mal s'aggrave. A mesure que dans
les affaires, nous devenons plus sérieux, il semble
que la précipitation augmente dans les choses du
cœur. Notre langue a perdu nombre de mots élé-
gants, gracieux, qui marquaient les degrés, les

nuances de l'amour. Aujourd'hui, tout est bref et
dur. Le fond du cœur n'a pas changé ; mais ce
peuple, surmené par les guerres, les révolutions, la
violence des événements, est trop tenté de voir en tout
une exécution, un coup de main. Le mariage de Ro-
mulus, par enlèvement, n'aurait que trop plu à ceux-
ci. Il leur faut des razzias. C'est, je dirais presque,
le viol par contrat. Les victimes en pleurent parfois,
pas toujours ; elles s'étonnent peu, en ce temps de
loteries (loteries de bourse, de guerre, de plaisir,
de charité, etc.), d'être aussi mises en loterie. Le
lendemain, il n'est pas rare que ces mariages fortuits
vous démasquent brusquement comme une batterie
imprévue d'irréparables malheurs, de ruine et de
ridicule, qui vous frappent en pleine poitrine.

Physiologiquement, de telles unions, souvent
impossibles, créent des avortons, des monstres,
qui meurent ou qui tuent leur mère, la rendent
malade à jamais, enfin qui font un peuple laid.
Moralement, c'est bien pis. Le père, en mariant
ainsi sa fille, n'ignore pas la consolation qu'elle
acceptera bientôt. Le mariage, dans ces conditions,
constitue, régularise l'universalité de l'adultère,
le divorce dans l'intimité, trente années souvent
d'ennui, et dans la couche conjugale un froid à
geler le mercure.

Nos paysans d'autrefois tenaient fort à épouser celle qu'ils connaissaient le mieux, la parente. Pendant tout le moyen âge, ils ont lutté contre l'Église, qui leur défendait la cousine. La défense, d'abord excessive (jusqu'au septième degré, plus tard jusqu'au quatrième), n'existe plus réellement ; on a tant qu'on veut, dispense pour épouser et sa cousine germaine, et sa nièce, et la sœur de sa première femme. Qu'arrive-t-il ? c'est que maintenant qu'on en a la facilité, très-peu de gens en profitent.

Les casuistes, esprits faux qui presque en tout ont eu l'art de trouver l'envers du bon sens, disent plaisamment ici : « Si l'amour du mariage s'ajoute à l'amour de la parenté, cela fera trop d'amour. » L'histoire dit précisément que c'était tout le contraire. Chez les Hébreux, qui d'abord avaient le mariage des sœurs, on voit que les jeunes gens, loin de s'en soucier, cherchaient hors de la famille, hors du peuple même, couraient les filles philistines. Chez les Grecs, où l'on pouvait épouser la demi-sœur, ces mariages étaient très-froids, infiniment peu productifs. Solon se croit obligé d'écrire dans la loi que les maris sont tenus de se souvenir de leur femme, une fois seulement par décade. On renonça au mariage des sœurs. Les Romains n'épousèrent plus que leurs cousines.

En réalité, le mariage doit être une renaissance.

Le beau moment où la fiancée entre dans la maison de noces manquait avec la sœur. Cette noble citoyenne grecque, telle que nous la voyons encore aux marbres du Parthénon, elle n'entrait pas dans cette maison; elle y était dès sa naissance, assise au foyer paternel; elle représentait fidèlement l'esprit du père et de la mère, la vieille tradition connue; elle devait se prêter peu aux jeunes idées du frère époux, à la mobilité d'Athènes. Toute magnifique qu'elle fût, elle était un peu ennuyeuse. La race n'y perdait pas, ce fut la plus belle du monde, mais l'amour y perdait trop; il renouvelait peu la famille.

La Grèce ne s'en souciait guère. Elle craignait la fécondité. Elle ne voulait rien autre chose que fortifier le génie natif, en portant au plus haut degré la vigueur de chaque lignée et son originalité propre. Elle visait — nullement au nombre, — mais simplement au héros. Elle l'obtint et par la concentration des races énergiques, et par un crescendo inouï d'activité, qui, il est vrai, en peu de temps, usa et tarit ces races.

Les éleveurs de chevaux de course n'ont pas d'autre art que celui-là. C'est par des mariages persévérants entre très-proches parents qu'ils créent des spécialités étonnantes de bêtes héroïques. En les unissant entre eux, ils y accumulent la séve de race.

Une persévérance d'un siècle dans cette voie finit
(vers 89) par conduire *Éclipse*, ce mâle des mâles,
cette flamme qui courait plus vite que la voix et le
regard, avec qui aucun cheval n'affronta plus le
concours, et qui, par ses quatre cents fils, pendant vingt ans, emporta les prix de toute l'Europe.

J'ai lu tout ce qu'on a écrit, dans les derniers
temps, sur cette matière. Ce qui paraît vraisem-
blable, c'est que les mariages entre parents qui
peuvent affaiblir les faibles et les faire dégénérer,
fortifient au contraire les forts. J'en juge, non pas
seulement par l'ancienne Grèce, mais par la France
de nos côtes. Nos marins, gens avisés, qui vont
partout, connaissent tout, et ne se décident pas,
comme des paysans, par les routines locales, épousent généralement leurs cousines, et n'en sont pas
moins une élite de force, d'intelligence et de beauté.

Le vrai danger dans ses unions, c'est un danger
moral. Il est réel pour tout autre que le marin, affranchi, par sa vie errante, des influences trop fortes
du foyer. Ce n'est pas sans raison grave que, de
moins en moins, en France, on épouse les parentes
(voyez la statistique officielle). Par le charme des
souvenirs communs, ce mariage risquait de retenir fortement l'homme dans les liens du passé.

La Française, particulièrement, qui influe par
son énergie, par le bien qu'elle a apporté (car la

loi la favorise plus qu'aucune femme d'Europe), si
de plus elle est parente, et appuyée des parents,
peut devenir au foyer un puissant instrument de
réaction, un sérieux obstacle au progrès. Imaginez
ce que peut être la double force de la tradition à la
fois domestique et religieuse, pour entraver, arrêter tout. A chaque pas réclamation, discussion, tout
au moins tristesse, force d'inertie. Dès lors, on ne
peut rien faire, on ne peut plus avancer. — Un joli
Véronèse, au Louvre, exprime cela parfaitement.
La fille de Loth est si lente à quitter la vieille cité
qui s'écroule sur sa tête, que l'ange la prend par
le bras, la traîne, et avec tout cela elle trouve encore moyen de n'avancer point, disant : « Attendez seulement que j'ai remis mon soulier. »

Nous n'avons plus le temps, ma belle. — Reste
là en statue de sel, avec madame ta mère. Nous devons aller en avant. — Mais non, nous n'irons pas
seuls. Laisse-toi porter seulement, si tu ne peux
pas marcher. La vigueur de l'homme moderne qui
entraîne avec lui des mondes, pour t'enlever, faible
et légère, n'en sera pas bien retardée.

———

Si la parente n'a pas l'éducation spéciale qui

l'associe au progrès, il faut préférer l'étrangère
(je ne dis pas l'inconnue).

Il faut, dis-je, la préférer en deux cas où on la
connaît mieux que la parente même.

Le premier cas est celui que j'ai posé au livre
de *l'Amour*, lorsqu'on se crée soi-même sa femme.
C'est le plus sûr. On ne connaît bien que ce qu'on
a fait. J'en ai sous les yeux des exemples.

Deux de mes amis, l'un artiste éminent, l'autre
écrivain distingué, fécond, ont adopté, épousé deux
jeunes personnes toutes neuves, sans parents, sans
culture aucune. Simples, gaies, charmantes, uniquement occupées de leur ménage, mais associées
peu à peu aux idées de leurs maris, elles ont, en dix
ou douze ans, eu leur transformation complète.
Même simplicité extérieure, mais ce sont intérieu-
rement des dames de vive intelligence, qui comprennent parfaitement les choses les plus difficiles.
Qu'a-t-on fait pour arriver là? Rien du tout. Ces
hommes occupés et extrêmement productifs n'ont
donné à leurs femmes aucune éducation expresse.
Mais ils ont pensé tout haut, à toute heure com-
muniqué leurs sentiments, leurs projets, l'inten-
tion de leurs travaux. Et l'amour a fait le reste.

Le succès n'est pas toujours le même, je le sais.
Un de mes parents échoua dans une semblable ten-
tative. Il se choisit pour femme une enfant créole,

d'une classe bourgeoise et mondaine, avec une belle-mère coquette, qui de bonne heure gâta tout. Il avait fort couru le monde, et alors il était devenu fonctionnaire, employé aux Finances. Il rentrait triste et fatigué. Il n'avait nullement l'entrain, l'ardeur de ces grands producteurs qui, étant toujours en travail, ont toujours beaucoup à dire et peuvent vivifier incessamment un jeune cœur. Je reviendrai sur tout cela.

———

L'autre cas est celui où, de deux hommes unis de cœur, de foi, de principes, l'un donne sa fille à l'autre, une enfant élevée, formée dans ces principes et cette foi.

Cela supposerait un père tel qu'on l'a vu dans notre premier livre, sur l'éducation. Cela supposerait une mère. Deux phénix. Si on les trouvait, à la seconde génération, on pourrait réaliser une chose aujourd'hui impossible, et qui le sera moins dans l'avenir : l'hypothèse de deux enfants élevés l'un pour l'autre, non pas ensemble, mais dans une heureuse harmonie, se connaissant de bonne heure, se revoyant par moments, à de grands intervalles, de manière à devenir leur rêve mutuel.

Tout cela (bien entendu), libre pour les deux

jeunes cœurs. Mais avec un peu d'adresse, on crée, on cultive l'amour. La nature est une si aimable conciliatrice! L'*éducation en partie double* semble, au fond, la seule logique pour l'homme et la femme dont chacun n'est qu'une moitié.

L'idéal oriental d'un même être divisé qui veut toujours se rejoindre, c'est le vrai. Il faut compatir, les aider, ces pauvres moitiés, à retrouver leur parenté et refaire l'unité perdue.

III

QUEL HOMME AIMERA LE MIEUX?

S'il est dans la vie de la femme une époque redoutable, c'est le mariage de sa fille. Le meilleur, le plus doux mariage est pour elle le renversement de l'existence. La maison hier était pleine, et la voilà vide. On ne s'était pas aperçu de toute la place qu'occupait cette enfant, on était trop habitué à un bonheur si naturel; on ne s'aperçoit pas non plus de la vie, de la respiration. Mais qu'une minute seulement la respiration nous manque, on étouffe, on va périr.

Combien différente est la situation pour la mère qui dit : « Mon fils se marie, » et pour celle qui dit : « Je marie ma fille. » L'une reçoit et l'autre donne. L'une enrichit sa famille d'une aimable adoption. L'autre, après le bruit de la noce, va

rentrer chez elle si pauvre! Dirai-je sevrée de sa
fille? dirai-je veuve de son enfant? non, on ne peut
pas le dire. Il faut regretter toujours un mot qui
manque à nos langues, ce mot grave, plein de
deuil : *orba*.

———

Ce qu'elle livre, c'est elle-même. Et c'est elle qui
va être bien ou mal traitée dans cette maison étrangère. Elle y vit d'imagination. Cet homme, amoureux aujourd'hui, comment sera-t-il demain?... Et
encore, lui-même, le gendre, c'est le plus facile.
Mais, comment sera sa famille, sa mère qu'il aime,
qui le gouverne, qui règne dans la maison? Que de
moyens elle aurait de désoler la jeune femme, peut-
être de la briser pour peu qu'elle lui déplût! Donc,
la mère de celle-ci doit, pour protéger sa fille, la
ménager, lui faire sa cour.

Je comprends bien l'inquiétude, la vive préoccupation de celle qui, la première fois, aperçoit son
futur gendre, je veux dire du moins le jeune homme
qui pourrait le devenir. Oh! que je suis de moitié
dans ses sentiments intérieurs! Elle est souriante,
gracieuse, mais au fond combien émue!... Vraiment, c'est sa vie ou sa mort. Ce jeune homme,

quel est-il? son rival. Plus il sera aimable, aimé, et plus il fera oublier la mère.

Moment curieux à observer, jamais la femme n'est si intéressante. Ce combat d'émotions, contenu, mais transparent, lui donne un charme de nature dont on ne peut se défendre. Elle est belle de sa tendresse et de son abnégation, belle de tant de sacrifices. Que n'a-t-elle pas fait et souffert pour créer cette fleur accomplie? Une telle fille, c'est la vertu visible de sa mère, sa sagesse et sa pureté. Comme toute femme, elle a pu avoir ses ennuis, ses rêves; et elle a tout repoussé avec ce seul mot : « Ma fille ! » Elle s'est tenue au foyer entre Dieu et son mari, donnant ses belles années au devoir, à la culture de cette douce espérance. Et, maintenant, comment s'étonner si le pauvre cœur bat si fort?... Il est, ce cœur, sur son visage, quoi qu'elle fasse, et par moment, il éclate, attendrissant, adorable, dans le rayonnement de ses beaux yeux humides. Grâce, madame, soyez moins belle! Ne voyez-vous pas qu'on se trouble et qu'on ne sait plus ce qu'on dit?

———

C'est une tentation bien forte pour elle d'user de ce pouvoir. Elle voit qu'il ne tient qu'à elle d'enve-

lopper le jeune homme, d'en faire tout ce qu'elle
voudra. Elle deviendrait maîtresse absolue du futur
ménage, elle débarrasserait sa fille des influences
tyranniques de sa nouvelle famille. Elle lui erait,
jour par jour (que ne peut une femme d'esprit?)
un bon mari, doux, docile. Lui confier la chère
idole, avant d'être sûre de lui, cela lui semble impossible. Il faut le conquérir, ce gendre. Et la voilà
jeune encore, qui, à l'étourdie, se lance dans d'imprudentes coquetteries. Elle croit pouvoir s'arrêter,
se retirer à volonté. Qu'arrive-t-il? Il perd la tête,
parfois veut des choses insensées, ou bien s'éloigne
et se retire. Cependant le mariage est annoncé,
déjà publié, la demoiselle compromise. Comment
se tirer de là ?

Est-ce un roman que je fais? Non, c'est ce que
j'ai vu plus d'une fois, et ce que l'on voit fréquemment. La mère aime tant sa fille que, pour la bien
marier, il lui arrivera de subir les plus étranges
conditions. Déplorable arrangement qui bientôt les
laisse tous trois pleins de tristesse et de dégoût.

———

Les plus sages, les plus raisonnables, ont presque toutes ce défaut de chercher, de choisir un
gendre, comme pour elles, et non pour leurs filles,

QUEL HOMME AIMERA LE MIEUX? 237

de consulter leur fantaisie, un certain idéal, plus ou moins romanesque, que la plupart ont dans l'esprit.

Double idéal, mais toujours faux. Qu'on me permette de parler franchement.

Elles aiment l'énergie mâle, la force, et elles ont raison. Mais c'est beaucoup moins la force productive et créatrice, que l'énergie destructive. Étrangères aux grands travaux, ignorant parfaitement ce qu'il y faut de force d'âme, elles ne comprennent de vaillance que les audaces éphémères qui suffisent aux champs de batailles, et croient, comme les enfants, que le beau, c'est de casser tout. Notez encore que les braves en paroles, près d'elles, ont tout l'avantage. Elles comptent peu le vrai brave qui se tait, hausse les épaules.

Elles ne jugent pas plus sainement dans le doux que dans le fort. Elles placent un grand attrait dans celui qui leur ressemble, la poupée qui n'est d'aucun sexe. Elles placent fort maladroitement un petit roman sensuel sur celui qui n'est bon à rien, un page fille, Chérubin, un berger d'opéra-comique, Némorin, plus femme qu'Estelle. Dans les romans qu'elles écrivent, dit très-bien Proudhon, elles n'arrivent jamais à créer un homme, un vrai mâle ; leur héros est un *homme-femme.*

Maintenant, dans la vie réelle, et dans cette

grande affaire où la mère choisit pour la fille, elles
font comme dans leurs romans. Leur préférence est
souvent, presque toujours pour l'*homme-femme*, le
bon sujet qui pense bien. D'abord, elles sont flat-
tées de se sentir plus énergiques, vraiment plus
hommes que lui. Elles croient qu'elles le gouverne-
ront. En quoi souvent elles se trompent. Le fade et
doucet personnage est le plus souvent un matois
qui s'aplatit pour arriver, au dedans fort égoïste,
et qui demain paraîtra ce qu'il est, dur, sec et
faux.

———

Madame, en chose si grave, où il s'agit de votre
vie, bien plus, de celle à qui cent fois vous sacri-
fieriez cette vie, me permettez-vous de laisser les
précautions, les vains détours, de dire des paroles
vraies ?

Savez-vous bien ce qu'il faut à votre charmante
fille, qui ne dit rien, ne peut rien dire... Mais son
âge parle, et la nature. Respectez ces voix de Dieu !

Eh bien ! il lui faut *un homme*.

Ne riez point. Cela n'est pas aussi commun que
vous croyez.

Il faut un homme amoureux. — J'entends, qui
reste amoureux, qui le doive être toujours.

Il lui faut un bras et un cœur, — un bras solide qui l'appuie et lui aplanisse la vie, — un cœur riche où elle puise, où elle n'ait qu'à toucher pour voir jaillir l'étincelle.

———

La femme est conservatrice. Elle désire la solidité. Et quoi de plus naturel ? Il faut un sol ferme et sûr pour le foyer, pour le berceau.

Tout remue. Où trouverons-nous la fermeté que vous voulez?

Nulle place, et nulle propriété, dans le temps où nous vivons, ne peut promettre cela. Regardez, non pas la France, non le continent, cette mer de sable, où tout va et vient. Non, regardez l'île sainte de la propriété, la vieille Angleterre. Si vous exceptez cinq ou six maisons, et fort peu anciennes, toute propriété a changé de main, et souvent, depuis deux cents ans.

Une seule chose est solide, madame, et nulle autre : la foi.

Il vous faut un homme de *foi*.

Mais j'entends : de foi *active*.

« C'est-à-dire : un homme d'action ? » — Oui, mais d'action *productive*, — un producteur, un créateur.

Le seul homme qui ait quelque chance de stabilité en ce monde, c'est celui dont la forte main en fait le renouvellement, celui qui le crée, jour par jour ; — et, détruit, pourrait le refaire.

Les hommes qui ont cette action, qui, dans l'art ou dans la science, dans l'industrie dans les affaires, opèrent avec cette énergie, — peu importe qu'ils formulent leur *credo*, — ils en ont un.

Ils ne sont plus dans les brouillards du vieux fantastique, qui doutait des réalités et ne donnait foi qu'aux songes. Ils croient fortement que *ce qui est est*.

« Belle merveille ! » direz-vous. Oui, madame, belle et très-récente. C'est la foi aux choses prouvées, c'est la foi dans l'observation, dans le calcul, dans la raison.

Voulez-vous savoir le secret du crescendo de l'activité moderne, qui fait que, depuis trois cents ans, chaque siècle agit, invente, infiniment plus que le siècle qui précède? Cela tient à ce que, sous nos pieds, s'affermit la certitude. La vigueur de notre action augmente par la sécurité que nous donne un sol plus solide. Au seizième, Montaigne doutait. Je l'excuse encore ; l'ignorant ne soupçonnait pas l'affermissement d'esprit que donnaient déjà les grands précurseurs. Pascal, au dix-septième, douta parce qu'il voulait douter; par Galilée et tant d'autres, le terrain était solide. Aujourd'hui, trente sciences nouvelles, bâties de milliards de faits, observés et calculés, ont fait de ce terrain un roc. Frappez du pied fortement ; ne craignez rien, c'est le roc inébranlable du vrai .

L'homme moderne sait ce qu'il veut, ce qu'il fait et où il va.

Quels sont les sceptiques aujourd'hui? ceux qui ont intérêt à l'être, ceux qui ne veulent pas s'informer, ni savoir dans quel temps ils vivent ; ceux qui, se réservant toujours de varier, craignent d'avouer qu'il y a tant de choses invariables. Quand ils professent le doute, je dis : « Combien votre doute vous rapporte-t-il? »

———

Est-ce à dire que les hommes actifs et productifs de ce temps ont la connaissance complète de cette trentaine de sciences qui font notre sécurité? Non, ils en savent seulement les grands résultats, ils en ont l'esprit, ils les sentent sous eux, et solides, et vivantes, ces sciences. A tout moment, s'ils se baissent, ils reprendront dans la terre maternelle de la vérité, une incalculable force.

Et voilà la vraie différence entre nos pères et nous. Ils s'agitaient dans un marais, eau terreuse

ou terre aqueuse, et, comme leur pied glissait, ils
ne faisaient rien de leurs mains. Mais nous, comme
nous ne glissons plus, nous faisons beaucoup de nos
mains et beaucoup de notre esprit, beaucoup de
notre invention. Nous inventons dix fois plus que
le siècle de Voltaire, qui inventa dix fois plus que
le siècle de Galilée, qui inventa dix fois plus que
le siècle de Luther. Voilà ce qui nous rend gais,
quoi qu'il arrive, voilà ce qui nous fait rire, et
nous fait arpenter la vie d'un ferme pas de géants.

Quiconque se sent *en puissance*, c'est-à-dire plein,
fort, productif, créateur et générateur, a un fonds
inépuisable et de gaieté sérieuse (c'est la vraie), et
de courage, et d'amour aussi, madame.

Donnez cet homme à votre fille, un homme qui
soit toujours *au-dessus de ses affaires*, qui la mêle
à son action, qui l'entraîne en son tourbillon.
J'ose répondre qu'il aimera, et qu'à toute heure de
jour, de nuit (cet unique point contient tout), il
aura beaucoup à lui dire.

IV

L'ÉPREUVE

Si Dieu m'avait fait naître fille, j'aurais bien su me faire aimer. Comment? En exigeant beaucoup, en commandant des choses difficiles, mais nobles et justes.

A quoi sert la royauté, si on ne l'emploie? Il est sans nul doute un moment où la femme peut beaucoup sur l'homme, où celle qui sent sa valeur le charme en lui en faisant de hautes conditions, en voulant qu'il prouve sérieusement qu'il est amoureux.

Quoi, monsieur! toute la nature à ce moment fait effort, tous les êtres montent d'un degré, le végétal dans la fleur montre la sensibilité, le charme de la vie animale, l'oiseau prend un chant divin, et dans l'insecte l'amour s'exalte jusqu'à la flamme!... et

vous pourriez croire que l'homme n'est pas tenu
de changer, d'être alors un peu plus qu'homme?...
Des preuves ! monsieur, des preuves !... Autrement je me soucie peu de vos fades déclarations ;
je ne vous demande pas, comme ces princesses
des romans de chevalerie, que vous m'apportiez la
tête d'un géant ou la couronne de Trébizonde. Ce
sont là des bagatelles. J'exige bien davantage.
J'exige que, du jeune bourgeois, de l'étudiant vulgaire, vous me fassiez la créature noble, royale,
héroïque, que j'ai toujours eue dans l'esprit ; et
cela, non pas pour un jour, mais, pour une transformation définitive et radicale.

Quelle que soit votre carrière, portez-y un haut
esprit et une grande volonté. Alors, je prendrai
confiance, je pourrai vous croire sincère ; et, à mon
tour, je verrai ce que je puis faire pour vous. Celui
qui ne peut rien pour moi, que l'amour même ne
peut soulever au-dessus de la prose, du terre à
terre de ce temps, Dieu me garde de l'avoir pour
mari ! — Si vous ne pouvez changer, c'est que vous
n'êtes pas amoureux.

———

« Hélas ! disent ici les mères, qu'adviendrait-il si
l'on osait tenir un si ferme langage?... L'amour

n'est pas à la mode, les jeunes gens sont si blasés, si froids, ils trouvent partout tant d'occasions de plaisir, désirent si peu se fixer!... Les temps de la chevalerie sont aujourd'hui bien loin de nous. »

Madame, dans tous les temps, l'homme ne désire vivement que le difficile. Dans ces temps chevaleresques, pensez-vous donc que le jeune écuyer n'eût pas à discrétion toutes les serves du voisinage? Dans le singulier pêle-mêle et l'entassement confus de la maison féodale, le page avait à volonté force filles, force demoiselles. Eh bien, la seule qu'il voulût, c'est la plus fière, l'impossible, — celle qui lui faisait la vie dure. Pour celle-là, dont il n'avait rien, il voulait être un chevalier. Pour elle, il allait mourir à Jérusalem et lui léguait son cœur sanglant.

———

Aujourd'hui, la croisade est autre, elle est surtout dans le travail et l'étude, dans l'effort immense que le jeune homme doit faire et pour se creuser le sillon d'une spécialité forte, et pour éclairer cette spécialité par toute la science humaine. Tout se tient, et, désormais, celui qui ne saura pas tout ne peut savoir une chose.

Je vois d'ici, rue Saint-Jacques, par le hasard

opportun de celte fenêtre entr'ouverte, un jeune homme matinal, qui n'a pas eu à se lever; il a veillé cette nuit, mais n'en est pas plus fatigué. Est-ce donc l'air du matin qui l'a si vivement remonté? Non. Je crois que c'est une lettre qu'il lit, relit, use et dévore. Jamais feu Champollion n'étudia l'écriture trilingue avec plus d'acharnement.

Lettre de femme, à coup sûr. Elle est courte, mais éloquente. Je me contente d'en donner ici une ligne : « Maman, qui a mal à la main, me charge de vous écrire, — de vous dire qu'on entend ici que vous avanciez vos vacances et que vous passiez au plus tôt votre dernier examen : Réussissez et venez. »

———

Il ne faut pas oublier ce que c'est qu'un pauvre jeune homme sur le pavé de Paris, n'en pas oublier les tristesses, la langueur et la nostalgie. La science est belle, à coup sûr, pour le maître, pour l'inventeur lancé au champ des découvertes, mais combien sèche et abstraite, comme la prend l'étudiant! Certes, les amis paresseux, légers, qui ne manquent pas d'arriver dans ces moments de tiédeur, auraient belle prise... Mais la lettre est là. Pendant la conversation de ces étourdis, il la voit du coin de l'œil. Elle le tient, elle le fixe, elle lui vaut fièvre, migraine, tout ce qui le dispenserait de sortir avec eux ce soir. Ils s'en vont, et mon jeune homme se met à relire sa lettre, à l'étudier sérieusement, dans la forme et dans le fond, tâchant de voir par l'écriture si la personne était émue, saisissant tel trait manqué ou telle virgule oubliée comme chose significative. Mais la même lettre, lue à telle heure, à tel moment, est tout autre ; hier elle fut passionnée, aujourd'hui d'un froid parfait ; orageuse un jour, l'autre jour, on la croirait indifférente.

Je ne sais qui disait ne regretter rien de sa jeunesse « qu'un beau chagrin dans une belle prairie. » Ajoutons la peine charmante qu'on a à étudier, déchiffrer, interpréter de cent façons l'écriture de la bien-aimée.

———

« Quoi ! une jeune demoiselle hasarde d'écrire à un jeune homme ? » Oui, monsieur, sa mère le veut. Cette sage mère veut à tout prix soutenir et garder le jeune homme. Mais elle ne goûte nullement la méthode anglaise, qui croit orgueilleusement qu'on rapproche sans danger la flamme et la flamme. Les Suisses, les hommes du Nord, allaient plus loin dans leur grossièreté ; ils trouvaient bon que l'amant passât des nuits avec la fille, qui, donnant tout, moins une chose, ne manquait jamais, dit-on, de se lever vierge? Vierge, peut-être, mais non pure.

Chaque nation a ses vices. Les races germaniques, avant tout absorbantes et gloutonnes, sont d'autant moins inflammables. Cependant, aujourd'hui que le régime lacté des Pamélas anglaises s'est tellement chargé de viande, même de liqueurs alcooliques, ces vierges sanguines et surnourries doivent désirer elles-mêmes qu'on les garde mieux et qu'on les défende de leurs propres émotions.

Je ne dis pas que parfois il ne faille donner aux amants le bonheur de se rencontrer, de se parler, de s'entendre. Mais ces communications trop fréquentes, quelque pures qu'on les suppose, auraient un inconvénient, de précipiter leur amour, de les brûler à petit feu et de les martyriser. Prolongeons s'il se peut, un si beau moment de la vie. Que les lettres y suppléent, celles de la mère d'abord, et, quand les choses avanceront, deviendront plus sûres, un mot parfois de la fille, écrit sous les yeux de la mère.

———

Mais j'ai oublié de dire comment l'amour a commencé.

Heureux ceux qui n'en savent rien! qui, nés au

même berceau, nourris au même foyer, commen-
cèrent ensemble l'amour et la vie! comme Isis et
Osiris, les divins jumeaux, qui s'aimèrent au sein
de leur mère, et s'aimèrent même après la mort.

Mais la Fable nous apprend qu'enfermés encore
dans leur mère, encore dans les ténèbres de leur
douce prison, ils mirent le temps à profit, que cet
amour si précoce fut déjà fécond, et qu'ils créèrent
même avant d'être. Nous ne voulons pas pour les
nôtres que les choses aillent si vite que pour ces
dieux brûlants d'Afrique. Il faut une initiation, il
faut de la patience, il faut mériter d'être dieux,
pour savourer profondément le moment divin dans
sa plénitude.

Il est très-bon, il est charmant, qu'ils aient vécu,
joué ensemble, à trois ans, quatre ans, cinq au plus.
Au delà, je crois très-utile de séparer les deux sexes.

Qu'il l'ait vue petit, bien petit, qu'il ait joué avec
elle, quelque part qu'il aille, il se souviendra de la
jolie petite fille, — cousine, amie? je ne sais (à
quatre ans, on est tous parents), de la douce créature avec qui il était méchant, qu'il a souvent con-
trariée, — et il y aura regret, se rappelant sa complaisance, son bon cœur, sa jeune sagesse. Tout
insouciant qu'il est, comme sont les petits garçons
il lui reviendra parfois, avec le joli souvenir des
jeux, des goûters d'alors, quelque envie de la revoir.

Et, en effet, à la longue, quand elle aura douze ans peut-être, il la reverra, mais plus sérieuse, déjà n'osant plus tant jouer, dans le charme et la noblesse de cette première réserve que montre la jeune demoiselle, assise près de sa mère aux fêtes de famille. Béatrix des Portinari avait justement douze ans, et portait une robe de pourpre (c'est-à-dire d'un rouge violet), lorsque Dante la vit pour la première fois. Elle lui resta au cœur avec cet âge et cette robe, et jusqu'à la mort il la vit comme une enfant reine, vêtue de lumière.

Que mon collégien emporte l'idée de sa petite Béatrix. Il est sauvé de bien des choses, de la vulgarité surtout. Si le plaisir s'offre à l'enfant (ce qui n'est que trop ordinaire) par quelque basse complaisance, il en aura la nausée. Plus haut déjà est son cœur.

Que deux ans, trois ans se passent, qu'il la voie enjouée, jolie. L'accomplissement de cette rose, la charmante vivacité de la Perdita de Shakspeare, qui va, vient, aide sa mère, est bergère, princesse à la fois, voilà un nouvel idéal qui gardera mon jeune homme. Si des dames peu délicates épient son premier sentiment, elles arriveront trop tard. En les comparant, il dira : « Ma cousine est bien autre chose ! »

Pétrarque, dans un très-beau sonnet, de naïve confession, dit à sa Laure qu'elle est pour lui un sublime pèlerinage vers lequel, lui pèlerin, il marche toute la vie. Et il avoue cependant qu'aux chapelles qui marquent la route, il fait halte, et fait aux madones de courtes prières. — Moi, je ne veux point de chapelles, point de madones de passage. Je veux qu'à chaque point de la route notre homme voie au loin sa Laure et ne s'en détourne pas.

Je me trompe, Laure elle-même veut qu'il ait d'autres maîtresses. Elle n'en est pas jalouse et consent de partager. Elle sait bien que le cœur de l'homme a besoin de diversité. Elle sait qu'au Jardin des Plantes siége cette ravissante dame aux belles mamelles, la grande Isis ou la Nature, qui enivre les jeunes cœurs. Elle sait qu'aux écoles du Panthéon et partout, son amant poursuivra d'amour la vierge Justice. Bien plus, elle est de leur partie, elle s'intéresse pour elles. Elle le prie, par sa mère, de l'oublier, s'il se peut, pour ses sublimes rivales.

Beau moment, noble moment, où la femme garde la femme ! où cette jeune fille absente donne courage à celui-ci dans l'étude, les privations ! Grand et très-grand avantage de prolonger les travaux si fructueux de cet âge, de conserver l'énergie au moment où elle est complète, de tenir la coupe pleine. La vie âpre, la sauvagerie d'étude qui fait

les grandes choses, est bien autrement soutenue
quand ce Robinson de Paris peut dire, dans un
double alibi de toute vie basse et vulgaire : « J'ai
ma maîtresse et ma pensée. »

« Mariage, c'est confession. » J'ai dit et répété
ce mot; il est très-vrai, très-fécond.

Oh! quelle chose délicieuse, émouvante et sauve-
gardante, d'avoir pour confesseur une fille de dix-
huit ans, à qui on est libre de dire, mais qui, elle,
est libre aussi de ne pas comprendre encore tout à
fait, et de ne pas trop diriger. La mère s'attendrit
parfois, et dit : « N'est-il pas malade?... Je le croirais, il est triste... Ajoute une ligne pour lui. »

Il est bien permis du moins au jeune homme de
conter à la demoiselle les aventures de son esprit,
les hauts, les bas, les espoirs, les joies, les tristesses : « Hier, j'ai appris cela... Cela m'ouvre un
monde... Il me semble que, dans cette voie, moi
aussi je trouverai... Aidez-moi, encouragez-moi!
Je serai un homme, peut-être. »

Savez-vous ce que je pense? Ce jeune homme est
un habile et un profond séducteur. C'est une très-
vive jouissance pour un cœur de femme de créer un
homme, de s'apercevoir, jour par jour, des progrès

qu'on lui fait faire. Dans la tiède vie du foyer de famille, d'une mère infiniment tendre, d'un père âgé et très-bon, grande est la nouveauté pour elle de s'associer peu à peu à la vie ardente d'un jeune homme d'aventure, qui l'embarque sur son vaisseau.

Elle se sent très-engagée. Elle a peur. Elle se rejette émue vers le sein maternel...

Un beau jour, elle l'arrête, elle l'étonne, en lui écrivant : « Il y a toujours plaisir à converser, échanger des idées. Et tout ceci prouve suffisamment votre esprit... Mais votre cœur? »

V

COMMENT ELLE DONNE SON CŒUR

« Que de choses invraisemblables dans le récit qui précède! Un étudiant amoureux! un étudiant qui prend sa maîtresse pour confesseur! un étudiant qui ne s'en tient pas à préparer ses examens! un étudiant qui étudie!... Oh! cela est trop absurde! L'auteur ignore évidemment ce que c'est que les écoles. Il oublie ce temps si long qui doit passer encore pour arriver au métier, pour acheter une charge, se faire une clientèle, » etc., etc.

Vous m'éclairez. J'oubliais que tous les jeunes Français doivent être tous notaires, avoués, fonctionnaires, plumitifs et paperassiers, s'entasser indéfiniment dans deux ou trois professions effroyablement encombrées, dont le long noviciat fait qu'ils se marient très-tard, la plupart déjà usés.

Qui fait cela? C'est surtout la prudence des mères qui veulent un gendre bien posé. *Fonctionnaire* est pour elles synonyme de stabilité, — sur cette terre de révolutions! — *Notaire !* comme ce mot-là sonne bien à leur oreille! C'est pourtant le plus souvent l'homme d'avance obéré par l'acquisition de sa charge.

C'est ainsi que l'aveuglement de l'esprit de réaction, l'ignorance et la peur des femmes, font du peuple le plus aventureux de la terre le plus sottement timide, le plus inerte, le mollusque sur son rocher. L'Anglais, l'Américain, le Russe, ont la terre entière pour théâtre de leur activité. L'Anglaise trouve naturel d'épouser un négociant de Calcutta, de Canton. Elle suit son époux, officier, dans les dernières îles de l'Océanie. La Hollandaise, également acceptera un mari de Java ou de Surinam. La Polonaise ne craint pas, pour consoler l'exilé, d'aller vivre en Sibérie ; la persévérance de ces dévouements a créé, par delà Tobolsk, une admirable Pologne, qui parle mieux que Varsovie. Mais prenons l'Allemagne même, qui chérit tant l'intérieur ; vous la voyez se répandre au loin dans les deux Amériques. Partout où la famille est forte, elle en est plus voyageuse, sûre de porter le bonheur avec elle. L'amour crée partout la Patrie ; il l'étend, la multiplie. Avec l'amour l'homme a des ailes.

Vous seuls en Europe ignorez que, si l'on ne vous habille en soldats, vous êtes le peuple sédentaire, le peuple *prudent*. Vous traînez où vous naquîtes; mais on périt fort bien sur place, dans votre vie de loterie, dans vos tempêtes de bourse, et l'huître même y fait naufrage. Voilà votre *stabilité*, voilà les positions *sûres* pour lesquelles le mariage s'ajourne jusqu'à l'âge mûr, jusqu'à l'âge où la plupart, finis, n'ont plus que faire d'amour.

———

La Gaule et la vieille France furent le pays de l'espoir. On se fiait à l'avenir et on le faisait. On aimait, on épousait jeune. A l'âge où ceux-ci, éreintés, *font une fin* et prennent femme, on avait déjà depuis longtemps maison, famille et postérité.

Les enfants ne vivaient pas tous. Cependant ce peuple gai, amoureux et prolifique, a mis partout trace de soi. Nos Gaulois, aux temps anciens, avaient fait je ne sais combien de peuples en Europe et en Asie. Nos croisés du douzième siècle créèrent nombre de colonies. Nos Français du seizième et du dix-septième, par leur énergie, leur sociabilité facile, conquéraient le nouveau monde, et francisaient les sauvages. Qui arrête cela? Uniquement Louis XIV, qui, attaquant la Hollande, la donna à l'Angleterre, dès lors maîtresse des mers. Sans lui, nous aurions les deux Indes. Et pourquoi? Nous étions aimés; nous avions des enfants partout. Et les Anglais n'en ont nulle part (sauf un point, les États-Unis, où se porta, en corps de peuple, toute la masse des puritains).

———

Songez à tout cela, jeune homme. Et, sur le pavé de Paris, où vous avez tant de ressources d'idées, d'arts et mille moyens de vous faire un homme, orientez-vous un peu, observez de tous côtés. Embrassez d'un regard hardi, sage, et l'ensemble de la science, et la totalité du globe, la généralité humaine. Aimez, et aimez la même, une femme aimante et dévouée, qui vous aime d'un grand cœur et dans l'incertain de la destinée, et dans l'audace inventive de vos courageuses pensées.

Mais, monsieur, dit le jeune homme, veuillez comprendre pourquoi nous devenons si prudents, et d'une prudence de femmes. C'est que les femmes, les mères, nous font de telles conditions. Ces belles lois qui, dans les partages, les égalent à l'homme, les font riches et influentes, plus influentes que le père; car celui-ci peut n'avoir qu'une fortune engagée, en jeu, et hypothétique, tandis que

celle de sa femme, souvent gardée par un contrat,
reste à part. Voilà pourquoi elle règne et fait ce
qu'elle veut. Elle tire ses garçons du collége, pour
les mettre je ne sais où. Elle donne sa fille à celui
qui lui plaît. — Moi, par exemple, qui suis-je ? que
serai-je ? ou que ferai-je ? Je ne le sais pas encore.
Cela dépend d'une femme. Je suis favorisé de loin ;
mais, de près, si je vais montrer la moindre audace d'esprit, elle aura peur, cette mère, reculera,
gardera sa fille pour un homme *posé* et *rangé*. »

Il a raison, ce jeune homme. Une grande responsabilité, en ce moment, est à la mère. Elle a une
énorme puissance pour faire et défaire. Un mot
d'elle peut opérer une profonde transformation.
Le héros peut *se ranger*, devenir le *bon sujet*.
D'autre part aussi, sur ce mot, s'il lui affermit le
courage, un cœur jeune, amoureux, d'un seul
bond, peut devenir grand.

Vous êtes femme et jeune encore, madame, mais
déjà dans cette seconde jeunesse où augmente la
prudence, où bien des choses ont pâli, où l'on se dé-
fie de la vie. De grâce, n'imposez pas déjà tant de
sagesse à ceux-ci. N'exigez pas que ce jeune homme
commence par la vieillesse. Vous l'aimiez, vous
preniez plaisir à ses lettres enthousiastes. Eh bien,
acceptez-le lui-même, comme il est, jeune et chaleureux. Votre fille n'y perdra pas. Agissez un peu

pour elle. Consultez-la. Je parie qu'elle n'a pas tant peur que vous. Et, au fond, elle a raison d'être courageuse. Ces âmes-là, au premier essor, peuvent paraître excentriques par l'excès de leurs qualités. Mais il faut qu'il y ait *trop* pour qu'un jour il en reste *assez*. Mûries, bientôt elles arrivent à la véritable force. Ce sont elles qui, ménagées, donneront l'idéal humain, de l'énergie dans la sagesse.

———

Voici nos jeunes gens rapprochés. J'aimerais à m'arrêter sur ce moment ravissant, agité, inquiet. Au reste, cela ne se dit guère. On est toujours trop au-dessous. On n'en saisit que la surface, le joli débat, ce doux semblant de dispute où se joue l'amour. Il tient un peu de la guerre, et dans une foule d'espèces, on ne s'approche qu'en tremblant. Il en est ainsi de la nôtre. L'allure vive de la force étonne un peu la demoiselle. Et d'autre part, le jeune homme, pour peu qu'il aime vraiment, est dans une crainte extrême qu'on ne se moque de lui.

A tort. La femme, la vraie femme, est trop tendre pour être moqueuse. Notre demoiselle surtout, élevée comme on a vu, n'est nullement la bavarde, l'effrontée Rosalinde de Shakespeare; — pas davantage la rieuse étourdie, à tête vide, qu'on voit trop souvent ici. Sa censure badine est légère, une si douce petite guerre ne serait pas même sentie de nos jeunes gens à la mode. Mais celui-ci, moins blasé, s'émeut, frémit aux moindres choses. D'elle il ne supporte rien. Il se trouble, répond de travers. Il souffre. Et, au même instant, voilà qu'elle souffre aussi. Être sensible à ce point l'un pour l'autre, n'est-ce pas de l'amour?

———

L'amour, qu'est-ce? et comment vient-il?

Comme on a écrit là-dessus! et combien inutilement! Ni le récit, ni l'analyse, n'y sert, ni la comparaison. L'amour est l'amour, une chose qui ne ressemble à aucune.

Une comparaison ingénieuse est celle que fait M. de Stendhal, celle du rameau qu'on jette aux sources salées de Saltzbourg. Deux mois après, on le retire changé, embelli d'une riche et fantastique cristallisation, girandoles, diamants, fleurs de givre. Tel est l'amour jeté aux sources profondes de l'imagination.

La comparaison allait à son joli livre, ironique et sensuel, sur l'Amour. Le fond pour lui est fort sec; c'est une pauvre branche de bois, un bâton;

voilà le réel : et le reste serait le rêve, la broderie de vaine poésie, ue nous y faisons à plaisir.

Excellente théorie pour stériliser à fond le plus fécond des sujets. Théorie banale, en réalité, malgré le piquant de la forme. C'est toujours la vieille thèse : « L'amour n'est qu'illusion. »

L'amour ! je n'ai rien trouvé de plus réel en ce monde.

Réel, comme seconde vue. Seul il donne la puissance de voir cent vérités nouvelles, impossibles à voir autrement.

Réel, comme création. Ces choses vraies, qu'il voyait, il les faisait telles. Pour la femme, par exemple, il est si doux d'être aimée, que, quand elle s'en aperçoit, ravie et transfigurée, elle devient infiniment belle. Belle on la voit, mais elle l'est.

Réel, comme création double et réfléchie, où le créé crée à son tour. Ce rayonnement de la beauté que notre amour fait dans la femme, il agit et rayonne en nous par nos puissances toutes nouvelles de désirs, de génie et d'invention.

Comment le nommerons-nous? Qu'importe?... C'est le maître, le puissant et le fécond... Qu'il nous reste, et nous sommes forts. Lui de moins, sur cette terre, nous n'aurions rien fait de grand.

———

La surprise aide à sa puissance. Heureux, bienheureux le jeune homme si le hasard montre en
lui quelque beauté imprévue! Cela avance bien
ses affaires.

Exemple : on trouvait qu'à Paris notre homme
dépensait trop. Il se laissait accuser. On découvre
que sur sa pension, se réduisant au minimum des
premiers besoins, il nourrissait une famille pauvre. La demoiselle est attendrie. Elle parle peu ce
jour-là et n'ose le regarder.

De crime en crime, on découvre que ce coupable
jeune homme, tandis qu'on le pressait le plus de
se poser dans sa carrière par les premiers succès
d'école, qui de loin devaient amener le grand succès
d'établissement, s'est conduit comme l'ont fait le
grand peintre Prudhon et notre illustre physiolo-
giste, M. Serres. Tous deux, sans autre fortune
que leurs talents, dans un concours, s'ôtèrent le
prix à eux-mêmes, travaillèrent pour un concur-
rent. Prudhon envoya ainsi à Rome un rival qui,
sans lui, n'eût pu continuer ses études. Serres, au
concours de médecine, en 1813, ayant parmi ses
camarades un pauvre Anglais interné, qui ne recevait rien de chez lui et mourait de faim, imagina
de concourir pour lui, réussit contre lui-même, et
le fit ainsi placer élève à l'Hôtel-Dieu.

Un acte d'intrépidité, accompli dans un but humain, c'est encore un joli bouquet à offrir à celle qu'on aime. On n'a pas toujours ces hasards. Mais ils viennent à ceux qui sont dignes. Un homme tombé à la rivière, un incendie, un naufrage, cent choses en donnent l'occasion.

De tels actes emportent l'amour. Là, la femme est faible et très-tendre. Je confie cette recette à ceux qui ne sont pas aimés. Le seul moyen, c'est d'être beau. Du jour où luit cet éclair, elle reconnaît son maître, et elle se trouve sans force... A lui de n'en pas abuser.

———

Comment cela s'est-il fait? Je ne sais. Point de noce encore, mais il y a mariage.

Le père et la mère, amoureux de lui presque autant, l'ayant en si haute estime, respectent leurs tête-à-tête. Ils se fient... Ils ont raison.

Quelle sage conversation, quoique si tendre, si émue? Elle cause insatiablement de ménage et d'arrangement, des soins de la maison future; lui d'amour, des futurs enfants. Elle écoute, les yeux baissés, mais résignée, docilement. Elle n'a garde de l'arrêter et n'objecte pas un mot. Faut-il le dire? elle est si douce, elle paraît si soumise, que lui, il se trouble, est tenté de savoir au vrai ce

qu'il peut. La pauvrette pâlit fort. Elle ne lutte
pas, mais palpite, n'en peut plus, l'haleine lui
manque. Comment insister? Elle chancelle, s'appuie sur lui, et enfin s'assoit vaincue d'émotion :
« Épargne-moi, je t'en prie. C'est ta femme qui,
pour quelques jours, te demande grâce! » Elle
met les deux mains dans sa main. « Après ce que
tu as fait, je ne pourrais te résister. Mais tu me
ferais du chagrin... Tu vois qu'ils se fient à toi...
À toi seul. Ils m'ont vue si attendrie, qu'ils savent
bien que je suis faible... Sauve-moi de moi, mon
ami, défends-moi, protège-moi. Je ne me garde
plus moi-même. »

VI

TU QUITTERAS TON PÈRE ET TA MÈRE

Les adieux de Sakontala à la maison natale, à ses sœurs, à ses fleurs, aux oiseaux favoris, aux animaux chéris, ce n'est pas là une vaine comédie, c'est la nature humaine. On a désiré, et on pleure; on a compté les jours, et, le jour venu, c'est trop tôt.

Elle sent bien alors tout ce qu'il fut, ce nid qu'il faut quitter, combien suave et doux. Cette belle table de famille, cette couronne de jeunes frères et sœurs, qui l'adoraient, la faiblesse de son père, sévère pour tous et désarmé pour elle, une personne enfin, unique, attendrissante, la victime réelle en cette immolation, la pauvre mère, qui se contient si bien et ne pleure presque pas... Oh! c'est trop pour la jeune fille!

15.

Nul rêve de bonheur, nul mirage d'imagination, ne peut balancer tout cela. La veille encore à table, les yeux sur son assiette, elle ose les regarder à peine, de peur de se troubler. On descend au jardin. Elle, non. Sous quelque prétexte, elle reste, elle traverse de chambre en chambre cette maison de sa jeunesse qu'elle va quitter pour toujours. Elle dit adieu à chaque meuble, à toute chose amie, au piano, aux livres, au fauteuil de son père... Mais le lit de sa mère l'arrête... elle éclate en sanglots.

« Quoi donc! elle n'aime pas? » — Ne le croyez point. Non, elle aime. Chose bizarre, pourtant naturelle : au moment de le suivre époux, elle le regrette amant. La chambre où elle le rêva, la table où elle lui écrivit, entrent dans ses regrets. Les alternatives orageuses de son amour de tant d'années lui reviennent au souvenir. De son bonheur nouveau, elle jette un regard à ce monde de soupirs, de songes, de vaines craintes, dont se repaît la passion; elle en regrette tout, jusqu'aux douceurs amères qu'elle trouva souvent dans les pleurs.

Rien ne la touche plus que de voir ses amis d'enfance, personnages muets à qui l'on n'a rien dit, le chien, le chat de la maison, parfaitement informés de tout. Le chien la suit de longs regards; le chat, morne, immobile, a cessé de manger et reste sur son lit, ce petit lit de fille qui sera vide demain.

Ils ont l'air de lui dire : « Tu pars, et nous restons. Tu pars pour l'inconnu... Tu quittes la maison de la douceur et de la grâce, où tout te fut permis. Quoi que tu fisses, c'était bien ; quoi que tu disses, c'était beau. Ta mère, ton père et tous étaient suspendus à tes lèvres, recueillaient avidement tout ce qui t'échappait. Tes sœurs, comme raison suprême, alléguaient ta parole, tranchaient d'un mot : « Elle l'a dit. » Tes frères étaient tes chevaliers, t'admiraient sans mot dire, n'imaginaient rien au delà, n'aimaient dans les autres femmes que ce qui te ressemblait.

« Maîtresse! protectrice! douce nourrice! qui tant de fois nous faisais manger dans ta main! où vas-tu et que deviens-tu?... Tu vas donc avoir un maître. Tu vas jurer obéissance. Tu vas vivre avec l'étranger, avec celui qui t'aime... oui, un jeune homme fier et rude... Son énergique activité, tournée au dehors, que lui laissera-t-elle bientôt pour sa femme et pour le foyer? L'effort du jour le ramènera souvent triste le soir, souvent amer. Les désappointements, les non-succès, te reviendront en injustes caprices... Cette maison d'amour où tu vas, oh! que de fois elle sera plus sombre que ta chère maison paternelle! Tout était si serein ici!

Dès que tu riais, tout riait. Ta folâtre gaieté, ta fraîche jeune voix, ta bonté à faire tous heureux, cela faisait un paradis, une maison de béatitude. Tout était amour, indulgence; tous étaient enhardis de toi... Car ton père et ta mère n'avaient pas le courage de gronder les enfants, ni nous... Le chien le savait bien, à certaines heures, que tout était permis. Le chat le savait bien. A tels moments d'effusion, au dessert de famille, nous nous glissions, nous étions de la fête... Et tes oiseaux venaient, battant des ailes, cueillir à ta lèvre un baiser. »

————

La femme est née pour la souffrance. Chacun des grands pas de la vie est pour elle une blessure. Elle croît pour le mariage; c'est son rêve légitime. Mais cette *vita nuova*, c'est l'arrachement de son passé. Pour donner à l'amour l'infini du plaisir, il faut qu'elle souffre en sa chair. Combien plus, grand Dieu! quand bientôt l'autre époux, l'autre amant, l'enfant, plus cruel, du fond de ses entrailles, reviendra déchirer son sein!... Est-ce tout? Nos aïeux eurent ce proverbe sombre : « Mal de *mère* dure longtemps! » *Mère* voulait dire matrice, et le sens du proverbe, c'est que la pauvre femme, après la torture et les cris de l'accouchement, n'en est pas quitte, que la maternité, de fatigue et d'inquiétude, de chagrins, de douleurs, la suit et la suivra; — bref, qu'elle accouche toute la vie.

Quel jour, à quel moment mène-t-on la victime à l'autel?

Que nous importe? dit le législateur. — Que nous importe? dit le prêtre.

L'astrologue du moyen âge disait : « Il importe beaucoup. »

Lui seul avait raison.

Mais ce jour, comment le choisir? Il mettait des lunettes, et regardait au ciel, ne voyait rien, puis décidait.

Ce qu'il faut regarder, c'est la femme elle-même, la chère créature qui quitte tout, qui souffre et se dévoue. Il faut aimer, vouloir qu'elle souffre moins de son sacrifice. S'il était un jour, une semaine, propices et doux, choisissons-les.

Qu'on me permette de m'arrêter ici, et de demander comment il se fait que les innombrables auteurs qui ont traité de l'amour et du mariage ne se soient jamais occupés de ces questions. Mais c'était justement le fond de leur sujet, tout au moins le point de départ nécessaire sans lequel ils ne pouvaient parler, raisonner qu'au hasard.

La nature, heureusement, ne se fie pas à nous pour les grandes fonctions de la vie qui la conservent. Elles s'accomplissent d'instinct et comme sous l'empire du sommeil. Notre chimie physiologique, si prodigieusement compliquée, va son chemin sans demander conseil. Il en a été ainsi de la perpétuité de l'espèce humaine, opérée par l'amour et le mariage, par la constitution de la famille. Tout cela n'a presque en rien changé, et l'homme est resté, pour ces grandes choses essentielles, dans la ligne raisonnable. La déraison ne s'est trouvée que dans les hauts esprits, les hommes de pensée et d'autorité, dans les guides de l'espèce humaine.

Exemple les économistes, les profonds politiques, qui se sont figuré pouvoir réglementer l'amour, retarder ou précipiter le cours de la fécondité. Pas un ne s'est informé de ce que c'est que fécondation. Ils ignorent que l'on a tranché la thèse Malthusienne, où ils vont toujours à tâtons.

Exemple les théologiens, qui ont si merveilleusement éclairci la Conception sans connaître ce que c'est que conception. Exemple les casuistes, qui ont si parfaitement dirigé, purifié la vie conjugale, sans savoir ce que c'est que le mariage.

Ajoutons les littérateurs, ceux qui, dans tant de livres éloquents, ont discuté le droit et le fait, accusé ou la femme ou l'homme, pesé la question de la supériorité d'un sexe sur l'autre. Notre grand romancier, cette femme d'admirable puissance ; notre grand discuteur, cet homme de bras fort et terrible, qui, secouant le pour et le contre, fait partout jaillir l'étincelle, le monde les contemple en ce grand plaidoyer. N'est-il pas étonnant qu'aucun des deux n'ait descendu au fond du sujet même, à la base inférieure, d'où pourtant fleurit tout le reste?

Inférieure? Rien n'est inférieure. Laissons là ces vieilles idées d'échelle, et de haut et de bas. Dieu est sphérique, a dit un philosophe. Le ciel est sous nos pieds autant que sur nos têtes. Jadis, on méprisait l'estomac, pour relever le cerveau. On a trouvé (1848) que le cerveau digère ; sans lui, du moins, on ne fait pas le sucre, qui seul permet de digérer.

———

Pour revenir, avant 1830, où l'on posa le fait de l'œuf, de la crise d'amour, la théorie ne disait que sottise. Avant 1840, où la loi fut posée, et

les temps féconds indiqués, toute pratique fut
aveugle. L'observation persévérante des grands
anatomistes, l'autorité de l'Académie des sciences
(vrai pape en ces matières), enfin l'enseignement souverain du Collège de France, de 1840
à 1850, imposèrent à l'Europe ces découvertes,
acceptées désormais comme article de la foi humaine.

Que la science est venue à temps! La médecine,
en présence du fléau du siècle (l'universalité des
maladies de la matrice), après avoir usé en vain des
brutalités de la chirurgie, bégayait, tournoyait.
L'ovologie vient au secours. C'est la profonde étude
des fonctions qui doit ouvrir la voie pour comprendre les altérations. Et qui sait? les premières,
doucement veillées par l'amour, peut-être prévien-
draient les secondes.

Pardonne-moi, jeune homme, ces discours sérieux à l'heure où, sans nul doute, ton cœur a bien
d'autres pensées. Mais, mon ami, l'amour est inquiet. Pour toi, pour elle, je voudrais, de ton
ciel poétique, te ramener au réel. Et le réel, c'est
elle; donc c'est le ciel encore. Il s'agit d'elle, et de
votre avenir. Quand la santé, la vie de ce cher
objet est en jeu, ce n'est pas toi qui nous re-
procheras un excès de sagesse et de tendres précautions.

N'est-ce pas un obstacle à faire songer que de
voir tout autour de nous la femme, jeune et charmante, frappée dans l'amour même, condamnée
aux refus, aux fuites involontaires, ou (contraste
odieux) donnant le plaisir dans les pleurs? Déso-
lante situation, qui de bonne heure assombrit le
mariage, et bientôt le supprime; qui fait craindre
la génération. On frémit d'engendrer, quand on
sait qu'aux épreuves de la maternité le mal s'aigrit,
s'aggrave. Aux épanchements les plus tendres des
cœurs qui ne font qu'un, apparaît un tiers, la douleur, l'effroi de l'avenir (et la mort!) entre deux
baisers.

Ce fléau marqua moins jadis, d'abord, parce
qu'on mourait plus vite et qu'on comptait moins la
douleur; mais aussi pour une autre cause. La
femme, nullement affinée, vivant moins de vie cérébrale, pouvait réagir davantage physiquement
contre les chagrins et contre les mauvais traite-
ments. J'appelle ainsi surtout ce que doucereuse-
ment on nomme empressements amoureux, mais
qu'il faut mieux nommer, les exigences de plaisir
égoïste qui veut trop, qui veut mal et ne s'informe
pas des temps ni des souffrances. — Celle-ci, faible
et délicate, ressent tout et profondément. Il n'y a
pas à rire ici. Il faut une sérieuse attention, c'est-à-
dire un amour de tous les moments. Ce que je di-

rais à la mère, je le dis bien plus à l'amant.

Plus fragile au fond que l'enfant, la femme demande absolument qu'on l'aime *pour elle*, qu'on la ménage fort, et qu'on sente à toute heure qu'en serrant trop on n'est bien sûr de rien. Cet ange adoré, souriant, florissant de vie, souvent à la terre il ne tient que du bout de l'aile ; l'autre déjà l'emporte ailleurs.

———

Ne demandons pas à l'ignorance du passé ce que l'on peut faire dans ce grand intérêt, si cher ! Il ne sait et ne dira rien. A la science seule de répondre, à l'amour seul d'exécuter.

La science dit d'abord une chose simple : qu'il faut aimer *à l'heure de celle qu'on aime*, sans rien précipiter, laisser les choses se faire, se succéder dans l'ordre naturel, n'en faire qu'une à la fois, craindre toute congestion et toute irritation durable,

Dès lors on sait le vrai moment légitime et sacré, où doit se faire le mariage. Dans un mémoire que l'Académie des sciences a couronné, autorisé de sa haute approbation, il est dit *qu'on ne doit marier la jeune fille que dix jours après le travail de l'ovulation*, c'est-à-dire dans la semaine calme, sereine et

stérile qu'elle a entre les deux époques. (Raci-
borski, 1844, p. 133.)

Cette excellente observation, humaine autant
que raisonnable, n'est point de pratique empirique.
Elle est hautement scientifique. Elle dérive des
faits établis, des lois formulées de l'ovologie. Elle
en est la déduction naturelle. Elle aussi, elle restera invariable, comme loi naturelle et nécessaire
du mariage.

Rien de plus sage en effet. Il faut prendre le moment stérile, dit l'auteur, parce qu'elle souffrirait
trop d'être enceinte dès le premier mois. Quelle
dureté ne serait-ce pas de faire coïncider pour elle
trois malaises et trois douleurs : l'indisposition
mensuelle, l'initiation du mariage, et l'ébranlement
d'une première grossesse !

« La mère y pensait, » dira-t-on. Point du tout.
Elle laissait passer l'époque, mais la mariait souvent trois ou quatre jours après, c'est-à-dire précisément lorsque la femme est plus féconde. Tout
d'abord elle était enceinte.

Les dix jours pleins qu'on surajoute lui seront
un bienfait. La science se met ici entre elle et la
passion impatiente, la garde dans les bras de sa
mère, et mieux que celle-ci ne faisait.—Ainsi, toute
grande découverte, toute grande vérité, qui d'a-
bord n'est qu'une lumière et ne parle qu'à la rai-

son, ne tarde pas à aboutir aux touchants résultats pratiques qui en font une chose de cœur.

———

A chaque jour suffit sa peine. Assez d'un travail à la fois. Dispensez, je vous prie, la mariée, dans une telle journée, de ces bruyants repas des noces de province, où les sots voudraient l'étouffer. Ils diront, si elle ne mange : « Voyez-vous! elle est triste... On la force... Elle n'aime pas beaucoup son mari. »

Je vois que le bon sens de nos aïeux voulait, tout au contraire, qu'elle ne vînt à cette épreuve de séparation et de larmes, de douleur morale et physique, que maternellement préparée, bien détendue, fraîche et légère, d'autant moins vulnérable.

Les rites et les symboles du mariage sont bien incomplets jusqu'ici. Ils s'occupent surabondamment d'enseigner au faible qu'il est faible, donc qu'il doit être dépendant. Il serait bien plus instructif, plus original, plus humain, d'enseigner au fort qu'il ne doit pas ici se montrer fort, lui inspirer, à ce moment, les ménagements et la compassion. « L'amour y pourvoira, » dit-on. Mais c'est tout le contraire, il change étrangement, avouons-le. A certaines heures, une bête sauvage rugit d'impatience en l'homme, la férocité du désir.

Les médecins commencent à soupçonner que la précipitation, l'insistance aveugle (faut-il le dire? l'orgueil cruel) sont très-souvent la première cause d'irritations durables, d'inguérissables congestions. — « Inguérissables? » belle demande! Comment guérirait-on, si chaque jour revient aggraver?

Qu'une seule chose te soit présente à ce moment si décisif, la chose pieuse, la chose religieuse, et le souverain exorcisme qui chassera le diable plus qu'aucune formule. C'est le mot des jurisconsultes : « Mariage, c'est *consentement*. »

Ce ne serait pas grand'chose de t'en souvenir à midi, si tu ne t'en souviens pas le soir, à l'heure émue où ton trouble est si grand. C'est alors, c'est alors qu'il faut t'en souvenir : « Mariage, c'est *consentement*. »

Je t'aimerais bien si, la veille, tu avais l'esprit d'y penser, si, mettant de côté l'orgueil et ses sottises, consultant l'amour et le cœur, pensant à ta pauvre petite, tu te fusses entendu avec la mère, qui, sans toi, n'ose rien vouloir. Il faut adoucir, assouplir ces épines, sinon les aplanir. Le rite compatissant de l'Inde parle ici comme nos médecins.

La fille de France est rieuse, moqueuse parfois à

nos dépens, mais en même temps la plus nerveuse
de toute la terre, si prenable d'imagination! Elle
devrait ne pas craindre celui dont elle est maîtresse absolue. Et pourtant elle frémit. Cela va à ce
point que, n'y eût-il presque aucune difficulté, il y
en aurait encore par la constriction de l'esprit.
Les hommes, si égoïstes et ne pensant qu'à eux, se
sont plaints très-souvent de la sorcellerie, qui,
disent-ils, paralysait tout. Mais les frayeurs de
femme, plus vraies, vous ne les comptez pas? Il
faudrait remettre l'esprit, c'est le grand point. Il
faudrait être patient, magnanime, et vouloir...
non pas contre soi-même, mais pour deux... vouloir qu'elle aussi elle fût heureuse; la consulter,
lui obéir, et désirer ce doux triomphe : que la douleur ne déplût pas.

Heureux qui sait préparer son bonheur! qui le
veut libre et désiré, se fie à la tendresse, à la bonne
nature! Adorateur sincère, de dévotion vraie, il
honore les abords du temple, il en couvre l'accès
d'une tendre et patiente insistance. D'elles-mêmes,
pour lui, elles vibreront, les portes saintes. Du
dieu qu'on croit si loin, la vive étincelle est au
seuil.

Dans un état plus haut, plus avancé, où nous arriverons, on comprendra pourtant que cette douce initiation vaut surtout par la voie nouvelle qu'elle donne pour aller au cœur, qu'elle n'est qu'un degré des progrès que l'amour fait dans la conquête successive de l'objet aimé. Ces progrès, en toute union sérieuse, ont précédé de loin la fête qui en est la proclamation. Le mariage d'âmes doit exister long-temps avant la noce, pour continuer après et augmenter de plus en plus.

Effaçons de la langue ce mot immoral et funeste : consommation du mariage. Celui-ci, état progressif, n'a sa consommation que dans l'ensemble de la vie.

La noce est le moment public de cette longue initiation. Utile, indispensable, comme garantie, elle a souvent, comme fête bruyante et éclatante, un très-mauvais effet, de faire tort au mariage. Ce bruit fait croire qu'un jour a tout fini, et que l'amour a tout donné. Les lendemains sont ternes et froids. La fête a le tort de dater ce qui devrait être éternel.

Non, même à ce moment divin, sache bien qu'il n'est tel que parce qu'il ne consomme rien, ne finit rien ; il est divin, parce qu'il commence. La douce idole s'est donnée en ce qu'elle a pu ; donnée en t'acceptant d'amour ; donnée en disant qu'elle est tienne ;

donnée en ouvrant à ton plaisir une des profondes
portes de l'âme. Mais cette âme est tout un royaume
de délices qu'il faut maintenant parcourir. Le monde
de découvertes à faire qui est en elle et qui t'attend, comment le saurais-tu d'avance? Elle ne le
connaît pas elle-même. Elle veut seulement de passion que tu en sois maître et seigneur. Possédée,
elle sent d'instinct qu'elle peut l'être bien davantage. Elle fera ce qu'elle pourra, pour que cette
mer insondée de sentiments vierges encore, de
chastes et délicats désirs, tu la pénètres tout entière par l'infini des sens nouveaux que va créer en
toi l'Amour.

VII

LA JEUNE ÉPOUSE. — SES PENSÉES SOLITAIRES

Au livre de *l'Amour*, j'ai marqué les grands traits extérieurs de la situation. Ici, je voudrais davantage : observer la femme elle-même, elle surtout qui eut de fortes racines de famille, et que le mariage le plus désiré déracine pourtant du sol où par mille fibres elle était engagée. Passage dramatique. Des parents regrettés à l'époux adoré, elle passe, non pas hésitante, ni combattue, mais déchirée. Aime-t-elle moins ? Infiniment plus, de toute l'étendue de son sacrifice. Elle se donne avec sa douleur, et, d'un amour immense, d'une foi sans réserve, lui met en main son cœur sanglant.

Je ne sais si cet homme éperdu de bonheur conserve assez de lucidité pour sentir tout cela. Mais, pour moi, je ne connais aucun spectacle plus touchant que cette fille émue (faut-il dire vierge ou femme?) qui tout à coup se trouve transplantée hors de ses habitudes et de tout son monde connu, dans une autre maison. — C'est, ce sera la sienne. Mais encore faut-il bien qu'elle en prenne connaissance. Jusque-là, tout est étranger. Elle ne sait où tout pose. Chaque meuble neuf lui rappelle le bon vieux meuble de famille qu'elle a laissé là-bas. Son mari, il est vrai, de sa vive personnalité, de sa jeune chaleur, de sa charmante ivresse, illumine et réchauffe tout. Mais, quoi qu'il fasse, il n'est pas toujours là. Qu'il s'absente un moment, tout change, tout paraît vide et solitaire.

L'autre maison, dans sa grande harmonie d'affections multiples, père, mère, frères, sœurs, serviteurs, animaux aimés, était un monde tout fait. Et ceci est un monde à faire. Heureusement, il est ici, l'ardent, le puissant créateur, le vivificateur : Amour.

Il est jaloux. « Si vous voulez, dit-il, créer, commencer avec moi ; si vous voulez que, de mon aile, je vous porte dans l'avenir, ne me liez pas de ce fil trop fort, trop chéri, du passé. La première loi du drame, l'*unité d'action*, c'est la première loi dans la vie. N'espérez rien de fort que ce qui sera simple.

« Bien fou qui croit le cœur immense, qui croi

qu'en partageant, chaque part est toujours un entier! Que sera-ce de toi si elle est toujours là, cette
mère plaintive, je ne dis pas jalouse, avec qui ta
femme vivra, à qui tout le jour elle se confiera?
Qu'un nuage vous vienne, elle en parle et reparle;
elle se console par sa mère; le nuage prend corps,
subsiste à l'horizon. Autrement, c'est toi-même,
c'est l'amour, c'est la nuit qui seul aurait tout
dissipé...

« Et ses frères, crois-tu donc qu'ils ne soient pas
un peu jaloux de l'homme qui enlève celle qui fut la
joie de la famille, son charme attendrissant? Jeunes
et pures émotions, non condamnables, certes. Mais
cela même fait le lien plus fort, plus naturelle l'hostilité secrète. L'intime génie de la famille, un moment éclipsé, peut revenir plus tard. Avoir grandi
ensemble! avoir tant de souvenirs communs! pouvoir se dire (entre eux) mille choses de rien, si pré-
cieuses pourtant et si chères, dont tu n'as pas eu
connaissance, c'est un demi-mariage. Le passé a
cela de fort, de dangereux, qu'embelli par le temps,
par les pertes et les regrets, par les douces larmes
qu'on lui donne, il est cent fois plus cher que quand
il était le présent. La sainte lueur du foyer commun, du berceau où ensemble ils dormirent, s'é-
veillèrent ensemble, elle ramène toujours les regards en arrière. Le cœur est double et partagé. La

tradition, l'antiquité, la pensée rétrograde combattront l'amour heure par heure...

« Nature dit : En avant !... Enlève donc ta femme ! Sans rompre ses liens de famille, vis avec elle à part. Plus sa famille est loin, plus ta femme est à toi. Plus aussi tu s ce devoir, ce bonheur, d'être tout pour elle. Tu ne peux pas la négliger. Tu es son père, et jour par jour tu engendreras son esprit. Tu es son frère pour la soutenir de causerie amicale et de douce camaraderie. Tu es sa mère pour la soigner en ses petits besoins de femme, la caresser, la gâter, la coucher. Sous ta main maternelle, autant que conjugale, elle croira, souffrante, retrouver son berceau. Et, par toutes ces choses minimes, humbles, enfantines, enveloppant la chère enfant, tu l'élèveras d'autant plus avec toi aux aspirations de l'avenir. »

—————

Cela est un peu dur, mais vrai, mais grave. C'est la loi même du mariage. Donc, elle aura des heures de solitude. Elle en a, dès le lendemain. Car, comme on se croyait dans la sécurité du plus doux tête-à-tête, voici le médecin, intime ami commun, qui force la consigne et voudrait emmener l'époux. Il prétexte cent choses vaines, certaine affaire à lui, pressée et importante, où le mari seul peut l'aider. Celui-ci le maudit, et il le suit pourtant. Elle est si raisonnable, que, même en un tel jour, elle ne voudrait pas que l'on manquât à l'amitié. En réalité, c'est pour elle qu'on agit en ceci. Un usage antique et fort sage, c'était de laisser respirer un peu la mariée. Plût au ciel qu'on pût obtenir les trois jours d'abstinence que jadis on leur imposait (sauf échappées furtives)! L'amour reprenait force et croissait de désir. Et elle, elle avait le temps de se remettre. La bonne nature répare vite, adoucit, raffermit. A quelle condition pourtant? Qu'il y ait un peu de repos.

L'amour n'y perdait pas. On le voit au Cantique des cantiques. Car la vierge dolente, dès qu'elle n'était plus assiégée et persécutée, languissait d'être déjà veuve, voulait qu'il revînt à tout prix. Élan naïf et si touchant !... Elle était bien paisible jusque-là, cette chaste fille. Et pourquoi l'avez-vous troublée ? Ne riez pas, méchant ! mais aimez, adorez... La voilà éperdue (dans ce poëme ardent de Syrie) qui se lève la nuit, court le chercher dans les rues sombres, au risque de mauvaises rencontres... Protégez-la, conduisez-la. Ramenons-le plu tôt, cet époux... Ah ! qu'il est heureux ! On ne se plaindra plus. La douleur de l'absence rendrait douce toute autre douleur.

Pour revenir à celle-ci, qui ne court pas les rues
la nuit, la voilà pour la première fois seule dans sa
nouvelle maison, en présence de sa pensée. Elle se
recueille religieusement. Elle couve ce prodigieux
rêve, et s'en reproduit les détails. Elle revient à son
mari, si tendre, si généreux, si bon ; et ses yeux
en sont moites. Elle repasse sa douceur, sa patience,
son infinie délicatesse, telle mystérieuse circon-
stance, et elle rougit... Parfois, il lui vient en esprit
que tout cela est une illusion, un songe, et elle a
peur de s'éveiller. Mais non, le doute est impossible. Un signe fort sensible le lui rappelle assez, un
signe qui ne passera pas : « Tant mieux ! c'est pour
toujours, dit-elle (ce pénétrant bonheur, aiguil-
lonné d'épines, lui parle de moment en moment)... Tant mieux ! je suis sa chose, marquée
de son amour... C'est fait... Dieu n'y pourrait plus
rien. »

Si fière avant ! et si digne toujours ! Elle est
femme pourtant, elle est tendre, elle s'attache
parce qu'elle souffre, veut appartenir et dépendre ;
elle savoure solitairement les humilités de la passion. Si les épines durent, elle s'exalte encore plus
par la difficulté et le devoir. C'est comme la mère
blessée en allaitant, et qui veut allaiter. Un étrange
combat se fait, où celui qui désire résiste au dévouement. S'il est fort, magnanime, s'il se prive,

à force d'amour, oh! son cœur fond, à elle, et,
dans son attendrissement, elle paye surabondamment de caresses, de baisers, de larmes, et le comble, et l'enivre. Elle ne compte plus avec lui, se
donne en cent choses charmantes, bref, rend la
sagesse impossible. Le vertige l'emporte. Il prend
dans le remords la volupté amère. Mais n'ayant de
l'amour que le côté sublime, elle, dans la douleur,
elle goûte la divine unit

Situation nullement rare, qu'une fatalité sensuelle ne prolonge que trop, parfois des semaines
et des mois, au grand péril de la victime dévouée.
L'un en est attristé, humilié, plein de regrets, et
n'en pèche pas moins. L'autre est fière et pure,
courageuse; mais elle exige qu'on ne consulte pas.
Le seul remède qu'on n'ose dire serait, si le mari
est militaire, marin, un ordre de départ, les arrêts
pour un mois, que sais-je? Mais quel serait le désespoir! Au premier mot d'absence, elle éclate,
elle pleure... « Que je meure! peu importe! C'est
mourir que de te quitter.

Elle est bien haut en tout ceci ! avoue-le, mon ami. Mais de toi ! je ne sais que dire. Je te plains, pauvre serf du corps, je plains notre nature esclave.

Elle, combien noble et poétique ! C'est la poésie du ciel qui est tombée chez toi. Puisses-tu le sentir, et l'entourer d'un digne culte !... Cette frêle et ravissante émanation d'un meilleur monde, elle t'est remise, pourquoi ? Pour te changer et te faire un autre homme. Tu en as grand besoin. Car, franchement, tu es un barbare. Civilise-toi un peu. A ce contact si doux, tu réformeras les dehors. A cet amour si pur, tu sanctifieras le dedans.

Hier encore, tu étais dans une société d'amis bruyants et de plaisir sans gêne, et te voilà avec ta jeune sainte, ta vierge, ta charmante sibylle, qui sait, comprend, devine toute chose, entend l'herbe pousser sous la terre. Elle a toujours vécu à un foyer si harmonique, doux et réglé, silencieux. Ta force jeune, ta vivacité mâle lui plaisent fort, mais l'ébranlent. Ton pas résolu, ton allure un peu brusque en fermant portes et fenêtres, étonnent son oreille. Sa mère allait si doucement ; son père parlait peu, à voix basse. Ton éclatante voix, de timbre militaire, bonne pour commander des soldats, au premier jour, la faisait tressaillir, je ne dis pas trembler ; car elle souriait tout de suite.

Adoucis-toi pour ta douce compagne. Elle veut

l'être en tout. Elle veut t'aider et te servir, être ton jeune ami, dit-elle. Elle est cela, mais autre chose encore de faible et de tendre qu'il faut d'autant plus ménager qu'elle ne veut pas de ménagement. « Moi délicate ? nullement. Moi malade ? jamais. » Elle dit à sa mère : « Tout va bien. » Un jour par mégarde, très-pressé de sortir et retardé par elle, par le soin excessif qu'elle a de ta toilette, tu as parlé trop fort, voilà le pauvre cœur qui s'est gonflé, et, je ne sais comment, il est venu une larme... Justement, sa mère arrivait. Surprise, elle s'accuse : « Non, maman, ce n'est rien... Il m'a corrigée ; j'avais tort. »

———

Le travailleur, forcé de s'absenter de longues heures, trouve à cette tristesse la belle et délicieuse compensation d'être tellement attendu, désiré. Qu'elle est touchante, ici, la tienne ! et quel malheur qu'alors tu ne puisses revenir te cacher, assister à son agitation, surtout aux dernières heures. Comme alors tu lirais sur son visage candide, dans ses yeux si parlants, tout ce qu'elle au cœur pour toi !... Elle n'a besoin de rien dire ! J'entends tout : « Que n'est-il là ; il y a si longtemps qu'il est parti !... Il va rapporter quelque chose ! des nouvelles, de quoi m'amuser !... Oh ! c'est lui que je

veux! l'entendre monter l'escalier, vite et fort,
comme il va toujours!... En un moment tout va
être changé, la maison pleine de rire et de gaieté.
Tout tremblera de joie. La table, le foyer, tout rira
de lumière. Grand appétit, récits rapides ! Son couvert sera là... Non, mieux ici ! Voilà bien son mets
favori, le nôtre, à nous deux seuls (Fido n'en aura
pas), un baiser par bouchée... Si le feu m'endor-
mait, ou si je faisais semblant, lui qui ne dort jamais saura bien m'éveiller... J'ai la coiffure qu'il
trouvait si jolie... Mais j'ai tort. S'il est fatigué?...
ou bien, s'il allait dire que je l'ai prise exprès pour
la nuit?... Je serais si honteuse ! »

Voilà ses naïves pensées, que peut-être j'aurais
dû taire... Il est quatre heures, et l'on t'attend pour
six ; mais déjà elle ne tient plus en place. Elle va,
vient, regarde le soleil, se met à la fenêtre: « Qu'est-
ce ceci ? le jour baisse, et mes fleurs voudraient se
fermer. Les fumées montent des toits... Ces gens-
là sont heureux ; ils sont rentrés déjà, les familles
réunies... Que fait-il donc et où est-il ?... »

Par malheur ce jour-là, un obstacle imprévu,
invincible t'arrête... Sept heures sonnent... Oh! que
le flot monte! quel torrent d'imagination, de tristesse
et de songes !... Sa douceur naturelle en est même
ébranlée. Une larme d'impatience lui vient, et (le
croirai-je !) elle a frappé du pied. Déjà dix fois, vingt

fois, la table et le feu, retouchés, améliorés, per-
fectionnés, ne font pas revenir le maître. L'inquiétude est au comble, et le pouls bat bien fort...

Mais l'escalier a retenti. De trois marches en
trois marches, un jeune homme s'élance. Elle
aussi... Comme un autre saurait se contenir, se
faire valoir, attendre !... Mais la pauvre petite n'attend rien et se précipite, se noie dans ton baiser
et s'évanouit dans tes bras.

VIII

ELLE VEUT S'ASSOCIER ET DÉPENDRE

J'ai entendu un jour un joli mot de paysan :
« Voyez ! il n'y a que huit jours qu'ils sont mariés,
ils sont *déjà* si amoureux ! »

Ce *déjà* est charmant. Il exprime une chose bien
vraie, profondément humaine : qu'on s'aime à mesure qu'on se connaît mieux, qu'on a vécu ensemble et beaucoup joui l'un de l'autre. Il étonnera les
blasés, les malades et les fatigués. L'estomac dé-
rangé s'imagine toujours devoir changer de nourriture ; il les trouve toutes insipides et n'en a pas
plus d'appétit. Plus sain, il sentirait que le même
n'est jamais le même ; quand le goût a sa rectitude
naturelle, il perçoit à merveille de délicates nuances
dont cette nourriture identique est incessamment
diversifiée.

Si cela est vrai du goût, du plus grossier des sens, combien davantage du plus fin, et du plus multiple, l'amour ? Dans les espèces supérieures, tous sentent que l'on varie bien plus par les renouvellements, les métamorphoses d'une seule, que par l'essai brutal d'une infinité de femelles. Pour l'homme, l'amour est un voyage de découvertes, en un petit monde infini, et qui reste infini, étant toujours renouvelé. C'est (pour tout dire d'un mot), de mystère en mystère, l'éternel approfondissement de l'objet aimé — toujours nouveau et toujours insondé ; pourquoi ? Parce qu'on y crée toujours.

Les premiers temps sont de vertige, d'aveugle élan ; oserai-je le dire ? c'est un temps d'histoire naturelle. Dans ces premières morsures au fruit de vie, on n'en sait guère le goût. L'objet aimé serait bien humilié s'il gardait assez de sang-froid pour voir ce qui est vrai, malgré tant de belles paroles : combien le sexe compte dans cet éblouissement, combien peu la personne. C'est à mesure qu'on expérimente celle-ci davantage qu'on peut apprécier, savourer cette personnalité distincte, aimante, aimée, cette femme que sa préférence pour nous fait supérieure à toute femme. On l'aime en elle et pour le plaisir qu'elle donne et pour tous ceux qu'elle a donnés ; on l'aime comme son œuvre, sculptée de soi et imprégnée de soi ; on l'aime pour ce haut attribut de l'amour : qu'en sa brûlante crise il n'ait plus son vertige, ni son obscurité, mais sa clarté parfaite, sa révélation lumineuse.

———

« On aime, disent-ils, *parce qu'on ne se connaît pas encore*. Dès qu'on connaît, on n'aime plus. »

Qui donc connaît ? je ne vois dans le monde que des gens qui s'ignorent, qui dans la même chambre vivent étrangers l'un à l'autre : qui, maladroits, ayant manqué d'abord le côté par où ils auraient pu se pénétrer, restent découragés, inertes, stupidement juxtaposés, comme une pierre contre une pierre. Qui sait ? la pierre frappée eût donné l'étincelle, et peut-être l'or ou le diamant.

C'est encore une diction : « Le mariage fait, adieu l'amour. »

Le mariage ! et où est-il ? je ne le vois presque nulle part. Tous les époux que je connais ne sont presque pas mariés.

Ce mot de mariage est élastique. Il admet une immense latitude thermométrique. Tel est marié à vingt degrés, tel à dix, et tel à zéro. Spécifions toujours, et disons : « *De combien* sont-ils mariés ? »

———

Tout dépend des commencements. Et il faut avouer qu'en général la faute n'est pas aux femmes. Les demoiselles vraiment neuves, que la confession, le roman et le monde n'ont pas trop mûries, avancées, apportent au mariage un luxe admirable de cœur, de docilité instinctive, de bonne volonté. Elles ont une attente immense de la vie où elles entrent. Celle qui, près de ses parents, a bien étudié, travaillé, et semble savoir tout, elle veut tout apprendre par son mari. Et elle a bien raison. Tout va lui revenir dans un degré nouveau de vie et de chaleur. Elle avait reçu tout cela passivement, comme chose inerte et froide, et elle va le saisir actif dans l'électricité brûlante, par cette aimantation unique où se mêlent le corps et le cœur.

Et notez que le père ne pouvait mieux faire. S'il eût donné une empreinte plus forte, il eût manqué son but. La destinée inconnue, imprévue, de la fille, c'était justement ce futur mari. Il ne fallait donc pas que son éducation fût trop définitive, mais un peu élastique. Donc la famille est hésitante. La mère, souvent, d'ailleurs, traîne encore quelque peu dans les vieilles idées surannées qui ne seront plus celles d'aucun jeune homme. Le père, plus arrêté sans doute, n'a pu fixer sa fille sur bien des choses difficiles et scabreuses où le cœur, les sens, sont en jeu. Que de points de morale et que de faits d'histoire il lui a montrés de profil ! A l'époux seul d'expliquer tout.

Ce vague, cet incomplet des traditions de la famille, l'hésitation et le flottant qu'il y a dans cette vie et ces paroles de vieillards, c'est de cela justement que la jeune femme a besoin de sortir. Elle veut un homme qui décide, qui ne soit pas embarrassé, qui croie, agisse ferme et fort, qui, même aux choses obscures, pénibles, ait la sérénité, la bonne humeur d'un courage invariable. Elle trouvera plaisir, ayant un homme, à pouvoir être une femme, à avoir pour sa foi, sa vie, un bon chevet (je ne dis pas trop mou) où elle s'appuie en confiance. A ce prix-là, de bien bon cœur, elle dit : « C'est mon maître. » — Son sourire fait entendre : « Dont je serai maîtresse. » Mais maîtresse en obéissant, jouissant de l'obéissance, qui, quand on aime, est volupté.

———

Je ne sais plus quel législateur indien défend à la jeune femme, amoureuse, étonnée, de regarder trop son mari.

Et que veut-on qu'elle regarde? c'est son livre vivant, lumineux, net, où elle veut lire couramment et ce qu'elle croira, et ce qu'elle a à faire.

Qu'elle en sera heureuse! quelle foi sans limite, quelle passion d'obéissance, elle apporte aux commencements! La fille t'éludait. On peut voir dans les chants de la Perse moderne, dans le chant provençal (voy. Mireille), comme elle fuit par toute la nature, prend cent formes pour se faire poursuivre. Mais, une fois atteinte, blessée, devenue femme, loin de fuir, elle suit, veut suivre son vainqueur; elle veut être prise encore plus. Et cette fois elle ne ment pas. Dans cet effort naïf et si touchant, elle ne craint que d'être importune, va derrière, pas pour pas, et dit : « J'irai partout. » Invente, si tu peux, un monde difficile et nouveau; elle t'y suit. Elle se fera élément, air, mer, flamme, pour te suivre dans l'infini. Mieux encore, elle sera toute énergie de vie qui puisse se mêler à la tienne, si tu veux, une fleur, si tu veux, un héros. —Charmant bienfait de Dieu! Malheur à l'homme froid, inintelligent, orgueilleux, qui, croyant avoir tout, ne sait mettre à profit le dévouement immense, l'abandon délicieux de celle qui veut tant se donner et le faire jouir davantage!

———

Il faut songer que l'homme a cent pensées, cent affaires. Elle, une seule, son mari. Tu dois te dire en sortant le matin : « Que fera ma chère solitaire, la moitié de mon âme, qui va m'attendre bien des heures? Que lui rapporterai-je qui l'intéresse et la nourrisse? C'est de moi qu'elle attend sa vie. » Songe à cela, ne rapporte jamais, comme font beaucoup, la lie du jour, le résidu amer du non-succès. Toi, tu es soutenu par l'agitation du combat, la nécessité de l'effort, ou l'espoir de mieux faire demain ; mais, elle, cette pauvre âme de femme, si tendre à ce qui vient de toi, elle recevrait bien autrement le coup, elle en garderait la blessure, en languirait longtemps. Sois jeune et fort pour deux ; rentre sérieux si la situation est sérieuse, mais jamais triste. Épargne, épargne ton enfant.

Ce qui la soutiendra le plus, c'est que tout bonnement tu l'associes à ton métier. Cela est praticable dans beaucoup de carrières. On restreint beaucoup trop le cercle de celles où peut entrer la femme. Plusieurs sans doute lui sont plus difficiles. Il y faut de l'effort, du temps et de la volonté. Nul temps mieux employé. Quel admirable compagnon, quel utile associé! Combien les choses y gagnent, combien le cœur, le bonheur domestique? Être un, c'est la vraie force, le repos et la liberté.

Elle veut travailler avec toi. Eh bien, prends-la au mot, n'y mets pas les ménagements de la petite galanterie, mais l'amour fort, profond. Sache qu'à ce premier moment, elle est très-capable d'effort, d'application suivie, qu'elle fera tout pour être aimée. J'en citerai les plus nobles exemples, et les plus surprenants.

————

Chacun, selon son art, selon le génie de la femme, peut se communiquer, mais tous le doivent plus ou moins. L'artiste ne doit pas, absorbé du côté technique, du détail spécial, de l'effort minutieux de l'exécution, s'enfermer en lui-même, sevrer sa compagne de l'idée générale qui lui inspire cette œuvre, et qui l'aurait elle-même intéressée et soutenue. Le légiste, le politique, ne peut la laisser étrangère à ce qui fait sa vie. Rarement, elle peut s'y associer utilement, mais elle ne peut l'ignorer. Elle s'harmonise encore mieux aux choses de la nature. Le médecin qui rentre fatigué et dans l'agitation morale de sa grande responsabilité, ne peut être homme du monde; ce n'est guère aux salons qu'il peut passer son moment de repos. Combien heureusement il respirerait au foyer dans les études pacifiques des sciences de la vie, qui indirectement le servent dans son combat contre la mort !

————

Infiniment variées sont les âmes des femmes. L'homme, je l'ai déjà remarqué, subit le même moule, est fait un par l'éducation, mais les femmes sont bien plus nature, plus diverses. Pas une ne ressemble. Rien de plus charmant.

Les navigateurs qui traversent certaines mers des tropiques voient parfois les eaux, sur des espaces immenses, semblables à de brillants parterres, diversifiées à l'infini de créations vivement colorées.

Sont-ce des plantes? des fleurs? Non pas, — des fleurs vivantes, une merveilleuse iris de vies gracieuses, comme fluides, mais organisées, mobiles, actives, ayant des volontés. Il en est tout ainsi du parterre social que le monde féminin présente. Sont-ce des fleurs? Non, ce sont des âmes.

Pour la plupart, les hommes sensuels et aveugles, tout en louant et caressant, disent : « Ce sont des fleurs... Coupons-les. Jouissons, absorbons leurs parfums. Elles fleurissent pour nos voluptés! » — Oh! que ces voluptés auraient été plus grandes, en ménageant la pauvre fleur, la laissant sur sa tige et la cultivant selon sa nature! quel charme de bonheur elle donnerait chaque jour à qui y verserait son âme?

Mais diverse est la fleur, diverse est la culture. L'une a besoin de greffe, et qu'on y mette une autre sève; elle est encore jeune et sauvage. Celle-ci, molle et douce, tout à fait perméable, n'a besoin que d'imbibition ; rien à faire avec elle que d'infiltrer la vie. Elle est plus que fluide, elle est légère, ailée ; sa poussière d'amour vole au vent ; il faut bien l'abriter, la concentrer, surtout la féconder.

IX

DES ARTS ET DE LA LECTURE. — DE LA FOI COMMUNE

Un chant d'oiseau de nos aïeux dit l'idéal léger d'alors :

> J'étais petite et simplette,
> Quand à l'école on me mit.
> J'étais petite et simplette,
> Quand à l'école on me mit.
> Et je n'y ai rien appris...
> Qu'un petit mot d'amourette!...
> Et toujours je le redis,
> Depuis qu'ai un bel ami!

Mais ce *petit mot* d'amour, toi, tu dois le développer. Que contient-il? Les trois mondes, tout le réel, — pas davantage.

Elle ne serait que trop portée à te laisser faire,
agir, raisonner seul. Elle se contenterait aisément
de n'être qu'une chose charmante qui te donnât du
plaisir. Tu dois en faire une personne, l'associer de
plus en plus à ta vie de réflexion. Plus elle deviendra une âme, et plus elle aura de moyens pour
s'unir à toi davantage. Rends-la forte, aie confiance. Elle sera attendrie de se sentir par toi plus
libre, heureuse d'avoir plus à donner, et d'être
une volonté, afin de mieux se perdre en toi.

———

Apprends une chose nouvelle qui sera un des
bonheurs de l'avenir dans un monde plus civilisé.
C'est que chaque art, chaque science, nous offre
une voie spéciale pour pénétrer davantage dans la
personnalité. Il n'est pas aisé à deux âmes de s'at-
teindre au fond et de se mêler. Mais chacune de
ces grandes méthodes qu'on appelle sciences ou
arts est un médiateur qui touche une fibre nouvelle, ouvre un organe d'amour inconnu dans
l'objet aimé.

Apprends encore une chose, trop peu observée,
et qui rend la communion des idées délicieuse avec
la femme. C'est qu'elle les reçoit par des sens qui
ne sont point du tout les nôtres, et nous les ren-

voie sous des formes très-charmantes et très-émou-
vantes que nous n'aurions pas attendues. Ce qui à
l'homme est lumière, à la femme est surtout chaleur. L'idée s'y fait sentiment. Le sentiment, s'il
est vif, vibre en émotion nerveuse. Telle pensée,
telle invention, telle nouveauté utile, t'affectait
agréablement au cerveau, te faisait sourire, comme
d'une aimable surprise. Mais elle, elle a senti de
suite le bien qui en résulterait, un bonheur nouveau pour l'humanité. Cela l'a touchée au sein, elle
palpite, — à l'épine, elle a froid, et près de pleurer.
Tu t'empresses de la raffermir, tu lui prends tendrement la main. L'émotion ne diminue pas ; comme
un cercle dans un milieu fluide fait des cercles
toujours plus grands, de l'épine, elle rayonne à
tous ses organes, aux entrailles, aux bases de l'être,
— se mêle avec sa tendresse, et, comme tout ce
qui est en elle, se fond en amour pour toi... Elle
se rejette sur toi et te serre entre ses bras.

———

Quel infini de bonheur tu vas trouver à traverser
avec elle le monde des arts ! Ils sont tous des manières d'aimer. Tout art, surtout dans ses hauteurs, se confond avec l'amour, — ou avec la religion, qui est de l'amour encore.

Quiconque enseigne une femme à ces degrés supérieurs est son prêtre et son amant. La Légende d'Héloïse et de *la Nouvelle Héloïse* n'est pas chose du passé, mais du présent, de l'avenir, en un mot d'histoire éternelle.

Voilà pourquoi la vierge ne peut pénétrer dans l'art que jusqu'à un certain degré. Et voilà pourquoi le père est un précepteur incomplet. Il ne peut pas, ne veut pas qu'elle dépasse avec lui certaines régions sérieuses, froides encore. Il l'y conduit. Mais quand elle avance au delà dans sa chaleur jeune et pure, il s'arrête et se retire. Il s'arrête au seuil redoutable d'un nouveau monde, l'Amour.

Exemple. Pour les arts du dessin, il lui donne, dans sa noblesse, l'ancienne école florentine, telles madones de Raphaël et de sages tableaux du Poussin. Ce serait une impiété s'il lui enseignait le Corrége, ses frissons, son frémissement. Ce serait chose immorale de lui dire la profondeur maladive, la grâce fiévreuse, sinistre, de la mourante Italie dans le sourire de la Joconde.

Même la vie, la vie émue ne s'enseigne que par l'amour. Quand la superbe Néréide, la blonde potelée de Rubens, dans la bouillante écume, trépigne, murmure l'hyménée, et déjà conçoit l'avenir, tant pis pour la demoiselle qui sentirait ce mouvement, entendrait ce je ne sais quoi qui sort de sa bouche amoureuse! En conscience, elle en saurait trop.

Même le chef-d'œuvre de la Grèce, de noblesse pure et sublime, si loin, si loin des sensualités du peintre d'Anvers, les femmes évanouies, les mères défaillantes du temple de Thésée, quelle vierge osera les copier? Telle en est la palpitation, tel le battement du cœur, visible sous ces beaux plis, qu'elle en resterait troublée. Cette contagion d'amour, de maternité, la bouleverserait. Oh! mieux vaut qu'elle attende encore. C'est sous les yeux de son amant, c'est dans les bras de son mari qu'elle peut s'animer de ces choses et s'en approprier la vie, en recevoir les effluves et la chaude fécondation, y boire à longs traits la beauté, s'en embellir elle-même, en doter le fruit de son sein.

———

La musique est la vraie gloire, l'âme même du monde moderne. Je définis cet art-là : *l'art de la fusion des cœurs*, l'art de la pénétration mutuelle, et d'un si intime intérieur, que, par elle, au sein de la femme aimée, possédée, fécondée, tu iras plus loin encore.

Ce que Dumesnil, Alexandre, ont dit des grandes symphonies, de la musique d'amitié, de la musique

de chambre, je l'admire trop pour le redire, Je n'y
ajoute qu'un mot. — C'est que de l'homme à la
femme tout est musique d'amour, musique de foyer
et d'alcôve. Un duo, c'est un mariage. On ne prête
pas son cœur, mais on le donne un moment, *on se
donne*, et plus qu'on ne veut. Que dire de celle qui
chaque soir chante avec le premier venu ces choses
émues, pathétiques, qui mêlent les existences autant que le baiser suprême? L'amant, le mari;
viendront tard; d'elle ils n'auront rien de plus.

———

Heureux celui dont la femme refait tous les jours
le cœur par la musique du soir! « Tout ce que j'ai,
je te le donne, dit-elle... Mes idées? non, je suis encore si ignorante! mais je saurai tout avec toi...
Ce que je puis te donner, c'est le souffle de mon
cœur, c'est la vie de ma poitrine, âme flottante où
mon amour nage comme une ombre indécise, un
rêve. — Eh bien, prends mon rêve et prends-moi. »

« Ah ! que le rhythme m'a manqué! dit-il. Quelle
vie sauvage j'ai vécue!... »

Elle veut, elle tâche, elle se livre... ne peut autant qu'elle voudrait. Car c'est si pur! car c'est si
haut!...

Il plane sur des ailes d'or dans le ciel profond de

l'amour. Il voudrait bien aussi la suivre un peu de
la voix, n'ose d'abord et chante bas... Il modère sa
force timide.

Puis, peu à peu, se lançant, il la fait vibrer à
son tour. Émue, elle essaye de suivre, palpite...
Oh ! qu'ils sont unis !

Mais l'émotion est trop forte, la voix manque, et
le chant expire dans l'abîme d'harmonie profonde.

. . . .

La musique est le couronnement, la suprême
fleur des arts. Mais la prendre pour base principale
de l'éducation, comme on fait, c'est chose insen-
sée, infiniment dangereuse.

Art moderne presque sans passé. Au contraire,
les arts du dessin sont de tous les temps, et représentés à tout âge de l'histoire. Ils fournissent
par cela seul une carrière riche et variée. A toute
époque, la sculpture, la peinture, offrent non-
seulement des modèles à l'imitation, mais les
textes les plus féconds à l'initiation intellectuelle.
Ces textes se marient à merveille à ceux de la littérature, les suppléent. Ce que Rabelais, Shakspeare, ne peuvent exprimer de telle idée, de telle

nuance, de tel aspect de leur siècle, est dit par Vinci, par Corrége, par Michel-Ange ou Jean Goujon.

Tous les livres trop ardents que le père a évités, dont il n'a osé tout au plus donner que des passages, ils te sont ouverts à toi. Et quel bonheur sera-ce donc de mettre entre toi et ta bien-aimée tous les trésors de la vie! Et les Bibles de l'histoire et les Bibles de la nature! Leur ravissante concordance lui fera un oreiller pour y reposer sa foi. Chaque soir, sans trop l'agiter et sans faire tort à sa nuit, une douce et nourrissante lecture, mêlée de paroles tendres, lui révélera quelque chose de l'amour universel, et quelque aspect nouveau de Dieu. Elle peut maintenant chastement savoir tout, car c'est une femme. Ce qui eût troublé la fille lui sanctifiera le cœur et lui donnera près de toi un doux somme et de nobles rêves.

C'est par l'amour que la femme reçoit toute chose. Là est sa culture d'esprit.

En prendras-tu l'aliment dans le petit, le médiocre? Sous prétexte de facilité, c'est ce que l'on fait toujours. On ne sait pas qu'au contraire le grand, le fort, c'est le simple. La femme dit modestement : « Je laisse aux hommes ces grandes

choses : je m'en tiens aux petits romans. » Mais
ces romans, faibles et fades, ces pâles images
d'amour, n'en sont pas moins laborieux d'inci-
dents et d'imbroglios.

Non, visons toujours au plus haut. Là est la
grande lumière, là aussi la force du cœur, même
la vraie pureté.

L'amour, où le prendrons-nous? Telle femme
l'irait chercher dans Balzac. Mieux vaudrait madame Sand. Il y a là du moins toujours un élan
vers l'idéal. Et mieux encore, pourquoi pas dans
le Cid et dans *Roméo?* pourquoi pas dans *Sacon-
tala* et ns la *Didon* de Virgile?...

Mais, à une énorme hauteur, par-dessus toutes
œuvres humaines, les grandes légendes antiques
dominent tout, humilient tout.

Nos idées sur le progrès ne peuvent faire illusion. L'antiquité nous a laissé à creuser l'infini de
l'analyse, et c'est le champ du progrès. Mais, dans
sa force synthétique, dans la chaleur organique
qui la poussait en avant, ce jeune géant, en deux
pas, toucha les deux pôles, atteignit les bornes du
monde. Elle a créé les grands types de simplicité
divine. Ainsi, le mariage héroïque a son type, si
haut dans la Perse, que celui de Rome même en
est un amoindrissement, prosaïsé, vulgarisé. Ainsi,
la bonté, la chaleur, l'adorable force de vie et de

tendresse instinctive, l'amour (si vous le voulez)
physique, mais s'épanchant en torrents de bien-
faisance universelle, c'est la légende d'Égypte.
Rien n'y ajouta jamais, et l'on n'a pu qu'adorer.

X

LA GRANDE LÉGENDE D'AFRIQUE. — LA FEMME COMME DIEU DE BONTÉ

(Fragment de l'Histoire de l'Amour.)

Le chef-d'œuvre de l'art égyptien, le Ramsès, que l'on voit à Isamboul, à Memphis et au musée de Turin, offre un caractère unique de bonté dans la puissance, et de placidité sublime. Cette expression, qu'on pourrait croire particulière à cette figure, j'en ai retrouvé quelque chose dans une belle momie de Leyde, qui est aussi un jeune homme. C'est un caractère de race, fort contraire à la sécheresse du maigre profil arabe, qui semble taillé au rasoir. Ici une douceur extrême, une plénitude qui n'a rien de lourd, mais semble l'épanouissement pacifique de toutes les qualités morales. Le cœur est sur le visage, sanctifiant, béatifiant la forme matérielle par le rayon intérieur.

Cette extraordinaire bonté est plus qu'individuelle; c'est la révélation d'un monde. On y sent que la grande Égypte fut comme la fête morale, la joie et le divin sourire de ce profond monde africain, fermé de tout autre côté.

La forme supérieure de l'Afrique, au-dessus du nègre, au-dessus du noir, paraît être l'Égyptien. Si malheureux, si constamment déprimé, depuis le temps de Joseph jusqu'à Méhémet-Ali, jusqu'à nous, le pauvre fellah d'Egypte est un homme d'une intelligence, d'une adresse peu commune. Un mécanicien, employé au service du pacha, nous disait que les indigènes qu'il admit dans ses ateliers lui prêtaient une attention extraordinaire, l'imitaient parfaitement, et devenaient, en quinze jours, d'aussi excellents ouvriers qu'un Européen en deux ans.

Cela même tient à leur douceur, à leur grande docilité, au besoin qu'ils ont de plaire et de satisfaire. Cette race excellente d'hommes ne veut qu'aimer et être aimée. Dans l'immolation cruelle que le pouvoir a toujours faite de l'individu et de la famille, leur tendresse mutuelle semble être d'autant plus grande. La mort précoce de l'homme qui succombe à un travail excessif, l'enfant enlevé par les cruelles razzias de la milice, c'est une suite non interrompue de pleurs, de sanglots et de deuil.

L'antique lamentation d'Isis, cherchant son Orisis, n'a jamais cessé en Égypte ; le long du fleuve, à chaque instant, vous l'entendez recommencer.

Cette lamentation, on la retrouve peinte, sculptée, par tout le pays. Qu'est-ce que ces monuments de deuil, ce soin infini de sauver ce qu'on peut sauver, la dépouille, d'entourer le mort de prières écrites sur les bandelettes, de recommander aux dieux celui dont on est séparé ? Je n'ai pas visité l'Égypte ; mais quand je parcours nos musées égyptiens, je sens que cet immense effort d'un peuple, ces dépenses excessives que s'imposaient les plus pauvres, c'est l'élan le plus ardent qu'ait montré le cœur de l'homme pour retenir l'objet aimé et le suivre dans la mort.

Les religions jusque-là déroulaient leur épopée ; mais, silence, voici le drame. Un génie nouveau se dresse sur l'Europe et sur l'Asie.

————

Posons la scène d'abord. Cette terre de travail et de larmes, l'Égypte en soi est une fête, et c'est le pays de la joie. Du sein brûlé de l'Afrique, matrice ardente du monde noir, s'ouvre à la brise du nord une vallée de promission. Des monts inconnus descend le torrent de fécondité. On sait la joie fréné-

tique du voyageur mourant de soif, qui parvient
enfin à franchir les sables, qui touche l'oasis désirée, et l'Égypte, enfin, cette grande oasis pour les
pays africains.

Le premier mot de l'Égypte, c'est Isis, et Isis,
c'est le dernier. La femme règne. Un mot remar-
quable est resté par Diodore : Qu'en Égypte les
maris juraient obéissance à leurs femmes. Expression exagérée d'une chose réelle, la prédominance
féminine.

Le haut génie de l'Afrique, la reine de l'ancienne
Égypte, Isis, trône éternellement parée des attri-
buts de la fécondation. Elle porte le lotus à son
sceptre, le calice de la fleur d'amour. Elle porte
royalement sur la tête, en guise de diadème, l'avide
oiseau, le vautour, qui ne dit jamais : Assez ! Et,
pour montrer que cette avidité ne sera pas vaine,
dans cette coiffure étrange, l'insigne de la vache
féconde se dresse par-dessus le vautour, et dit la
maternité. — La fécondité bienfaisante, l'infinie
bonté maternelle, voilà ce qui glorifie, purifie ces
ardeurs d'Afrique. Tout à l'heure, la mort et le
deuil, et l'éternité du regret, vont trop bien les
sanctifier.

Les religions sont-elles sorties uniquement de la
nature, du climat, du génie fatal de la race et de la
contrée? Oh! bien plus, des besoins du cœur.

Presque toujours, elles jaillirent des souffrances de l'âme blessée. Sous la piqûre d'un trait nouveau, l'homme, comme un arbre de douleurs, arracha de lui un fruit de consolation nouvelle. Jamais nulle religion n'a mieux témoigné de ceci que celle de l'ancienne Égypte : elle est manifestement la consolation sublime d'un pauvre peuple laborieux, qui, travaillant sans relâche, sentant d'autant plus la mort que la famille est tout pour lui, chercha quelque allégement dans la nature immortelle, se fia à ses résurrections, et lui demanda l'espérance.

Et la nature attendrie lui jura qu'on ne meurt jamais.

L'originalité puissante de cette grande conception populaire, c'est que, pour la première fois, l'âme humaine, la terre et le ciel, associèrent leur triple drame dans le cadre de l'année. L'année ne meurt que pour renaître. L'amour se prit à cette idée, et crut l'éternelle renaissance et la résurrection de l'âme.

Quand je vois, dans les montagnes, tel pic de basalte qui a percé toutes les couches, et domine tous les sommets, je me demande de quelle profondeur immense, et par quelle énorme force, a donc pu surgir ce géant. La religion de l'Égypte me donne cet étonnement. De quelle profondeur jaillitelle, et de tendresse physique, et d'amour et de douleur?... Abîmes de la nature!...

Dans la mère universelle, la Nuit, furent conçus, avant tous les temps, une fille, un fils, Isis-Osiris, mais qui déjà s'aimaient tant dans le sein maternel, et qui étaient tellement unis, qu'Isis en devint féconde. Même avant d'être, elle était mère. Elle eut un fils qu'on nomme Horus, mais qui n'est autre que son père, un autre Osiris de bonté, de beauté, de lumière. Donc, ils naquirent trois (merveille! mère, père et fils, de même âge, de même amour, de même cœur).

Quelle joie! les voilà sur l'autel, la femme, l'homme et l'enfant. Notez que ce sont des personnes, des êtres vivants, ceux-ci. Non la trinité fantastique où l'Inde fait l'hymen discordant de trois anciennes religions. Non la trinité scolastique où Byzance a subtilement raisonné sa métaphysique. Ici, c'est la vie, rien de plus; du jet brûlant de la nature sort la triple unité humaine.

Oh! que les dieux jusque-là étaient sauvages et terribles! Le Siva indien ferme l'œil, car le monde périrait sous son dévorant regard. Le dieu des purs, le Feu des Perses, a faim de tout ce qui

18

existe. Ici, c'est la nature même qui est sur l'autel, dans son doux aspect de famille, bénissant la création d'un œil maternel. Le grand dieu, c'est une mère. — Combien me voilà rassuré! j'avais peur que le monde noir, trop dominé de la bête, saisi, dans son enfantement, des terrifiantes images du lion et du crocodile, ne fît jamais que des monstres.

Mais le voilà attendri, humanisé, féminisé. L'amoureuse Afrique, de son profond désir, a suscité l'objet le plus touchant des religions de la terre... Quel? La réalité vivante, une bonne et féconde femme.

Que c'est ardent! mais que c'est pur! Ardent, si on le rapproche des froids dogmes ontologiques. Pur, si on le met en face des raffinements modernes, de nos blêmes conceptions, de la corruption pieuse, du monde de l'équivoque.

———

La joie éclate, immense et populaire, toute naïve. Une joie d'Afrique altérée, c'est l'eau, un déluge d'eau, une mer prodigieuse d'eau douce qui vient de je ne sais où, mais qui comble cette terre, la noie de bonheur, s'infiltrant et s'insinuant en ses moindres veines, en sorte que pas un grain de sable n'ait à se plaindre d'être à sec. Les petits canaux desséchés sourient à mesure que l'eau gazouillante les visite et les rafraîchit. La plante rit de tout son cœur quand cette onde salutaire mouille le chevelu de sa racine, assiége le pied, monte à la feuille, incline la tige qui mollit, gémit doucement. Spectacle charmant, scène immense d'amour et de volupté pure. Tout cela, c'est la grande Isis, inondée de son bien-aimé.

Il travaille, le bon Osiris. Il fait l'Égypte elle-même. Cette terre, c'est son enfant. Il fait la culture d'Égypte. Il lui engendre les Arts sans lesquels elle eût péri.

Mais rien ne dure. Les dieux s'éclipsent. Le vivant soleil de bonté qui sema au sein d'Isis tout fruit, toute chose salutaire, il a pu tout créer de lui, sauf le temps, sauf la durée. Un matin, il disparaît... Oh! vide immense! où donc est-il! Isis, éperdue, le cherche.

La sombre doctrine, répandue dans l'occident de l'Asie, *que les dieux mêmes doivent mourir*, ce dogme de la Syrie, de l'Asie Mineure et des Iles, n'eût pas dû, ce semble, approcher de cette robuste Afrique. qui a un sentiment si fort et si présent de la vie.

Mais, comment le méconnaître? Tout meurt. Le père de la vie, le Nil tarit, se dessèche. Le soleil, à certains mois, n'en peut plus; le voilà défait et pâle; il a perdu ses rayons.

Osiris, la vie, la bonté, meurt, et d'un trépas barbare; ses membres sont dispersés. L'épouse éplorée retrouve ses débris; un seul lui manque qu'elle cherche en s'arrachant les cheveux. « Hélas! celui-ci, c'est la vie, l'énergie de vie!... Puissance sacrée d'amour, si vous manquez, qu'est-ce du monde?... Où vous retrouver maintenant? » Elle implore le Nil et l'Égypte. L'Égypte n'a garde de rendre ce qui sera pour elle le gage d'une fécondité éternelle.

Mais une si grande douleur méritait bien un miracle. Dans ce violent combat de la tendresse et de la mort, Osiris, tout démembré qu'il est, et si cruellement mutilé, d'une volonté puissante, ressuscite, revient à elle. Et, si grand est l'amour du mort, que, par la force du cœur, il retrouve un dernier désir. Il n'est revenu du tombeau que pour la rendre mère encore. Oh! combien avidement elle reçoit cet embrassement! mais ce n'est plus qu'un adieu. Et le sein ardent d'Isis ne réchauffera pas ce germe glacé. Qu'importe? Le fruit qui en naît, triste et pâle, n'en dit pas moins la suprême victoire de l'amour, qui fut fécond avant la vie, et l'est encore après la vie.

———

Les commentaires qu'on a faits sur cette légende

si simple lui prêtent un sens profond de symbolisme astronomique. Et certainement, de bonne heure, on sentit la coïncidence de la destinée de l'homme avec le cours de l'année, la défaillance du soleil, etc., etc. Mais tout cela est secondaire, observé plus tard, ajouté. L'origine première est humaine, c'est la très-réelle blessure de la pauvre veuve d'Égypte et son inconsolable deuil.

D'autre part, que la couleur africaine et matérielle ne vous fasse pas illusion. Il y a ici bien autre chose que le regret des joies physiques et le désir inassouvi. La nature, à cette souffrance, sans doute, avait de quoi répondre. Mais Isis ne veut pas un mâle, elle veut celui qu'elle aime seul, *le sien et non pas un autre*, le même, et toujours le même. Sentiment tout exclusif, et *tout individuel*. On le voit aux soins infinis qui se prend de la dépouille, pour qu'un seul atome n'y manque, pour que la mort n'y change rien et puisse un jour restituer, dans son intégralité, cet unique objet d'amour.

« Je veux celui qui fut mien, qui fut moi, et ma moitié. Je le veux, et il revivra. Le scarabée renaît bien, et le phénix renaît bien ; le soleil, l'année renaissent. Je le veux, et il renaîtra. Est-ce que je ne suis pas la vie, et la Nature éternelle? Il a beau s'éclipser un jour, il faut bien qu'il me revienne. Je le sens, je le porte en moi. En moi, je l'eus avant d'être... Si vous voulez le savoir, je fus sa sœur et son amante, mais j'étais sa mère aussi. »

Vérité naïve et profonde. Sous forme mythologique, c'est le triple mystère d'amour exprimé pour la première fois. Épouse, vraie sœur de l'homme dans le travail de la vie, plus que sœur et plus qu'épouse pour le consoler le soir et reposer sa tête, elle le berce, fatigué, l'endort comme un nourrisson, et, le reprenant dans son sein, l'enfante d'une vie nouvelle, oublieux de tout, rajeuni, pour l'éveil joyeux de l'aurore. C'est la force du mariage (non des voluptés éphémères). Plus il dure, et plus l'épouse est mère de l'époux, plus il est son fils.

———

Garantie d'immortalité. Mêlés à ce point, qui donc parviendrait à les disjoindre! Isis contient Osiris, et l'enveloppe tellement de sa *tendre* maternité, que toute séparation n'est évidemment qu'un songe.

Dans cette légende si tendre, toute bonne et toute naïve, il y a une saveur étonnante d'immortalité qui ne fut dépassée jamais. Ayez espoir, cœurs affligés, tristes veuves, petits orphelins, vous pleurez, mais Isis pleure, et elle ne désespère pas. Osiris, mort, n'en vit pas moins. Il est ici renouvelé constamment dans son innocent Apis. Il est là-bas, pasteur des âmes, débonnaire gardien du monde des ombres, et votre mort est près de lui. Ne craignez rien, il est bien là. Il va revenir un jour vous redemander son corps. Enveloppons-la avec soin, cette précieuse dépouille. Embaumons-la de parfums, de prières, de brûlantes larmes. Conservons-la bien près de nous. O beau jour, où le Père des âmes, sorti du royaume sombre, vous rendra l'âme chérie, la rejoindra à son corps, et dira : « Je vous l'ai gardé. »

La permanence de l'âme, — non vague et impersonnelle comme dans le dogme d'Asie, — mais de l'âme individu, de l'âme aimée, consacrée et éternisée dans l'amour, la fixité impérissable du moi adoré, la tendre bonté de Dieu lié par les pleurs d'une femme et tenu de restituer, — ce bienfait immense, dès lors a été reçu de tous. Et il ne passera pas.

Dieu est tenu, mais pour les bons. Il les distinguera des méchants. — Ainsi, pour la première fois, apparaît nettement le Jugement et la Justice divine.

En attendant, travaillons, bâtissons des choses éternelles, perpétuons notre mémoire, parlons aux âges futurs en langue de marbre et de granit. L'É-

gypte entière est comme un livre, où tous les sages,
un à un, viennent étudier.

Dès lors, toute nation imite, prend l'émulation
de durée. On entasse, on accumule. Chaque jour
va s'enrichissant l'héritage du genre humain.

———

Ainsi, de moral et d'art, de travail, d'immortalité, cette adorable légende féconda toute la
terre.

XI

COMMENT LA FEMME DÉPASSE L'HOMME

Le bonheur de l'initiateur, c'est de se voir dépassé par l'initié. La femme, cultivée incessamment de l'homme, fécondée de sa pensée, croît bientôt, et un matin se trouve au-dessus de lui.

Elle lui devient supérieure, et par ces éléments nouveaux, et par des dons personnels, qui, sans la chaleur de l'homme, auraient eu peine à éclore. Aspirations mélodiques, attendrissement de la nature, ces choses étaient en elle : mais elles ont fleuri par l'amour. Ajoutez un don (si haut, que c'est, de tous, celui qui met le plus notre espèce à part des autres) : un bon et charmant cœur de femme, riche de compassion, d'intelligence pour le soulagement de tous, la divination de la pitié.

Elle est docile, elle est modeste, ne sent pas sa

jeune grandeur; mais, à chaque instant, elle éclate.

Tu la mènes au Jardin des Plantes, et elle y rêve les Alpes, les forêts vierges d'Amérique. Tu la mènes au Musée des tableaux, et elle pense au temps où il n'y aura plus de musées, les villes entières étant musées, ayant toutes les murailles peintes à l'instar du Campo Santo. Aux laborieux concerts d'artistes, elle pressent les concerts de peuples qui se feront dans l'avenir, les grandes Fédérations où l'âme du genre humain s'unira dans l'accord final de l'universelle Amitié.

Tu es fort. Elle est divine, comme fille et sœur de la nature. Elle s'appuie sur ton bras, et pourtant elle a des ailes. Elle est faible, elle est souffrante, et c'est justement lorsque ses beaux yeux languissants témoignent qu'elle est atteinte, c'est alors que ta chère sibylle plane à de grandes hauteurs sur des sommets inaccessibles. Comment elle est là, qui le sait?

Ta tendresse y a fait beaucoup. Si elle garde cette puissance, si, femme et mère, mêlée de l'homme, elle a en plein mariage la virginité sibyllique, c'est que ton amour inquiet, enveloppant le cher trésor, a fait deux parts de la vie, — pour toi-même le dur labeur et le rude contact du monde, — pour elle la paix et l'amour, la maternité, l'art, les doux soins de l'intérieur.

Que tu as bien fait ! que je t'en sais gré !... Oh ! la femme, le vase fragile de l'incomparable albâtre où brûle la lampe de Dieu, il faut bien le ménager, le porter d'une main pieuse ou le garder au plus près dans la chaleur de son sein !

C'est en lui sauvant les misères du travail spécial où s'usent les jours, cher ouvrier, que tu la tiens dans cette noblesse qu'ont seuls les enfants et les femmes, aimable aristocratie de l'espèce humaine. Elle est ta noblesse, à toi, pour te relever de toi-même. Si tu reviens de ta forge, haletant, brisé d'efforts, elle, jeune et préservée, elle te verse la jeunesse, te rend un flot sacré de vie, et te refait Dieu, d'un baiser.

Près de cet objet divin, tu ne suivras pas à l'aveugle l'entraînement qui te retient sur ton âpre et étroit sentier. Tu sentiras à chaque instant l'heureuse nécessité d'élever, d'étendre tes conceptions, pour suivre ta chère élève là où tu l'as fait monter. Ton jeune ami, ton écolier, comme elle dit modestement, ne te permet pas, ô maître, de t'enfermer dans ton métier. Elle te prie à chaque instant d'en sortir et de l'aider, de rester en harmonie avec toute chose noble et belle. Pour suffire aux humbles besoins de ton petit camarade, tu seras forcé d'être grand.

Elle est petite et elle est haute. Elle a des octaves de plus, dans le haut et dans le bas. C'est une lyre plus étendue que la tienne, mais non complète ; car elle n'est pas bien forte dans les cordes du milieu.

Elle atteint dans le menu des choses qui nous échappent. D'autre part, en certains moments, elle voit par-dessus nos têtes, perce l'avenir, l'invisible, pénètre à travers les corps dans le monde des esprits.

Mais la faculté pratique qu'elle a pour les petites choses, et la faculté sibyllique qui parfois la mène aux grandes, ont rarement un milieu fort, calme, harmonique, où elles puissent se rencontrer, se féconder. Chez la plupart, elles alternent rapidement sans transition, selon l'époque du mois. La poésie tombe à la prose, la prose monte à la poésie, souvent par brusques orages, par coups subits de mistral. C'est le climat de Provence.

———

Un illustre raisonneur rit des facultés sibylliques. Il nie cette puissance si incontestable. Pour la déprécier, il semble confondre l'*inspiration spontanée* de la femme avec le *somnambulisme*, état dangereux, maladif, d'asservissement nerveux, que lui impose le plus souvent l'ascendant de l'homme. Il demande le cas qu'on peut faire d'une faculté si incertaine, « d'ailleurs physique et fatale. »

L'inspiration, je le sais, même la plus spontanée, n'est pas libre entièrement ; elle est toujours mixte, et marquée d'un peu de fatalité. Si, pour cela, on la dégrade, il faudra dire que les artistes éminents ne sont pas hommes. Il faudra apparemment renvoyer avec les femmes Rembrandt, Mozart et Corrége, Beethoven, Dante, Shakspeare, tous les grands écrivains. Est-il bien sûr que ceux même qui croient exclusivement s'appuyer de la logique ne donnent rien à cette puissance féminine de l'inspiration ? J'en trouve la trace jusque chez les plus déterminés raisonneurs. Pour peu qu'ils deviennent artistes, ils tombent, à leur insu, sous la baguette de cette fée.

On ne peut dire (comme Proudhon) que la femme *n'est que réceptive*. Elle est *productive* aussi par son influence sur l'homme, et dans la sphère de l'idée, et dans le réel. Mais son idée n'arrive guère à la forte réalité. C'est pourquoi elle crée peu.

La politique lui est généralement peu accessible. Il y faut un esprit générateur et très-mâle. Mais elle a le sens de l'ordre, et elle est très-propre à l'administration.

Les grandes créations de l'art semblent jusqu'ici

lui être impossibles. Toute œuvre forte de civilisation est un fruit du génie de l'homme.

On a fait fort sottement de tout cela une question d'amour-propre. *L'homme et la femme sont deux êtres incomplets et relatifs, n'étant que deux moitiés d'un tout. Ils doivent s'aimer, se respecter.*

Elle est relative. Elle doit respecter l'homme, qui crée tout pour elle. Elle n'a pas un aliment, pas un bonheur, une richesse, qui ne lui vienne de lui.

Il est relatif. Il doit adorer, respecter la femme, qui fait l'homme, le plaisir de l'homme, qui par l'aiguillon de l'éternel désir a tiré de lui, d'âge en âge, ces jets de flammes qu'on appelle des arts, des civilisations. Elle le refait chaque soir, en lui donnant tour à tour les deux puissances de vie : — en l'apaisant, l'harmonie; en l'ajournant, l'étincelle.

Elle crée ainsi le créateur. Et il n'est rien de plus grand.

———

Je ne reproche pas à la femme de ne point donner les choses pour lesquelles elle n'est pas faite. Je l'accuse seulement de sentir parfois trop exclusivement sa haute et charmante noblesse, et de ne pas tenir compte du monde de création, du sens géné-

rateur de l'homme, de son énergie féconde, des
efforts prodigieux de ce grand ouvrier. Elle ne les
soupçonne même pas.

Elle est la beauté et n'aime que le beau, mais
sans effort, le beau tout fait. Il y a une autre beauté
qu'elle a peine à saisir, celle de l'action, du travail
héroïque, qui a fait cette belle chose, mais qui est
plus belle elle-même, et souvent jusqu'au sublime.

Grande tristesse pour ce pauvre créateur de voir
qu'en admirant l'effet (l'œuvre réussie), elle n'admire pas la cause, et trop souvent la dédaigne ! que
ce soit justement l'effort qu'on a fait pour elle qui
refroidisse son cœur, et qu'en méritant davantage,
on commence à lui plaire moins !

———

« J'ai beau faire, je ne la tiens pas. Elle est à
moi depuis longtemps et je ne l'aurai jamais. »

C'est le mot assez bizarre qu'un homme de vrai
mérite, d'un cœur aimant et fidèle, toujours épris
de sa femme, disait un jour. Celle-ci, brillante,
mais bonne et douce, complaisante, aimable pour
lui, ne pouvait être l'objet d'aucun reproche sérieux.
Elle n'avait d'autre défaut que sa supériorité et sa
distinction croissante. Il sentait, non sans tristesse,
qu'elle n'était plus enveloppée de lui comme d'a-

bord, cette chère idole, et que, le voulût-elle ou
non, elle planait dans une sphère indépendante
de celle où il avait concentré son activité.

Ils exprimaient parfaitement les types que j'ai
posés aux chapitres de l'*Éducation* : « L'homme
moderne, essentiellement, est un travailleur, un
producteur. La femme est une harmonie. »

Plus l'homme devient créateur, plus ce contraste est saillant. Il explique bien des refroidisse-
ments qu'on aurait tort d'expliquer par la légèreté
du cœur, l'ennui, la satiété. Ils n'arrivent pas toujours parce que les époux se fatiguent de se retrouver les mêmes, de ne pas changer, mais, — au contraire, parce qu'ils ont changé, progressé en mieux.
Ce progrès, qui pourrait leur être une nouvelle raison de s'aimer, fait pourtant que, ne retrouvant
plus leurs anciens points de jonction, ils n'ont
guère d'action l'un sur l'autre et désespèrent d'en
reprendre.

———

Resteront-ils ainsi posés froidement à côté, indif-
férents, réunis uniquement par les intérêts? Non,
l'écartement augmente. Le cœur prendra parti
ailleurs. En France, il est très-absolu, veut l'union

la plus unie, ou un autre amour. Il dit : « Tout ou rien. »

Qu'on me permette un paradoxe. Je soutiens qu'en dépit de la gaieté insouciante que l'on simule en ces choses, notre temps est celui où l'amour est le plus exigeant et le plus insatiable. S'il s'en tient à un objet, il aspire à le pénétrer à une profondeur infinie. Prodigieusement cultivés, pourvus de tant d'idées nouvelles, d'arts nouveaux, qui sont des sens pour goûter la passion, si peu que nous l'ayons en nous, nous la sentons par mille points insensibles à nos aïeux.

Mais il arrive trop souvent que l'objet aimé échappe, — soit par défaut de consistance, fluidité féminine, — soit par transformation brillante et progrès de distinction, — soit enfin par des amitiés, des relations secondaires qui partagent son cœur et le ferment.

L'homme en est humilié, découragé. Très-souvent il en reçoit dans son art et dans son activité le fâcheux contre-coup. Il s'en estime moins lui-même. Alors, plus souvent qu'on ne croit, un amour-propre passionné anime et double l'amour. Il voudrait reconquérir, posséder cette chère personne, qui parfois, sans ironie, mais dans une grande froideur, dit en souriant : « Fais ce que tu peux. »

« Ter totum fervidus ira, lustrat Aventini mon-

tem, ter saxea tentat limina nequicquam, ter fessus
valle resedit. »

« Trois fois, bouillant, il tourne autour du mont,
trois fois secoue le froid rempart de pierre, trois
fois retombe, s'assoit dans la vallée. »

L'entrave, la mystérieuse influence négative,
l'empêchement dirimant, vient presque toujours du
dehors. Mais elle ne se trouve pas toujours dans
une personne malveillante. C'est une mère, c'est
une sœur, un salon d'amis, que sais-je ? La cause
la plus honorable a parfois de ces effets. Il suffit,
pour qu'il n'y ait plus mariage, qu'une amitié vé-
hémente détourne la séve d'amour.

———

J'ai vu deux dames accomplies liées d'une étroite
amitié. Une seule était mariée. L'autre resta demoiselle pour se donner tout entière à cette affection.
Le mari, homme d'esprit, écrivain brillant, léger,
avait apporté un don admirable. Grande question
de savoir si ce don des fées se fixerait, s'affer-
mirait. Il réalisait, par moments, d'instinct, j'allais
dire, par hasard. Alors, son œuvre éclipsait tout.
Que serait-il arrivé si la fantasque étincelle eût été
bénie, couvée de l'amour ?

Elle était extrêmement belle, et de cœur plus belle encore. Elle avait un sens moral élevé, mais fort sérieux, qui lui faisait sentir peu ces capricieuses lueurs. Elle avait, pour s'y confirmer, l'amitié... non, l'adoration d'une femme adorable elle-même. En présence de ce couple si uni et si parfait, le mari pouvait-il tenir? Il n'y venait pas en tiers. Ses qualités fines et flottantes, mêlées de défauts exquis qui marquent quelquefois les génies de la décadence, n'allaient guère à la ligne droite sur laquelle on les appliquait. Les deux amies, vertueuses, pures et transparentes comme la lumière à midi, goûtaient médiocrement la grâce indécise et sensuelle, le fuyant crépuscule.

Cette indécision augmenta. Il avait un tort bien grave, c'était de ne pas croire en lui. Ses amis y avaient foi, le sommaient de tenir parole. Mais rien ne supplée à l'appui intérieur. La femme est le grand arbitre, le souverain juge. Il s'en fût tiré mieux peut-être avec une femme vulgaire. Celle-ci, par sa noble beauté, par sa pureté candide, par ses talents estimables, commandait trop de respect. Cette perfection excessive ne laissait guère la voie d'appel contre ses jugements. Jugements toujours bienveillants, mais sincères.

Cet homme singulier et charmant ne pouvait rien qu'à l'aveugle. Il fallait que la main aimée, lui

bandant les yeux, aidât à cet aveuglement qui le
rendait productif. Au contraire, il vécut toujours
ayant à côté de lui la réflexion judicieuse. Solitaire,
au moment sacré, il sentait cette prudence qui rec-
tifiait l'inspiration... Il s'arrêtait court, ratait.

———

Les femmes me permettront-elles de dire ici un
petit mot? Elles ont l'oreille plus fine, entendront
mieux. D'ailleurs elles ont plus de temps, pour la
plupart. L'homme, ce martyr du travail, dans l'entraînement et l'effort, étourdi, ne m'entendrait pas:

Madame, ne soyez pas parfaite, Gardez un tout
petit défaut, assez pour consoler l'homme.

La nature veut qu'il soit fier. Il faut, dans votre
intérêt, dans celui de la famille, qu'il le soit, qu'il
se croie fort.

Quand vous le voyez baisser, attristé, découragé,
le plus souvent le remède serait de baisser vous-
même, d'être plus femme, et plus jeune, — même,
au besoin, d'être enfant.

Second conseil : — Madame, ne partagez pas
votre cœur.

———

Je vous dirai ce que j'ai vu à Hyères, en Provence, dans un magnifique jardin. Il était planté
d'orangers, bien soignés, convenablement espacés,
dans la meilleure exposition ; ils n'avaient point à se
plaindre ; dans ce pays, où l'on aime à entremêler
les cultures, on s'était abstenu pourtant de mettre
aucun plant entre eux, aucun arbre, aucune vigne
qui pût leur faire tort. Seulement, quelques bor-
dures de fraises se voyaient le long des allées. Fraises admirables, délicieuses, parfumées. Comme
on sait, elles ont peu de racines ; elles tracent à la
superficie, et traînent, sans enfoncer, leurs faibles
et grêles chevelures. Cependant les orangers lan-
guirent et devinrent malades. On s'inquiéta, on
regarda ce qui pouvait les chagriner. On eût tout
sacrifié. On ne soupçonna jamais que les innocents fraisiers fussent la cause de la maladie. Ces
arbres robustes eux-mêmes, si on les eût consultés,
n'auraient pas, je crois, avoué que leur énervation tînt à si petite cause. Ils ne se plaignirent pas,
moururent.

A Cannes, non loin de là, on sait que l'oranger
n'a force que là où il est solitaire. Non-seulement
on ne lui donne aucun camarade ni grand, ni petit,
mais, avant d'en planter un, on fouille d'abord le
terrain à huit pieds de profondeur. On le fouille
par trois fois pour savoir s'il est net et vide, s'il ne

19.

contient pas de racine oubliée, quelque herbe vivante qui prendrait sa part de la sève.

L'oranger veut être seul, madame, — et l'amour aussi.

XII

LES HUMILITÉS DE L'AMOUR
CONFESSION

L'amour est chose bien diverse, et d'espèce et de degré. De nation à nation, il est extrémement différent.

La Française est pour son mari un admirable associé, en affaires, même en idées. S'il ne sait pas l'employer, il peut se faire qu'elle l'oublie. Mais qu'il soit embarrassé, elle se souvient qu'elle l'aime, se dévoue, et quelquefois (on l'a vu en 93) elle se ferait tuer pour lui.

L'Anglaise est la solide épouse, courageuse, infatigable, qui suit partout, souffre tout. Au premier signe elle est prête. « Lucy, je pars aujourd'hui pour l'Océanie. — Donnez-moi seulement, mon ami, le temps de mettre un chapeau. »

L'Allemande aime, et aime toujours. Elle est humble, veut obéir, voudrait obéir encore plus. Elle n'est propre qu'à une chose, aimer. Mais c'est l'infini.

Vous pouvez avec l'Anglaise aisément changer les milieux, et, si celui-ci est mauvais, émigrer au bout du monde. Vous pouvez, avec l'Allemande, vivre tout seul, s'il vous plaît, dans une campagne éloignée, dans la profonde solitude. La Française n'en est capable qu'autant qu'elle est très-occupée et qu'on a su lui créer une grande activité d'esprit. Sa forte personnalité est bien plus embarrassante, mais la rend capable d'aller loin dans le sacrifice, même d'immoler la vanité et le besoin de briller.

C'est tout fait pour l'Allemande, qui ne veut rien que de l'amour.

Un esprit ultra-français, très-opposé à l'Allemagne et qui s'en moque à chaque instant, Stendhal, fait cette remarque très-juste : « Le meilleur mariage c'est celui qu'on voit dans l'Allemagne protestante. »

Telle il vit l'Allemagne en 1810, telle je la vis en 1830, et souvent depuis. Les choses ont pu changer pour les hautes classes et pour quelques grandes villes, non pour l'ensemble du pays; c'est toujours l'épouse humble, obéissante, passionnée pour obéir ; c'est, d'un mot, la femme amoureuse.

———

L'amour vrai, l'amour profond se reconnaît à cela qu'il tue toutes les passions : orgueil, ambition, coquetterie, tout s'y perd, tout disparaît.

Il est si loin de l'orgueil, que souvent il passe au plus loin, se place juste à l'autre pôle. Désireux de s'absorber, il fait bon marché de lui, il oublie fort aisément ce qu'on appelle dignité, sacrifie sans hésitations les beaux côtés qu'on montre au monde. Il ne cache rien des mauvais, et parfois les exagère, ne voulant plaire par nul mérite que par l'excès de l'amour.

Les amoureux et les mystiques ici tout à fait se confondent. Dans les uns et les autres, excessive est l'humilité, le désir de se rabaisser pour grandir d'autant plus le dieu ; que ce soit une femme aimée, que ce soit un saint favori, l'effet est le même. Je ne sais quel dévot disait : « Si j'avais pu seulement être le chien de saint Paulin ! » Plus d'une fois j'ai entendu des amants dire la même chose : « Si seulement j'étais son chien ! »

Mais ces ravalements de l'âme, ces voluptés d'abaissement, l'amour ne doit pas les souffrir. Son effort, au contraire, est d'élever la personne aimante, tout au moins de la maintenir à son niveau, de cultiver l'union par ce qui la resserre, ce qui seul la rend réelle : l'égalité. Si les deux âmes étaient si disproportionnées, nul échange ne serait possible, nul mélange. On ne parviendra jamais à harmoniser tout et rien.

———

C'est le supplice que le colonel Selves (Soliman-Pacha) ne craignait pas d'avouer. « Comment savoir qu'on est aimé, disait-il, avec la femme d'Orient ? » — Nous qui avons le bonheur de posséder dans nos femmes d'Europe des âmes et des volontés, quelque embarras que parfois ces volontés nous suscitent, nous devons éviter pourtant tout ce qui pourrait les briser, rompre en elles le ressort de l'âme. Deux choses surtout y seraient infiniment dangereuses.

La première, dont on abuse beaucoup trop aujourd'hui sur les femmes imprudentes, c'est l'ascendant magnétique. La facilité malheureuse qu'elles ont à le subir est une maladie véritable qui les trouble profondément et s'aggrave en la cultivant. Ce danger n'existât-il pas, c'est une honte de voir un homme qui n'est point aimé, et qui n'a rien pour

le cœur, prendre une puissance sans bornes sur les
volontés d'une femme. Elle devient sa propriété,
forcée de mouvoir à son signe, ou de dire devant
témoin le plus humiliant secret. Elle le suit fatalement. Pourquoi ? Elle ne saurait le dire. Il n'est
supérieur en rien pour l'esprit, ni pour l'énergie,
mais elle s'est laissé surprendre, sous prétexte
de médecine, d'amusement de société, etc., et la
voilà livrée à mille chances inconnues. Ces victimes ont-elles vraiment l'inspiration médicale?
Le temps le dira. Mais quoi qu'il en soit, ce don est
payé bien cher, puisqu'il fait une malade, une malade humiliée, qui perd la disposition de sa volonté. Celui même qui est aimé, son amant, son
mari, si elle le prie de prendre ce pouvoir sur
elle, doit y regarder longtemps. Au lieu d'évoquer
en elle cette passiveté d'esclavage et d'inspiration
ténébreuse, il l'associera aux facultés actives qui
sont celles de la liberté, et ne voudra exercer sur
elle qu'un genre d'attraction, l'amour en pleine
lumière.

———————

Un autre ascendant que tout homme généreux,
au cœur bien placé, se gardera d'exercer, c'est

celui de la violence, la fascination de la crainte.

Les femmes, par toute l'Asie (on peut dire presque par toute la terre), sont traitées comme des enfants. Mais il faut considérer qu'excepté dans notre Europe, elles sont mariées enfants, dans les pays chauds à douze ans, à dix ans, et même dans l'Inde quelquefois à huit. Le mari d'une femme de huit ans est obligé d'être son père, en quelque sorte, son maître pour la former. De là la contradiction apparente des lois indiennes, qui, d'une part, défendent de frapper la femme, et ailleurs permettent de la corriger « comme un petit écolier. » Elles sont toujours enfants, et cette discipline puérile (non servile ni violente), elles la subissent patiemment. Dans l'état polygamique, elles restent craintives et sensuelles, s'attachent un peu par la crainte, en recevant tout du même, caresses et sévérités.

Nos femmes du Nord, au contraire, n'étant nubiles que très-tard, sont tout à fait des personnes, et nullement des enfants, au moment du mariage. A les traiter en enfants, il y aurait le plus horrible abus de la force. Ajoutons le plus dangereux. Il se trouve généralement que les moments où leur humeur difficile provoque la brutalité de l'homme, ce sont les époques du mois où elles sont le plus vulnérables, où toute émotion violente pourrait leur donner la mort. Elles ont alors des heures, des jours d'agitation cruelle, où elles souffrent elles-mêmes (elles l'avouent) du démon de la contradiction, où tout conspire à leur déplaire, où elles ont besoin de choquer. Il faut compatir, ne point s'irriter. C'est un état très-mobile, et comme au fond, malgré ces aigreurs, il cache une émotion de nature nullement haineuse, il suffit souvent d'un régime un peu détendu, d'un peu d'adresse et d'amour pour changer cette fière personne tout à coup, et la faire passer à la plus charmante douceur, aux réparations, aux larmes, au plus amoureux abandon.

L'homme y doit bien réfléchir. La femme est plus sobre que lui ; l'abus des spiritueux, qu'il ne fait que trop, doit le mettre singulièrement en garde contre lui-même. Elle, quand elle est exaltée, violente, c'est le plus souvent la cause la plus naturelle (et au fond la plus aimable) qui l'agite, lui fait piquer l'homme par des mots aigus, des défis. Les Français le savent bien. Il ne s'agit pas d'amour-propre, mais d'amour. Il ne faut pas se heurter front contre front comme on fait trop en Angleterre). Il ne faut pas rire non plus, ni vouloir un brusque passage de la querelle aux caresses. Mais tourner un peu, louvoyer. Un entr'acte de faiblesse, de relâchement naturel, arrive ;

la bonne grâce revient, on avoue qu'on est méchante, et l'on vous paye d'être bon.

———

Aux temps barbares, le gouvernement intérieur de la famille, comme le gouvernement public, ne vivait que de coups d'État. Passons, je vous prie, aux temps civilisés de l'entente cordiale, du libre et doux gouvernement qui se ferait par l'accord de la volonté.

Le coup d'État domestique de l'homme, c'est l'ignoble brutalité qui met la main sur la femme, c'est la violence sauvage qui profane un objet sacré (si délicat, si vulnérable!), c'est l'ingratitude impie qui peut outrager son autel.

Le coup d'État de la femme, la guerre que fait le faible au fort, c'est sa propre honte à elle, l'adultère, qui humilie le mari, lui inflige l'enfant étranger, qui les avilit tous les deux, et les rend misérables dans l'avenir.

Ni l'un ni l'autre de ces crimes ne serait commun, si l'unité était assurée par l'épanchement de chaque jour, par une communion permanente où les plus légères dissidences aperçues, fondues tout d'abord, n'auraient pas le temps de créer de telles tempêtes. On se veillerait davantage soi-même par l'obligation de dire tout. Les tentations non couvées ont bien moins de prise.

———

La confession conjugale (un sacrement de l'avenir) est l'essence du mariage. A mesure que nous sortirons de l'état grossier, barbare, où nous sommes encore plongés, on sentira qu'on se marie précisément pour cela, pour s'épancher tous les jours, pour se tout dire sans réserve, affaires, idées, sentiments, pour ne garder rien à soi, pour mettre en commun son âme tout entière, même en ces nuages confus qui peuvent devenir de grands orages pour un cœur qui les fomente, au lieu de les confier.

———

Je le répète, c'est cela qui est le fond du mariage.

Est-ce dans la génération qu'il est essentiellement? Non. Lors même qu'il est stérile, il peut être très-uni. Sans enfants, il y a mariage.

Est-ce dans l'échange du plaisir qu'on le fera consister? Non. Lors même que le plaisir cesse par l'âge ou la maladie, il y a tout autant mariage.

Il consiste dans l'échange quotidien de la pensée, de la volonté, dans le mélange et l'accord permanent des deux âmes. Le beau mot des jurisconsultes : *Mariage, c'est consentement*, il faut qu'il se reproduise jour par jour, qu'une confiance de chaque instant assure qu'on est dans cette voie où chacun *consent* à ce que veut et fait l'autre.

Qui devez-vous épouser? Celle ou celui qui veut vivre, devant vous, en pleine lumière, ne cachant nulle pensée, nul acte, donnant et communiquant tout.

Qui devez-vous éviter? Celle ou celui qui, promettant de se donner, se garde encore; qui, dans une enceinte réservée de l'âme, se fait un bien exclusif dans la propriété commune, qui sous clef tient un sentiment, une idée à soi tout seul.

———

Les femmes pures, douces et fidèles, qui n'ont rien à dissimuler, rien à expier, ont pourtant plus que les autres besoin de la confession d'amour, besoin de se verser sans cesse dans un cœur aimant.

Comment se fait-il que l'homme profite généralement si peu d'un tel élément de bonheur? Il faut vraiment qu'une jeunesse blasée ou l'étourdissement du monde nous rendent aveugles et brutes, vrais ennemis de nous-mêmes, pour ne pas sentir dès la première fois qu'une communication si tendre est la plus fine jouissance qu'une femme puisse donner d'elle-même.

Ah ! la plupart en sont indignes ! Ils sourient, écoutent à peine, parfois se montrent sceptiques à ces révélations naïves, qui devraient être non-seulement accueillies, mais adorées.

Ce n'est pas chose si nouvelle. Pour les intérêts et pour les affaires, les époux communiquent et se confient. Il faut pour le cœur, pour les choses de religion et d'amour, pour les agitations intérieures et la vie secrète d'imagination, qu'ils prennent aussi confiance. On n'est uni, marié, que par cette chose extrême, définitive et périlleuse : « livrer son dernier secret, *et se donner puissance l'un sur l'autre*, en se disant tout. »

Ne la laissez pas aller, cette chère femme, si elle est un peu malade, si elle a le cœur troublé d'un petit rêve, comme il en vient à la plus pure, ne la laissez pas en défiance de son mari, qu'elle aime pourtant. Il vaut bien mieux qu'elle se fie à son indulgence et lui demande conseil, que de livrer ce grand secret (qui au fond n'est rien) à je ne sais quelle personne qui dès lors aura une arme contre elle et contre vous, la tiendra par là, et,

sans rien dire, n'aura qu'à la regarder, cette pauvre innocente, pour la faire rougir, lui faire baisser
les yeux.

———

Cela aura l'avantage de vous faire aussi réfléchir.
Une femme bonne et raisonnable, si elle a un léger
caprice, il faut bien que son mari se demande
pourquoi, et si ce n'est pas sa faute, à lui-même.
Au milieu de la vie, dans l'entrainement, le vertige
où nous sommes, nous nous négligeons pour les
choses essentielles, et nous négligeons ce que nous
aimons le plus.

Il faut se dire : « Elle a raison peut-être ; je de-
viens ennuyeux, trop absorbé d'une chose. »

Ou bien :

« Respecté-je assez sa délicatesse en certain rapport physique ? Ne suis-je point déplaisant ? »

Ou encore :

« Elle me voit, avec raison, sous un fâcheux aspect moral, — je suis dur, avare...

« Eh bien, je reprendrai son cœur, je serai plus
charitable, plus généreux, — magnanime, —. je
serai au-dessus de moi. — Il faudra bien qu'elle
reconnaisse qu'au total, je vaux mieux encore que

celui qui lui semble aimable, et surtout que j'aime
bien plus. »

———

Faut-il beaucoup de paroles pour cela? Infiniment peu. Parfois, il suffit que, le soir, on s'aime
et on se regarde.

Un artiste qui a eu deux ou trois fois du génie,
Dœlmud, dans une gravure qu'il appelle *le Café*,
a fort bien donné le regard de deux âmes intelligentes, qui n'ont presque pas besoin de parler,
s'entendent tout à fait, se comprennent.

J'y voudrais un rayon de plus, surtout du côté
de l'homme, et quelque chose qui dît : « Ne crois
pas que tu puisses avoir un plus profond abri qu'en
moi. »

XII

LA COMMUNION DE L'AMOUR. — OFFICE DE LA NATURE

Je ne puis me passer de Dieu.

L'éclipse momentanée de la haute Idée centrale assombrit ce merveilleux monde moderne des sciences et des découvertes. Tout est progrès, tout est force, et tout manque de grandeur. Les caractères en sont atteints, ébranlés. Les conceptions faiblissent, isolées, dispersées ; il y a certes poésie ; mais l'ensemble, l'harmonie, le poëme, où sont-ils ? je ne les vois pas.

Je ne puis me passer de Dieu.

———

Je disais, il y a dix ans, à un illustre penseur

dont j'aime l'audace et l'énergique austérité : Vous
êtes décentralisateur. Et je le suis en un sens, car
je veux vivre ; et la centralisation rigoureuse tue-
rait toute vie individuelle. Mais l'aimante Unité du
monde, loin de la tuer, la suscite ; c'est par cela
que cette Unité est l'Amour. Une telle centralisation, qui ne la veut ? qui ne la sent, d'ici-bas jusqu'aux étoiles ?

De ce que nous avons quitté la thèse, insoutena-
ble, d'une providence arbitraire qui vivrait, au jour
le jour, d'arrêts individuels et de petits coups d'É-
tat, est-ce dire que nous ne sentons pas le haut
Amour impartial qui règne par ces grandes lois ? Et
pour être la Raison, n'est-ce pas l'Amour encore ?
Pour moi, j'en ai le flot puissant qui par-dessous me
soulève. Des profondeurs de la vie, je ne sais quelle
chaleur monte, une féconde aspiration. Un souffle
m'en passe à la face, et je me sens mille cœurs.

Réduire toutes les religions à une tête pour la
couper, c'est un procédé trop facile. Quand même
vous auriez, de ce monde, effacé la dernière trace
des religions historiques, du dogme daté, resterait
le dogme éternel. La providence maternelle de Nature, adorée en des milliers de religions mortes et
vivantes, de passé ou d'avenir, auxquelles vous ne
pensez pas, elle subsiste immuable. Et, quand un
dernier cataclysme briserait notre petit globe, elle

n'en durerait pas moins, indestructible comme le monde, dont elle est le charme et la vie.

Que le sentiment de la Cause aimante disparaisse, et je n'agis plus. Que je n'aie plus le bonheur de sentir ce monde aimé, de me sentir aimé moi-même, dès lors je ne peux plus vivre ; couchez-moi dans le tombeau. Le spectacle du progrès n'a plus d'intérêt pour moi. Que l'élan de la pensée, de l'art, soit plus grand encore, je n'en ai plus pour le suivre. Aux trente sciences créées d'hier, ajoutez-en trente encore, mille, tout ce que vous voudrez, je n'en veux pas ; qu'en ferai-je, si vous m'éteignez l'Amour ?

L'Orient, l'humanité dans sa belle lumière d'aurore, avant les âges sophistes qui l'ont ingénieusement obscurcie, était parti d'une idée qui reviendra dominante dans notre seconde enfance, apogée de la sagesse. C'est que la *Communion d'amour*, le plus doux des mystères de Dieu, en est aussi le plus haut, et que son profond éclair nous rouvre un moment l'infini. Ténébreux chez l'être inférieur (et tels nous sommes d'abord), il est de plus en plus lumière à mesure que cette flamme est illuminée par l'Amour qui l'épure et la sanctifie.

Je ne reviens pas ici sur ce que j'ai dit l'an dernier, sur ce sujet, grand entre tous, sur le mystère touchant, terrible, où la femme, pour donner la vie, joue la sienne, où le plaisir, le bonheur, la fécondité nous font voir de si près la mort. Nous le sentons, à cette heure là, dans un ébranlement si profond, nous le sentons dans notre chair frémissante, dans nos os glacés... Le tonnerre qui tomberait n'y ajouterait rien du tout... Au moment où l'objet aimé est si près de nous échapper, où le froid de l'agonie nous passe, si la voix nous restait, ce serait pour dire un mot arraché du fond de l'être et des profondeurs de la vérité : « La femme est une religion. »

Nous le dirions à ce moment. Nous pouvons le dire à tous les moments, et ce sera toujours vrai.

———

Je l'avais dit de ma petite, tout enfant encore : « Une religion de pureté, de douceur, de poésie. »

Combien plus le dirai-je maintenant que, vraiment femme et mère, elle rayonne de tous côtés, par sa grâce, comme une puissance harmonique qui du cercle de la famille, peut dans la société projeter des cercles plus grands! Elle est une religion de bonté, de civilisation.

C'est surtout dans les éclipses religieuses, quand la tradition du passé pâlit à l'horizon, quand un monde nouveau, compliqué, entravé de sa grandeur même, tarde à s'organiser encore, c'est alors que la femme peut beaucoup pour soutenir et consoler. A l'appui de l'idée centrale qui, se dégageant peu à peu, va apporter l'unité de lumière, elle, sans savoir ce qu'elle fait, elle est l'unité charmante de la vie et de l'amour, et la religion elle-même.

Dans les grandes réunions d'hommes, qui n'ont pas pour objet le culte, dans les concerts populaires de l'Allemagne (à cinq ou six mille musiciens), dans les vastes fraternités politiques ou militaires de la Suisse ou de la France (telle qu'elle fut et sera), la présence de la femme ajoute une émotion sainte. La patrie même n'est pas là, tant que nos mères, nos femmes n'y sont pas avec leurs enfants. Les voici, et l'on y sent Dieu.

———

Pour ne parler que de la famille, du bonheur individuel, je dirai simplement la chose dans les termes où un bon travailleur l'a dit un jour devant moi : « Elle est le *dimanche* de l'homme. »

C'est-à-dire, non le repos seulement, mais la joie, le sel de la vie, et ce pourquoi l'on veut vivre.

Le *dimanche !* la joie, la liberté, la fête, et la part chérie de l'âme. Part sacrée. Est-ce la moitié? le tiers? le quart? Non, le tout.

Pour bien approfondir la force de ce mot *dimanche,* dont l'oisif ne saura jamais le secret, il faudrait connaître tout ce qui se passe dans la tête du travailleur le samedi soir, tout ce qui y flotte de rêves, d'espoir et d'aspiration.

Est-ce la femme en général, est-ce la gentille maîtresse, qui motive la comparaison? Non, c'est votre femme, *à vous,* l'épouse aimée, aimable et bonne. Pourquoi? Parce que avec celle-ci, il se mêle aux jouissances un sentiment de certitude de possession définitive, qui permet d'approfondir et de savourer le bonheur. La perception pénétrante et la fine appréciation de la dévouée personne qui vous donna tant de plaisirs, loin de refroidir, vous ouvrent, dans mille nuances délicieuses, un vaste inconnu de béatitude.

———

Toute émotion douce et sacrée est en elle. Vos impressions religieuses d'enfance, elle vous les rend et plus pures.

Tel de vos réveils, à douze ans, qui vous est resté en mémoire, la fraîcheur matinale de l'aube, je ne

sais quelle cloche argentine de village qui sonnait
alors, tout cela vous semble bien loin, évanoui
sans retour. Mais, le matin du dimanche, ayant
travaillé dans la nuit, et vous éveillant un peu
tard, vous apercevez le sourire attendri de votre
femme qui dès longtemps vous regarde, et qui de
sa fraîche voix, de son bras arrondi sur vous, vous
salue et vous bénit. Elle attendait, priait pour vous.
Et vous, vous vous écriez : « O mon aube ! ô mon
angelus !... Quel doux sentiment du matin tu me
rends ! Vingt ans de ma vie sont effacés, je le sens...
Oh ! que par toi je suis jeune ! oh ! que je veux
l'être pour toi ! »

Mais elle, par une adresse qui ajourne et qui
élude, elle t'offre une diversion, l'idée chérie dont
naguère tu l'entretenais, quelque projet favori qui
t'obsédait hier même. De là aux intérêts communs,
à la famille, aux enfants, la transition est facile.
Puis, voyant bien que tu es dans un moment de
grâce et de favorable audience, elle mêle à ses discours quelque chose qui te fera bien au cœur et
sanctifiera ce jour, la bonne œuvre à faire. Le temps
est dur, la chose est forte ; mais, en travaillant si
bien, comme tu fais, et Dieu aidant, on pourrait
encore faire cela. Tu ne dis pas non, tu veux plaire.
Mais, avant que tu aies le temps d'expliquer toute
ta pensée, son enjouement raisonnable a pris les

devants : « Mon ami, voilà Charles réveillé, Édouard
jase; la petite depuis longtemps ne dort pas, et elle
écoute... Oh! qu'il est tard !... Il faut que je les
habille. »

<hr />

Temps sombre, ténébreux. Il neige, grand vent.
Les oiseaux du Nord, qui ont passé de bonne heure,
nous annoncent un grand hiver. Il n'y aura pas de
visite. Triste dimanche? — Point du tout. Où elle
est, qui serait triste? Ce n'est pas la flamme claire
du foyer, le déjeuner chaud, qui réchauffe la maison. C'est elle, sa vivacité tendre, qui remplit tout,
anime tout. Elle pense tellement aux siens, les
aime, et les enveloppe, et les ouate si doucement
qu'il n'y a que de la joie au nid.

La joie est doublée par l'hiver. Ils se félicitent du
mauvais temps qui les enferme et de la belle journée qu'ils vont passer ensemble. Peu de bruit. Lui,
il profite de ce jour pour faire quelque chose de
son choix. Il est là, comme au petit tableau du *Me-
nuisier de Rembrandt*. S'il ne rabote pas comme
lui, il lit et relit un livre. Mais en lisant, il les sait
là qui, par moments, discrètement, disent un petit
mot tout bas Il sent derrière sans le voir, par la
divination du cœur, ce qui ne fait aucun bruit, son

mouvement onduleux et doux, à elle, et son petit pas. Elle ne fait que l'indispensable, et d'un doigt mis sur la bouche leur fait signe d'être bien sages et de ne pas le troubler.

Que font-ils là, ces enfants? je suis curieux de le savoir. Ils font une pieuse lecture. Ils lisent les grandes aventures, les audaces et les sacrifices des voyageurs d'autrefois qui nous ont ouvert le globe et ont tant souffert pour nous. « Ce café qu'a pris votre père, le sucre, enfants, que vous mettez dans le lait abondamment, trop peut-être, tout cela a été acheté par l'héroïsme et aussi par la douleur. Soyons donc reconnaissants. Nous devons à la Providence ces providences humaines des grandes âmes qui peu à peu parviennent à relier le globe, l'éclairent, le fécondent, l'amènent ou l'amèneront bientôt vers l'accord, vers l'unité qu'aurait une seule âme d'homme. » Peu à peu, elle leur dit la communion matérielle (qui en prépare une morale), la navigation, le commerce, et les voies, les canaux, les rails, le télégraphe électrique.

Matérielles? je me conforme au sot langage du temps. Il n'est rien de matériel. Ces choses sortirent de l'esprit, elles retournent à l'esprit, dont elles sont les moyens, les formes. En mêlant les nations, supprimant les ignorances et les antipathies aveugles, elles sont également des puissances morales et religieuses, je l'ai dit, des communions.

Les enseigner peu à peu, dans leur véritable sens, avec le temps, la lenteur, la précaution convenables, c'est donner aux enfants l'instruction religieuse, les élever à l'Esprit divin, esprit de bonté, de tendresse.

Qui ne le sentira au cœur, quand cette révélation nous vient de la bouche adorée? Les enfants sont émerveillés. Mais lui-même qui sait tout cela, en le reprenant par elle avec ce charme attendrissant, se tait dans une heureuse extase et sent que tous nos arts nouveaux sont des puissances d'amour.

Père, enfants, ils sont nourris de son âme, de sa douce sagesse. Ils écoutent et elle a fini. Ils se réveillent comme d'un rêve... Un bruit, un peti *tac-tac* a retenti aux carreaux. Pétition d'un voisin ailé. Le moineau du toit leur dit dans sa franchise pétulante : « Quoi donc, petits égoïstes, dans un aussi mauvais jour vous vous tiendrez enfermés! » Cette harangue a grand effet, on ouvre, et l'on jette du pain. Mais quelle est l'émotion, quand un hôte plus confiant, profitant de cette ouverture, entre et bravement sautille au fond de la chambre!

« Oh! merci, cousin Rouge-gorge, qui, sans façon, nous rappelles la grande parenté oubliée. Tu as raison; en effet, chez nous, n'est-ce pas chez toi? » On n'ose plus respirer. La mère, avec discrétion, sans l'effrayer, jette des miettes. Et lui, nullement humilié, ayant picoté, et même approché un peu du foyer, s'envole, et laisse cet adieu : « Au revoir, mes bons petits frères! »

Si l'heure du repas n'approchait, la mère aurait beaucoup à dire. Mais il faut bien vous nourrir, vous aussi, petits rouges-gorges.

Au dessert, elle leur explique le banquet de la Nature, où Dieu fait asseoir tous les êtres, grands et petits, les plaçant selon l'esprit, l'industrie, la volonté et le travail, mettant très-haut la fourmi, très-bas tel géant (rhinocéros, hippopotame). Si l'homme siége à la première place, c'est par une chose unique, le sens de la grande harmonie, et l'amour du divin Amour, la tendre solidarité avec tout ce qui en émane, le sublime don de Piété.

Ces discours pourraient glisser. Ce qui les fait entrer au cœur, ce qui pour les enfants émus grave cette heure dans le souvenir, c'est que devant eux les parents consomment l'acte de fraternité que la prière de la mère a préparé le matin. Le travailleur, pour son frère, donnera de son travail, donc de sa vie et de son âme Elle l'embrasse, les yeux humides. Et la table est sanctifiée.

Assez pour un jour. Seulement, enfants, réjouis-

sez le cœur de votre père d'un double chant : le
chant de la patrie française en ses jours de grands
sacrifices, qu'au besoin vous imiterez ; et l'hymne
de reconnaissance pour le Dieu bienfaiteur du
mo de, qui nous a donné ce jour, et peut-être son
le nd main.

Donc, reposons. Votre père, bien fatigué, n'est
pas loin de s'endormir. Il s'est couché si tard hier,
pour achever son samedi ! Dormez, amis, dormez,
enfants. Dieu vous garde pendant le sommeil !

Elle les a bénis tous. Elle recouvre avec soin le
feu, ne fait nul bruit, ne souffle plus, et légèrement se couche près de lui, très-attentive à ne pas
le réveiller. Il dort, mais sent bien qu'elle est là,
elle son printemps d'amour, son été dans le
sombre hiver. Elle seule fait toutes les saisons. Au
prix de son charme sacré, qu'est-ce de toute la
nature?

XIV

SUITE. — OFFICES DE LA NATURE

Les deux côtés légitimes, raisonnables, de la religion, sont marqués dans les tendances de l'homme et de la femme, représentés par chacun d'eux. L'homme sent l'infini par les Lois invariables du monde, qui sont comme des formes de Dieu. La femme dans la Cause aimante et le Père de la Nature qui l'engendre de bien en mieux. Elle sent Dieu par ce qui en est la vie, l'âme et l'acte éternel ; l'amour et la génération.

Sont-ce des points de vue contradictoires? Point du tout. Les deux s'accordent en ceci, que le Dieu de la femme, *Amour, ne serait pas Amour, s'il n'était l'Amour pour tous*, incapable de caprice, de préférence arbitraire, *s'il n'aimait selon la Loi, la Raison et la Justice*, c'est-à-dire selon l'idée que l'homme a de Dieu.

Ces deux colonnes du temple sont si profondément fondées, que personne n'y portera atteinte. Le monde alterne pourtant. Parfois, il ne voit que *les Lois*, parfois il ne voit que *la Cause*. Il oscille éternellement entre ces pôles religieux, mais il ne les change pas.

La science pour le moment n'étant pas centralisée, comme elle le sera bientôt, beaucoup ne voient que *les Lois*, et oublient *la Cause* aimante, imaginant que la machine pourrait aller sans moteur. Cet oubli fait la triste éclipse religieuse dont nous sommes assombris. Elle ne peut durer beaucoup. La belle lumière centrale qui fait toute la joie du monde reparaîtra. Nous reprendrons le sentiment de *la Cause aimante*, pour le moment, affaibli.

Non, *des lois* ne sont pas *des causes*. Que nous serviraient nos progrès, si nous ne reprenions le sens de la causalité et de la vie?

Il n'y a ni gaieté, ni bonheur ici-bas, hors l'idée de production. Je l'ai dit pour les enfants. On ne peut les développer et les rendre heureux qu'en les faisant créateurs. Eh bien, de leur petit monde, étendons cela au grand. Quand vous le sentez immobile, quand vous n'y percevez plus la chaleur vitale, un grand ennui saisit le cœur. Nous ne redeviendrons heureux qu'en retrouvant le sentiment du grand mouvement fécond, quand, libres, et pourtant soumis à la haute Raison aimante, ouvriers de l'amour créateur, nous créerons aussi dans la joie.

———

Ce mot était nécessaire pour nous introduire au plus intime intérieur de l'homme et de la femme, dans leur duo religieux, où chacun fait une partie différente et fort délicate, chacun craignant de blesser l'autre. Car ils ne savent pas communément combien au fond ils s'accordent. De là ces tâtonnements, ces hésitations pleines de craintes, ce léger débat de deux âmes, qui réellement n'en font qu'une. Jamais le jour devant témoins ne se fait cette douce lutte. Il faut que les enfants dorment, même que la lumière soit éteinte. C'est la dernière pensée de l'oreiller.

Mais, quoique tous les deux soutiennent un côté vrai et sacré de la religion (lui, *les lois*, elle, *la cause*), il y a cette grande différence qu'en Dieu l'homme sent plutôt *ses modes*, ses manières d'agir, la femme *son amour*, qui sans cesse fait son action. Elle est plus au sanctuaire de Dieu, j'allais dire, plus près de son cœur.

Ayant l'amour à ce point, elle a tout, et comprend tout. Elle monte, descend comme elle veut tous les tons de ce clavier immense, dont l'homme n'a le plus souvent que des notes successives. Elle traduit à volonté toutes les manifestations naturelles de Dieu, du grave au doux, du fort au tendre. Elle est souveraine maîtresse dans cet art divin, et elle l'enseigne à l'homme... « Où donc, dit-il, puisa-t-elle tout cela? où prend-elle ce trésor des choses amoureuses, ce torrent d'enchantements? » — Où? Mais dans ton propre amour, dans celui qu'elle a pour toi, dans les richesses réservées d'un cœur que nulle effusion, nulle génération ne soulage assez. Un monde en sort tous les jours, et l'infini reste encore.

Si simple en tout, si modeste, qu'elle est pourtant supérieure! Tandis que toi, l'œil attaché à la terre, à ton travail, tu vas aveugle, jour par jour, sans mesurer la voie du temps; — elle, elle en sent bien mieux le cours. Elle lui est harmonisée. Elle le suit heure par heure, obligée de prévoir pour toi, pour ton besoin, pour ton plaisir, pour tes repas, pour ton repos. A chaque moment son devoir, mais aussi sa poésie. De mois en mois, avertie par la souffrance d'amour, elle scande le temps, en suit le progrès, la marche sacrée. Quand sonnent les grandes heures de l'année, aux passages des saisons, elle entend le chant solennel qui sort du fond de la Nature.

Celle-ci a son rituel, nullement arbitraire, qui de lui-même exprime la vie de la contrée dans ses immuables rapports avec la grande vie divine. On ne touche pas aisément à cela. La tradition, l'autorité qui impose à un peuple les rites de l'autre n'opérerait rien au fond que désharmonie, dissonance. Les chants du haut Orient, si beaux, sont discordants en Gaule. Celle-ci a son chant d'alouette qui n'en monte pas moins à Dieu.

Notre aurore n'est pas une aurore d'Amérique ou de Judée. Nos brouillards ne sont pas les brumes pesantes de la Baltique. Eh bien, tout cela a sa voix. Ce climat, ces heures, ces saisons, cela chante à sa manière. Elle l'entend bien, ta femme, ta fine oreille de France. Ne l'interroge pas, pourtant; elle dirait le chant convenu. Mais, lorsque seule au ménage, un peu triste de ton absence, et travaillant doucement, dans son bonheur mélancolique, elle commence à demi-voix, elle trouve, sans l'avoir cherché, la chose naïve et

sainte, le vrai psaume du jour et de l'heure, ses
humbles vêpres à elle, un chant du cœur pour
Dieu, pour toi.

Oh! qu'elle sait bien les fêtes, les vraies fêtes
de l'année! Laisse-la te conduire en cela. Elle seule
sent les jours de la grâce où le ciel aime la terre,
les hautes indulgences divines. Elle les sait, car elle
les fait, elle l'aimable sourire de Dieu, elle la fête
et le noël, l'éternelle pâque d'amour, dont vit et
revit le cœur.

———

Sans elle, qui voudrait du printemps? Que cette
chaleur féconde dont fermente alors toute vie serait
pour nous maladive, sombre! Mais qu'elle soit avec
nous, alors c'est un enchantement.

Émancipés de l'hiver, ils sortent. Elle a sa robe
blanche, quoique le soleil puissant soit encore neu-
tralisé par moments d'un peu de bise. Tout est vie,
mais tout est combat. Sur la prairie reverdie, les
petits jouent et se battent; chevreaux contre chevreaux essayent leurs cornes naissantes. Les rossi-
gnols, qui sont venus quinze jours avant leurs maîtresses, règlent par des duels de chant le droit
qu'ils auront à l'amour.

Dans cette lutte gracieuse d'où l'harmonie va

sortir, elle apparaît, *elle*, la paix, la bonté, la
beauté... O vivante joie du monde!... Elle avance.
Son tendre cœur se partage, est à deux choses. On
lui parle de deux côtés. Ses enfants courent aux
fleurettes, en rapportent les mains pleines, crient :
« Maman! voyez! voyez! » — Plus près d'elle, à
son oreille, quelqu'un lui parle plus bas, et elle
sourit aussi... C'est qu'on n'est pas impunément
au bras de la charmante femme, si près de son sein,
de son cœur. Bat-il fort? Bien doucement ; elle n'est
pas insensible, elle entend tout, bonne et tendre,
elle veut tant qu'ils soient tous heureux ! Elle répond
tour à tour : « Oui, mes petits... Oui, mon ami. »
— A eux : « Jouons. » — Et à lui : « Oh! tout ce
que tu voudras! »

Mais, dans son extrême bonté qui la rend tout
obéissante, et faible à ses enfants même, qui saurait la regarder verrait, derrière son sourire, un
aparté méditatif. Il pense à elle, elle à Dieu.

—

———

Cela revient encore plus tendre, plus ardent, à
la jolie fête des fleurs des champs, aux travaux de
la fenaison. Elle aussi, elle est venue, comme les
autres, avec son râteau, et elle veut aussi travailler.
Mais, toute belle qu'elle est toujours, elle a pris un

luxe aimable de formes qui renouvelle sa fraîcheur
et l'appesantit un peu. Sa blanche et abondante gorge
où ses enfants ont bu la vie, ces trésors que celui
même qui sans doute les connaît le mieux couve
pourtant du regard, tout cela rend la chère femme
un peu lente, un peu paresseuse. On la voit bientôt
fatiguée; on lui défend de travailler. Mais on travaille pour elle. Ses enfants, gais et heureux, son
mari tout ému d'elle, ne peuvent rencontrer des
fleurs sans les rapporter, les donner à la souveraine
rose. On en remplit son tablier, on en charge son
sein, sa tête. Elle disparaît sous la pluie odorante :
« Assez ! assez ! » Mais qui l'écoute? Elle a peine à
y voir encore, et ne peut plus se défendre. Elle est
enveloppée d'eux, et submergée de caresses, noyée
de baisers, de fleurs.

———

La chaleur est déjà forte. Ces ardeurs ne laissent
pas de l'inquiéter, la tendre épouse. Les trois mois
qui vont se passer, de la fenaison aux vendanges,
sont pesants, terribles à l'homme. Celui qui travaille des bras, et l'ouvrier de la pensée, sont frap-
pés également. Il frappe durement, fortement au
cerveau, le puissant soleil. Et cela, de deux façons.
En même temps qu'il nous soustrait une si grande

partie de nos forces, il augmente le désir. L'homme
faiblit par la saison, il faiblit par le travail, faiblit
par les jouissances. Elle le sent, elle le craint.
Elle hasarde un mot de sagesse, un mot de vraie
religion. A ce temps où Dieu fait son œuvre, accomplit dans chaque année la nourriture du genre humain, ne réclame-t-il pas l'emploi exclusif des
forces de l'homme?

Mais cela n'est pas bien pris. On devient froid,
on s'irrite. Que de saintes ruses il lui faut pour se
sevrer elle-même! Fuites charmantes, humbles
prières pour éluder, ajourner. L'inexorable juillet
arrive, et en même temps les fêtes de la moisson,
le triomphe de l'année, le banquet de la plénitude.
Tout est gai, fort et puissant. L'aiguillon de la
chaleur, comme un trait de guêpe, irrite. Elle
semble un peu malade, et, comme telle, obtient
grâce, se fait un tout petit lit près du berceau des
enfants.

———

Heureux automne! temps promis de bonheur et
d'indulgence! La fin des travaux arrive. L'amour,
qui, aux mois meurtriers, faisait la guerre à l'a-
mour, peut enfin laisser la prudence et suivre
l'élan du cœur. On ne lui dira jamais, à celui qui

s'irritait de ces refus, à qui ils ont le plus coûté.

Elle, elle n'a qu'une parole. Elle revient à lui tout entière. Au jour marqué par la promesse, il en veut l'accomplissement. « Mais, mon ami, le travail ne doit-il point passer avant? Ce temps gris, léger, voilé des gazes d'un brouillard transparent, est si joli pour la vendange! Hâtons-nous. Un doux soleil pâle qui va percer tout à l'heure, jetant un dernier regard sur la grappe ambrée, en ôtera la rosée. C'est le moment de cueillir. Bien entendu que, ce soir, nous ne nous séparerons plus. Il fait moins chaud, je te reviens, et je veux me réfugier auprès de toi pour l'hiver. »

Ceci, c'est la joie de tous. Les singes, en certains pays, les ours, s'enivrent de raisin. Comment l'homme pourrait-il n'avoir pas la tête ébranlée? L'ivresse a déjà saisi celui-ci avant d'avoir bu. Elle le calme. « Doucement, doucement... Donnons-leur le bon exemple, et travaillons, nous aussi. »

Nulle occasion plus aimable de fraterniser. Tous sont égaux en vendange, et la supériorité n'est qu'aux bons travailleurs. C'est un grand bonheur pour elle de faire avec tout un peuple la Cène de l'amitié! Que tous viennent, et même encore ceux qui n'ont rien fait, s'ils veulent. Elle en sera reconnaissante. Elle connaît le village, et sait bien ceux qui lui manquent. « Et celui-là ? — Il est malade. — Eh bien, on lui enverra. — Tel autre ? — Il est en voyage. » Elle s'informe ainsi de tous, voulant les avoir ensemble, les rapprocher, les réunir.

La place est grande heureusement, un de ces amphithéâtres de collines, comme en ont certains vignobles qui de haut voient la mer. Le temps est doux. On peut manger en plein air. Un vent tiède règne et favorise le départ des voyageurs ailés qui traversent le ciel. Le jour est court ; quoique peu avancé encore, il semble déjà incliner vers la mélancolie du soir.

Jamais elle n'a été plus belle. Ses yeux rayonnent d'affectueuse douceur. Chacun sent qu'il est vu d'elle, bien voulu, qu'elle pense à lui, à tous. Son tendre regard bénit toute la contrée.

Sa fille lui avait tressé une délicieuse couronne de pampre vert, de délicat héliotrope lilas et de rouge verveine. Couronne royale et féminine qui de loin embaumait l'air. Elle la repoussa d'abord, mais son mari l'exigeait. Il eût voulu mettre sur elle toutes les couronnes de la terre.

Pourtant elle lui semblait triste.

— Qu'as-tu ?

— Ah ! je suis trop heureuse !

— Tous nos amis, tous nos parents, y sont...

Et toutes ces bonnes gens. Pas un n'aurait voulu manquer.

— Hélas! mon ami, c'est le monde, le monde entier de ceux qui souffrent et qui pleurent, voilà ce qui manque... Pardonne...

Elle n'en dit pas plus... Son émotion l'arrête... une larme lui tombe, et, pour la dérober aux yeux, elle s'incline sur son verre qui la reçoit, dans la vendange pressée, cette adorable larme...

Son mari enlève le verre à ses lèvres, et le boit d'un trait...

Mais tous ceux qui n'en avaient pas, l'ayant vue pleurer, s'attendrirent, et se trouvèrent un avec elle.

Et tous communiaient de son cœur.

LIVRE TROISIÈME

LA FEMME DANS LA SOCIÉTÉ

I

LA FEMME COMME ANGE DE PAIX
ET DE CIVILISATION

La femme, considérée dans son aspect supérieur, c'est le médiateur d'amour.

Profonde et charmante puissance, qui a deux révélations. A mesure que la première, l'attrait du sexe, du plaisir, et l'orage sanguin de la vie, pâlit, cède, — alors la seconde paraît dans sa douceur céleste, *l'influence de paix, de consolation, de médication.*

L'homme est, plus qu'aucune autre chose, la force de création. Il produit, mais en deux sens. Il produit aussi la guerre, la discorde et le combat. Parmi les arts et les idées, le torrent de biens qui

sort de sa forte et féconde main, un torrent de maux
coule aussi, que la femme vient par derrière adoucir, consoler, guérir.

———

Je traverse une forêt, un pas dangereux, et j'entends un léger pas. — Cela pourrait bien être
un homme, et je me tiens sur mes gardes. Mais
voici que c'est une femme. Salut, doux ange de
paix !

Dans un voyage consciencieux qu'un Anglais fit
en Irlande, il y a trente ans, pour examiner les
maux et en rechercher les remèdes, il peint l'extrême défiance de ces pauvres créatures indi-
gentes, qu'un homme entrant dans leurs huttes
misérables inquiétait fort. Était-ce un agent du
fisc : un espion?... Mais, heureusement, il n'était
pas seul. On entrevoyait derrière lui un visage de
femme. Et dès lors, tout était ouvert, on se rassu-
rait, on prenait confiance. On n'eût pu imaginer
qu'il eût emmené sa femme, s'il eût voulu faire
du mal.

C'est à peu près la même chose dans l'admirable
voyage de Livingstone aux régions inexplorées de
l'Afrique (1859). Un homme seul y serait suspect,
et beaucoup y ont péri. Mais la vue d'une famille

rassure, calme et pacifie. La paix! la paix! c'est
le vœu, le cri de ces bonnes gens. Ce qu'ils exprimaient naïvement à ce missionnaire de l'Europe
qui leur en apportait les arts protecteurs. Les
femmes lui disaient ce mot : « Donne-nous le *sommeil !* » — Eh bien, ce *sommeil*, cette paix, cette
profonde sécurité, ils les voyaient derrière lui qui
s'avançaient sur ses bœufs avec sa maison rou-
lante ; ils les voyaient dans mistress Livingstone,
entourée de ses trois enfants. Cette vue en disait
assez. On sentait bien qu'il n'avait pas amené ce
cher nid au monde des lions, sinon pour faire du
bien aux hommes.

Si la vue muette d'une femme a cet effet, que
sera-ce de sa parole? de cette puissance d'accent
qui pénètre du cœur au cœur ?

La parole de la femme, c'est le dictame universel, la vertu pacificatrice, qui partout adoucit,
guérit. Mais ce don divin n'est libre chez elle que
quand elle n'est plus l'esclave, la muette de la
pudeur, quand le progrès des années l'émancipe,
lui délie la langue, lui donne toute son action.

———

Dans un moment de vraie noblesse et de magnanimité, une femme d'un beau génie a caractérisé,

envisagé dignement ce que nulle femme ne voit qu'avec effroi, l'âge mûr, et l'approche même de la vieillesse. Cet âge tellement redouté lui paraît avoir ses douceurs, une calme grandeur que la jeunesse n'a pas.

Le jeune âge, dit-elle à peu près (je regrette de ne pouvoir me rappeler exactement ses paroles), c'est comme un paysage alpestre, plein d'accidents imprévus, qui a ses rochers, ses torrents, ses chutes. La vieillesse, c'est un grand, un majestueux jardin français, de nobles ombrages, à belles et longues allées, où l'on voit de loin les amis qui viennent vous visiter. Larges allées pour marcher plusieurs de front, causer ensemble, enfin un aimable lieu de société, de conversation.

———

Cette belle comparaison aurait seulement le tort de faire croire que la vie devient alors uniforme et monotone. C'est justement le contraire. La femme prend une liberté qu'elle n'eut point à un autre âge. Les convenances la tenaient captive. Il lui fallait éviter certaines conversations. Elle devait se priver de telles communications. Les démarches de charité même lui étaient souvent difficiles, ha-

sardeuses. Le monde injuste en eût médit. Plus
âgée, elle est affranchie, jouit de tous les priviléges
d'une liberté honnête. Et il en résulte aussi qu'elle
a tout son essor d'esprit, pense et parle d'une manière bien autrement indépendante et originale.
Alors, elle devient elle-même.

Les jeunes et jolies femmes ont toute permission
d'être sottes, étant sûres d'être admirées toujours.
Mais non pas la femme âgée. Il faut qu'elle ait de
l'esprit. Elle en a, et elle est souvent agréable et
amusante.

Madame de Sévigné dit cela de jolie façon (je cite
encore de mémoire) : « Jeunesse et printemps, dit-
elle, ce n'est que vert, et toujours vert ; mais nous,
les gens de l'automne, nous sommes de toutes les
couleurs. »

Cela permet à la dame d'exercer autour d'elle
ces aimables influences de société qui sont surtout
propres à la France. Qu'est-ce au fond , sinon une
disposition bonne et sympathique qu'on sent et qui
met à l'aise, qui donne de l'esprit à ceux même qui
n'en auraient pas, les rassurant, imposant aux sots
rieurs qui se donnent le plaisir facile d'embar-
rasser les timides?

Cette royauté de bonté illumine son salon comme d'un doux rayonnement. Elle encourage l'homme spécial, que les beaux diseurs faisaient taire, et qui, sous le regard d'une femme d'esprit qui l'autorise, prend une modeste fermeté. Alors la conversation n'est point le vain bavardage que nous entendons partout, l'éternel sautillement où les cerveaux vides ont tout l'avantage. Lorsque l'homme de la chose a bien posé la question, sans développement prolixe et sans pédantisme, elle ajoute un mot de cœur qui souvent l'éclaire lui-même, onnant et chaleur et lumière à ce qu'il a dit, le a-dant facile, agréable. On se regarde, on sor t. Tous se sont entendus.

———

On ne sait pas assez que parfois un simple mot d'une femme peut relever, sauver un homme, le grandir à ses propres yeux, lui donner pour toujours la force qui jusque-là lui a manqué.

Je voyais un jour un enfant sombre et chétif, d'aspect timide, sournois, misérable. Pourtant il avait une flamme. Sa mère, qui était fort dure, me dit : « On ne sait ce qu'il a. — Et moi je le sais, madame. C'est qu'on ne l'a baisé jamais. » — Cela n'était que trop vrai.

Eh bien, dans la société, cette mère fantasque des esprits, il y en a beaucoup qui avortent (et non pas des moindres), parce qu'elle ne les a jamais baisés, favorisés, encouragés. On ne sait comment cela se fait. Personne ne leur en veut ; mais, dès qu'ils hasardent un mot timidement, tout devient froid, on passe outre, on n'en tient compte, ou bien on se met à rire.

Cet homme noué, repoussé, prenez-y garde, il peut se faire que ce soit un génie captif. Oh ! si, à ce moment-là, une femme autorisée par l'esprit, la grâce, l'élégance, relevait le mot (parfois fort, parfois profond) qui échappe à ce paria, si, le reprenant en main, elle le faisait valoir, montrait aux distraits, aux moqueurs, que ce caillou est un diamant... une grande métamorphose serait opérée. Vengé, relevé, vainqueur, il pourrait parfois montrer qu'entre ces hommes lui seul est homme, et le reste un néant.

II

DERNIER AMOUR. — AMITIÉS DES FEMMES

Le grand divorce de la mort est si accablant pour la femme, laissée seule, sans consolation, lui est si amer qu'elle veut, désire, espère suivre son mari au tombeau. « J'en mourrai, » dit-elle. Hélas ! il est bien rare qu'on en meure. Si la veuve ne se tue au bûcher de son mari, comme elles le font dans l'Inde, elle risque de survivre longtemps. La nature semble se plaire à humilier la plus sincère, lui fait dépit en la conservant jeune et belle. Les effets physiques du chagrin sont variés, opposés même, selon les tempéraments. J'ai vu une dame, noyée de douleur et de larmes, irréparablement frappée, véritablement perdue pour la vie, fleurir pourtant de santé. L'absorption où elle était, son immobile accablement, avait donné à sa beauté ce qui lui manquait, un luxe admirable. Elle en rougissait, elle en gémissait, et la honte qu'elle avait de ce semblant d'indifférence ajoutait à son désespoir.

C'est un arrêt de la nature. Dieu ne veut pas qu'elle meure, qu'elle se fane, cette aimable fleur. Elle demande la mort, et ne l'aura pas. La vie lui est imposée. Elle est obligée encore de faire le charme du monde. Celui même qu'elle veut suivre lui défend ce sacrifice. L'amour qui avait mis sur elle tant d'espoir et tant de vœux, qui a tant fait pour développer son cœur et faire d'elle une personne, n'entend pas enfouir tout cela, ni l'entraîner dans la terre. S'il est le véritable amour, il lui permet, quelquefois lui enjoint d'aimer encore.

Dans nos populations des côtes, supérieures à tant de titres, j'observe deux choses : que la femme, souvent inquiète, toujours préoccupée de son mari, l'aime et lui est très-fidèle ; mais qu'aussitôt qu'il périt, elle contracte un second mariage. Chez nos marins qui vont à la pêche dangereuse de Terre-Neuve, ceux de Granville par exemple, dans cette vaillante population où il n'y a pas d'enfants naturels (sauf ceux d'émigrants étrangers), les femmes se remarient immédiatement, dès que l'homme ne revient pas. Il le faut ; autrement, les enfants mour-

raient. Si parfois le mort revient, il trouve fort
bon que son ami ait adopté et nourri sa famille.

N'y eût-il pas d'enfants à nourrir, il est impossible que celui qui aime, que cette femme a rendu
heureux, désire, en reconnaissance, la laisser malheureuse pour toujours. Elle dira non aujour-
d'hui. Elle croira de bonne foi pouvoir toujours se
soutenir par sa douleur et la force de son souvenir.
Mais lui qui la connaît mieux qu'elle-même, il
peut seulement prévoir qu'un changement violent
de toutes habitudes est au-dessus de ses forces,
qu'elle va rester désolée.

Ne souffre-t-il pas à la voir dans l'avenir, quand,
seule, elle rentrera le soir, ne trouvera personne
chez elle, pleurera à son foyer éteint?...

S'il réfléchit, s'il a quelque expérience de la nature humaine, il songera avec compassion à un
mystère de souffrance qu'on traite fort légèrement,
mais que les médecins constatent et déplorent.
C'est que le besoin d'amour, qui passe vite chez
l'homme blasé, au contraire chez la femme pure,
conservée, souvent augmente. La circulation moins
rapide, une vie moins légère et moins cérébrale,
moins variée par la fantaisie, un peu d'embonpoint
dont elle est (dans le jeûne et les larmes même)
fortifiée, embellie, tout cela l'agite ou l'accable. Le
bouillonnement sanguin, la surexcitation nerveuse,

l'idée fixe du temps passé dont on a profité si peu, créent chez plusieurs une existence pénible et humiliante dont elles gardent le secret, un martyre de rêves avortés. Punies de leur vertu même, et d'avoir ajourné la vie, elles sont trop souvent frappées des cruelles maladies du temps. Ou bien, ces pauvres isolées, jouets de la fatalité, après une vie austère, tombent dans quelque honte imprévue, dont rit un monde sans pitié.

Celui qui l'aime et qui meurt doit voir l'avenir pour elle, mieux qu'elle ne le peut à travers ses larmes. Il faut qu'il prévoie et pourvoie, qu'il ne lui impose rien, mais la délivre des scrupules, même que magnanimement il se constitue son père, l'affranchisse, cette chère fille, la dirige et l'éclaire d'avance, lui arrange sa vie.

Ainsi la première union ne passe pas. Elle dure par l'obéissance, la reconnaissance et l'affection. Remariée, loin d'oublier, au contraire vivant par lui, et dans le calme du cœur, elle se dit : « Je fais ce qu'il veut. Ce qui me revient de bonheur, je le lui dois. Sa providence m'a donné la consolation, la douceur du dernier amour. »

Le grand intérêt de la veuve, si elle doit se résigner à un second mariage, c'est de prendre le *proche parent*. Je n'entends pas le *parent* selon la chair, comme la loi juive ; mais le *parent selon l'es-*

prit. J'entends celui qui aima le mort, celui qui
en est son âme, et pour qui la veuve, par cela même
qu'elle lui a appartenu, loin de perdre, possède
au contraire un charme de plus. La puissance de
transformation, inhérente au mariage, qui fait
que la femme à la longue, physiquement, moralement, contient une autre existence, elle lui
nuirait peut-être, à cette épouse irréprochable, si
le second mari n'était la même personne dans
l'amour et dans l'amitié.

———

Pourquoi généralement les veuves sont-elles plus
jolies que les filles? On l'a dit : « L'amour y passa. »
Mais, il faut le dire aussi : « C'est que l'amour y est
resté. » On y voit sa trace charmante. Il n'a pas
perdu son temps à cultiver cette fleur. Du bouton,
peu expressif, il a fait la rose à cent feuilles. A
chaque feuille, l'attrait d'un désir. Tout est grâce
ici, tout est âme. La possession ôte-t-elle? Non, elle
ajoute plutôt. Si celle-ci fut heureuse, gardée par
une main digne, rendez-la heureuse encore. Dans
la brillante fraîcheur, bien plus riche, du second
âge, vous n'aurez guère à regretter l'indigente et
grêle beauté de sa première jeunesse. La virginité

elle-même refleurit chez la femme pure, qu'une vie douce a consolée. Elle s'harmonise innocente dans l'accord de ses deux amours.

Un homme ne vit-il qu'une fois ? l'âme n'a-t-elle qu'un seul mode de perpétuité ? Outre la durée persistante de notre énergie immortelle, n'avons-nous pas en même temps quelque émanation de nous-mêmes en nos amis qui reçurent nos pensées, et parfois continuent les plus chères affections de notre cœur ? Le chaleureux écrivain qui hérita du dernier amour de son maître Bernardin de Saint-Pierre avait quelque reflet de lui. Et dans l'austérité critique d'un éminent historien de ce temps, on eût cru pouvoir reconnaître un grand héritage, s'il est vrai qu'il ait eu le glorieux bonheur de communier avec l'âme du dix-huitième siècle, en madame de Condorcet.

Plusieurs, ou déjà âgées, ou libres parfaitement des soucis de jeunesse, n'accepteraient pas un second mariage. Il leur suffirait d'une adoption.

La veuve peut continuer l'âme du premier époux dans un fils spirituel qu'il lui aurait recommandé. Cette préoccupation peut lui remplir le cœur, lui

donner un but dans la vie. Il est tant d'enfants sans
parents, tant d'autres dont les parents sont loin!
On ne sait pas assez combien, dans nos dures
écoles, un enfant abandonné a besoin de la pitié
d'une femme. Pour celui qui est perdu dans ces
colléges immenses qui sont déjà des armées, le
meilleur *correspondant*, c'est une dame qui le suit
d'un œil maternel, qui va le voir, le console, s'il
est puni, parfois intercède, surtout le fait sortir,
lui fait prendre l'air, le promène, l'instruit plus
qu'il ne le sera peut-être dans le travail de la semaine, et enfin le fait jouer sous ses yeux avec des
enfants choisis. Elle lui est plus utile encore quand
il passe aux hautes écoles. Elle lui sauve bien des
périls qu'une mère ne lui sauverait pas. Il lui confiera mille choses dont cette mère, un peu crainte,
n'aurait nullement le secret. Son habile enveloppement le gardera, lui fera passer cette époque intermédiaire où la furie du plaisir, aveugle, fait
avorter l'homme.

Mission délicate, au total, qui souvent donne au
jeune homme un admirable affinement, un peu féminin peut-être, et qui d'autre part laisse parfois
un pauvre cœur de femme en grande amertume. Il
lui est bien difficile de se croire tout à fait la mère.
Et parfois, elle aime autrement. Je voudrais, pour
son bonheur, qu'elle s'attachât plutôt, cette bonne

et tendre créature, à la protection maternelle d'une classe, bien malheureuse et la moins consolée des femmes. Je parle des femmes elles-mêmes.

———

Les femmes, qui savent si bien ce que souffre leur sexe, devraient s'aimer, se soutenir. Mais c'est le contraire. Quoi ! l'esprit de concurrence, les jalousies, sont donc bien fortes ! l'hostilité est instinctive. Elle survit à la jeunesse. Peu de dames pardonnent à la pauvre ouvrière, à la servante, d'être jeunes et jolies.

Elles se privent en cela d'un bien doux privilége que leur donnerait l'âge (et qui vaut l'amour presque), celui de protéger l'amour. Quel bonheur pourtant d'éclairer, diriger les amants, de les rapprocher ! de faire comprendre à ce jeune ouvrier que sa vie de café lui est plus coûteuse, plus fâcheuse en tous sens que la vie de famille. Souvent un mot suffit d'une personne qui a ascendant pour faire naître l'amour, ou pour le raffermir. Bien des fois j'ai vu le mari se figurer qu'il s'ennuyait, s'éloigner de sa femme. Un éloge fortuit qu'il entendait en faire, un mouvement d'admiration qu'il surprenait, l'exclamation d'un tiers qui enviait son bonheur, c'était assez pour lui faire voir ce que tous auraient vu, qu'elle était plus charmante que jamais, lui réveiller le cœur qui n'était qu'endormi et le faire souvenir qu'il était toujours amoureux.

Il est dans les ménages des heures de crises qu'une amie pénétrante suprend, devine, et où elle intervient heureusement. Elle confesse sans confesser la jeune, dirige sans diriger. Quand celle-ci vient, le cœur gros, muette et fermée de chagrin, elle la desserre doucement, la délace, si je puis dire. Et alors tout éclate, telle dureté de son mari, le peu d'égards qu'il a pour elle, tandis que *tel autre*, au contraire... le reste se devine. A ces moments, il faut qu'on l'enveloppe, qu'on s'empare d'elle. Ce n'est pas difficile pour une femme d'esprit, d'expérience, de prendre cette enfant en larmes sur son sein, de la contenir, de lui ôter pour le moment la disposition d'elle-même. Retrouver une mère ! ce bonheur imprévu peut la sauver de telle démarche folle, de telle vengeance aveugle, qu'ensuite elle pleurerait toujours.

Parfois, plus orgueilleuse, elle ne daigne se venger ainsi. Elle réclame la séparation. C'est ce que nous voyons trop souvent aujourd'hui. Aux premières incartades d'un jeune homme violent qui aurait pu mûrir, se corriger, la femme, celle surtout qui se sent riche, n'entend rien, ne sup-

porte rien, éclate, veut rentrer dans son bien. Sa
famille influente sollicite. Ses domestiques, à elle,
témoignent contre le mari. Elle reprendra sa dot.
Mais sa liberté? Non. Si jeune encore, la voilà
veuve. Et reprend-elle aussi (s'il faut le dire) l'intimité qu'elle a donnée, cette communion définitive qui livre la personne même, la transforme?
Non, non, elle ne peut la reprendre. Rien de plus
douloureux.

Quoi donc ! n'est-il point de remise? ne peut-on
ramener le jeune homme? Tout son vice, c'est
l'âge. Il n'est ni méchant, ni avare. Cette dot, que
les parents la gardent. C'est *elle* qu'il aimait et regrette. Il sent bien (et surtout étant séparé d'elle)
qu'il n'en retrouvera pas une aussi désirable. Et
cette fierté même qui leur fut si fatale, n'est-ce pas
un attrait pour l'amour?

« L'amour? Mais nous n'avons que cela en ce
monde... et demain nous mourrons. Aimez donc
aujourd'hui... Je jure que vous aimez encore. »

Voilà ce qu'elle dit, cette tendre amie, et elle
fait mieux que dire. Pendant qu'elle caresse et
console la petite femme à sa campagne, un jour
elle la pare, bon gré, mal gré, la fait jolie. Des vi-
siteurs viendront. Un seul vient, et lequel? Devi-
nez-le, si vous pouvez.

« Le mari ! »

Un amant. De visage peut-être il ressemble, mais d'âme, il es. tout autre. Si c'était le mari, aurait-il ce trouble charmant? tant d'amour et d'empressement, un si violent retour de passion?... Oh ! nul moyen de s'expliquer... Des deux côtés, on ne sait ce qu'on dit, on balbutie, on promet et l'on jure... Bref, tous deux ont perdu l'esprit. L'amie rit, les dispense d'avoir le sens commun. Il est tard, le souper est court, car elle a la migraine, elle ne peut leur faire compagnie, et ils veulent bien l'en tenir quitte, eux-mêmes si fatigués d'émotions. On peut les laisser seuls. Ils ne se battront pas. Que l'on plaide là-bas, à la bonne heure, mais ici qu'ils reposent.

Est-ce tout? Non. L'aimable providence qui renoue leurs amours ne veut pas que l'orage puisse revenir à l'horizon. D'eux elle obtient deux choses. D'abord, de sortir du milieu où cet orage se forma. Il ne vient guère de ceux qui aiment, mais de leurs entourages. Si l'un des deux a un défaut, presque toujours il dure, augmente, sous l'influence de quelque funeste amitié dont il faut s'éloigner. Changer de lieu, parfois, c'est changer tout.

'L'autre mal, bien fréquent, qu'elle essaye de guérir, c'est le désœuvrement. Dans une ville flottante, trop peu remplie, je ne sais combien de tristesses, de pensées malsaines, d'aigreurs, vien-

nent infailliblement. Ce qui mêle et l'âme et la vie,
c'est de *coopérer*, de travailler ensemble, tant qu'on
peut; tout au moins de travailler à part, et de se
regretter, et de souffrir un peu de n'être pas ensemble, — de sorte qu'on reste avide l'un de l'autre, impatient de l'heure où l'on se reverra, demandant, désirant le soir.

LA FEMME PROTECTRICE DES FEMMES
CAROLINA

La cinquième partie du monde, l'Australie, n'a jusqu'ici qu'un saint, une légende. Ce saint est une femme anglaise, morte, je crois, cette année.

Sans fortune et sans secours, elle a fait plus pour ce monde nouveau que toutes les sociétés d'émigration et le gouvernement britannique. Le plus riche et le plus puissant des gouvernements de la terre, maître des Indes et d'un empire de cent vingt millions d'hommes, échouait dans cette colonisation qui doit réparer ses pertes. Une simple femme réussit et emporta l'affaire par sa bonté vigoureuse et par la force du cœur.

Rendons hommage ici à cette race persévérante. Une Française, une Allemande, eût eu autant de bonté, de généreuse pitié, mais je ne sais si elle eût persisté contre tant d'obstacles. Il y fallait une obstination admirable dans le bien, un sublime entêtement.

Carolina Jones naquit vers 1800, dans une ferme du comté de Northampton. A vingt ans, elle fut épousée, emmenée par un officier de la Compagnie des Indes. Brusque passage. Élevée dans les mœurs décentes, sérieuses, des campagnes d'Angleterre, elle tomba dans ces babylones militaires où tout est permis. Les filles de soldats, laissées orphelines, étaient à vendre dans les rues de Madras. Elle se mit à les ramasser et en remplit sa maison. On eut beau se moquer d'elle; elle subsiste cette maison, et elle est devenue un orphelinat royal.

La santé de son mari, le capitaine Chisholm, exigeant un climat plus sain, il obtint d'aller quelque temps se refaire en Australie et y passa en 1838 avec sa femme et ses enfants. Mais, obligé bientôt de retourner à son poste, il l'y laissa seule, et c'est alors qu'elle commença sa courageuse entreprise.

Personne n'ignore que Sidney, et l'Australie en général, a été surtout peuplé de *convicts*, de condamnés, dont beaucoup seraient parmi nous des forçats. La déportation constante y amenait des masses d'hommes, peu de femmes relativement.

On peut deviner combien elles étaient recherchées,
poursuivies. Chaque vaisseau qui arrivait chargé
de femmes était attendu au débarquement, salué
de clameurs sauvages, qu'on eût dit des cris de
famine. Les actes les plus violents, les plus révol-
tants étaient ordinaires. Même les femmes d'employés, dont les maris étaient absents, n'avaient
nulle sûreté chez elles. Quant aux filles déportées,
elles tombaient dans cette foule comme un gibier
qu'on relançait.

Pour comprendre l'horreur de cette situation, il
faut savoir ce que c'est qu'une Anglaise. Elles n'ont
nullement l'adresse, l'esprit de ressources et d'ex-
pédients, qui caractérise les nôtres. Elles ne savent
pas travailler : elles ne sont bonnes absolument
qu'aux enfants et au ménage. Elles sont très-dépen-
dantes, modestes (n'apportant pas de dot). Mariées,
elles sont fort battues. Mais celle qui n'est pas mariée, c'est une malheureuse créature, qui ne sait se
tirer d'affaire, effarée, qui heurte, tombe, se fait
mal partout. Quelqu'un a dit : « un chien perdu, »
qui erre et cherche son maître, et ne sait pas s'en
faire un.

Leurs filles publiques elles-mêmes sont plus à
plaindre que celles d'ici. Celles-ci, dans leur triste
état, se défendent par l'ironie et peuvent encore
relativement se faire un peu respecter. La fille an-

glaise n'a pas le moindre ressort, aucune arme contre la honte, rien à dire (celles qui parlent sont des Irlandaises). L'Anglaise ne peut se soutenir, dans son abattement moral, qu'en buvant du *gin* de quart d'heure en quart d'heure, et se maintenant ainsi dans les demi-ténèbres où elle voit à peine elle-même ce qu'elle reçoit d'affronts.

Des filles, hélas! de quinze ans, douze ans, qu'on oblige à ' métier et à faire de petits vols, c'était en bonne partie la matière des razzias que la police faisait et qu'une condamnation rapide envoyait en Australie. On les entassait souvent sur de vieux mauvais vaisseaux, comme l'*Océan*, qui sombra devant Calais même, et nous jeta quatre cents corps de femmes, très-jeunes et jolies presque toutes. Ceux qui le virent en pleurèrent et s'en arrachaient les cheveux.

On peut juger de ce que devenait ce pauvre bétail humain, comme de jeunes brebis sans défense, jeté au monde des forçats. Traquées dans les rues de Sidney, elles n'échappaient aux outrages continuels qu'en allant coucher la nuit à la belle étoile, hors la ville et dans les rochers.

Carolina fut blessée, et dans sa pudeur anglaise et dans sa bonté de femme, par ce révoltant spectacle. Elle invoqua l'autorité; mais celle-ci, tout occupée de la surveillance de tant d'hommes dan-

gereux, avait autre chose à faire qu'à songer à ces
petites misérables. Elle invoqua le clergé ; mais
l'Église anglicane, comme toute Église, croit trop
à la perversité héréditaire de la nature pour espé-
rer beaucoup du remède humain. Elle s'adressa à
la presse, et s'attira dans les journaux des réponses
ironiques.

Cependant elle dit, redit tant qu'il n'en coûterait
pas un sou, que le gouvernement, magnifique-
ment, lui prêta un vieux magasin. Elle y abrita de
suite une centaine de jeunes filles, qui au moins
eurent ainsi un toit sur la tête. Des femmes mariées, dans l'absence de leurs maris, obtinrent de
camper au moins dans la cour, pour n'avoir pas à
craindre d'attaque de nuit.

Comment nourrir ce troupeau de filles, la plupart ne sachant rien faire ? Carolina, femme d'un
simple capitaine et chargée de trois enfants, était
bien embarrassée. Elle chercha à la campagne des
gens mariés, des familles, qui pussent les employer.
Ainsi, elles firent place à d'autres. Avant un an,
elle en avait sauvé sept cents ; trois cents Anglaises
protestantes, quatre cents Irlandaises catholiques.
Beaucoup d'entre elles se marièrent et ouvrirent à
leur tour chez elles un abri à leurs pauvres sœurs
déportées.

Ayant tout rempli autour de Sidney, il lui fallut

chercher au loin des placements. Les voyages ne
semblaient guère faits pour une jeune femme, dans
un pays peuplé ainsi, et où les habitations, souvent
à grandes distances, excluent toute surveillance,
toute protection publique. Elle osa, sur un bon
cheval, qu'elle appelait le Capitaine (en souvenir
de son mari absent), elle alla à la découverte, par
les routes, ou bien sans route souvent franchissant
les torrents. Le plus hardi, c'est qu'elle menait des
filles avec elles, et parfois jusqu'à soixante, pour
les placer comme servantes dans les familles, ou les
marier. Elle fut reçue partout, de ces hommes trop
mal jugés, comme la Providence elle-même, avec
égard, avec respect. Mais elle ne couchait qu'en
lieu sûr, et toujours avec ces filles, aimant mieux
passer la nuit dans des chariots mal couverts, plutôt que de s'en séparer.

On commença à entrevoir la grandeur, la beauté
de l'entreprise. Jusque-là on ne faisait rien, et tout
était viager, on renouvelait incessamment ces colonies stériles, qui allaient toujours s'éteignant. Bien
plus, on ne changeait rien aux âmes, aux mœurs,
aux habitudes. Le vice restait le vice ; la prostitution, plus qu'à Londres, honteuse et stérile. La révolution opérée par cette femme admirable put se
qualifier ainsi : Mort à la mort, à la stérilité, à
l'immonde célibat (*bachelorism*)!

Le gouverneur avait dit, aux premières demandes qu'elle lui adressa : « Que m'importe! suis-je fait pour leur trouver des femmes? » — Et cependant tout était là. C'était le secret de la vie, de la perpétuité pour ce nouveau monde. Donc. elle n'hésita pas, cette femme chaste et sainte entre toutes, à se faire l'universel agent des amours de la colonie, le ministre du bonheur. Elle tâchait de bien diriger les choix dans ces mariages rapides. Mais que faire? elle croyait que, dans une grande solitude, lorsqu'il n'y a pas là des tiers pour intriguer et brouiller, la bonne nature arrange tout; on veut s'aimer et l'on s'aime; on s'attache par le temps; on finit par s'adorer.

Elle travaillait surtout à recomposer les familles. Elle aidait la jeune fille, bien mariée, devenue une maîtresse de maison, à faire venir ses parents. Elle faisait aussi venir d'Angleterre les malheureuses ouvrières à l'aiguille qui déjà mouraient de faim comme les nôtres aujourd'hui.

La récompense qu'elle trouva, c'est qu'on faillit la tuer. La populace de Sidney trouva fort mauvais qu'elle attirât tant d'émigrantes, qui faisaient baisser le prix des salaires. Des bandits s'attroupaient sous ses fenêtres et voulaient sa vie. Elle parut courageusement, les prêcha, leur fit entendre raison. Ils s'éloignèrent pleins de respect.

Au bout de sept ans, elle alla à Londres pour convertir le ministère à ses idées, et fit un cours public pour les répandre. Le ministre Grey et les comités de la chambre des lords voulurent l'entendre et la consultèrent. Une chose rare, admirable, c'est que son mari, devenu son premier disciple, retourna en Australie. Ces deux époux, si unis, s'imposèrent une cruelle séparation pour faire plus de bien. Elle était allée le rejoindre quand elle tomba malade, et, dit-on, mortellement. (BLOSSEVILLE, II, 170; 1859.)

Elle est la légende d'un monde. Son souvenir grandira d'âge en âge.

———

Une singularité qu'on ne peut négliger, c'est que cette sainte était l'esprit le plus positif, le plus éloigné de toute chimère, de toute exagération. Elle avait au plus haut degré l'esprit administratif, écrivait tout, tenait un détail immense des choses, des sommes, des personnes, une comptabilité exacte. En voici un trait tout anglais. Se croyant responsable du petit patrimoine de famille envers son mari, ses enfants, elle a calculé qu'au total, malgré les avances infinies qu'elle faisait, tout était rentré, moins une fort petite somme. Dans tout son apostolat, elle n'avait appauvri sa famille que de seize livres.

Ce n'est pas cher pour faire un monde.

IV

CONSOLATION DES PRISONNIÈRES

Dans son mémoire couronné par l'Institut, madame Mallet disait en 1845 : « Dix mille femmes entrent chaque année dans nos prisons de France. Les plus coupables, qui sont les mieux traitées, remplissent les maisons centrales. Les moins coupables, au nombre de huit mille, sont dans les prisons départementales, vieux couvents humides, où on les laisse souvent sans ouvrage, dans un désœuvrement désolant, corrupteur, — *sans linge*, et quelquefois *sans lit*. » — Espérons que depuis ce temps on y a mieux pourvu.

Jusqu'en 1840, elles étaient *gardées par des hommes !* et aujourd'hui encore, une femme arrêtée et mise au corps de garde a pour protection la sa-

gesse de dix garçons de vingt ans. (Voy. la triste
affaire d'Oslinda, jugée le 14 septembre 1858.)

Dans le compte général des crimes et délits, les
femmes sont pour bien peu (dix-sept pour cent),
chose étonnante, car elles gagnent bien moins que
l'homme, et doivent être bien plus tentées par la
misère. Quand on entre, avec madame Mallet, dans
le détail des causes, ce chiffre diminue encore,
s'évanouit en grande partie. Nombre de ces crimes
ou délits sont forcés. Ici, des mères prostituées
battent des enfants de douze ans, leur cassent les
dents à coups de poing, pour les mettre au trottoir
et les rendre voleuses. Là, ce sont des amants qui
ne font pas le crime eux mêmes, mais le font faire,
forcent la femme de voler pour leur compte; sinon,
éreintée à coups de bâton. Ailleurs, c'est la faim
uniquement qui la conduit au mal. D'autres, c'est
leur bon cœur, leur piété; elles se prostituent pour
nourrir leurs parents, et leurs vices mériteraient
le prix de vertu.

La plupart sont de bonnes créatures, tendres et
charitables. Les pauvres le savent bien. Ils s'adres-
sent avec confiance, et de préférence, à ces filles.
Remarquons-le, dans cette lie des villes, il y a
une bonté infinie. Dans les campagnes beaucoup de
dureté. On donne un peu, de peur de l'incendie,
mais on laisse mourir ses parents de faim.

La cause vraie, profonde, générale, qui les mène
au vice et au crime même, c'est l'ennui, la tristesse de leur vie. La vertu pour une fille, c'est
d'être quatorze heures par jour assise, *faisant le
même point* (on l'a vu, pour gagner dix sous), la
tête basse et l'estomac plié, le siége échauffé, fatigué. *Sedet æternumque sedebit.* Ajoutez, pour l'hiver, ce misérable brasero qu'elles ont, grelot-
tantes, pour tout chauffage, et qui fait tant de
maladies. Le cinquième des crimes de femmes
est fait par les *couseuses.*

Ce pauvre enfant, la femme, a besoin de mouvoir, de varier ses attitudes. Toute sensation nouvelle lui est charmante ; mais il ne lui faut pourtant pas grande nouveauté pour être heureuse ; le
petit mouvement du ménage, travail alterné, soins
d'enfants, voilà son paradis. Aimez-la, rendez-lui
la vie un peu plus douce, un peu moins ennuyeuse,
et elle ne fera rien de mal. Otez-lui de la main, au
moins pour quelques heures par jour, l'aiguille,
ce supplice de monotonie éternelle. Qui de nous
le supporterait ?

———

Madame Mallet a vu et bien vu les prisons. C'est
un très-grand mérite. Qu'il est à souhaiter que nos

dames l'imitent, qu'elles dominent leur répugnance, abordent cet enfer, qui, tel quel, contient bien des anges, — anges déchus, dont plusieurs sont plus près du ciel que telle sainte.

Le tort de ce bon livre, c'est sa timidité, ses ménagements. Elle veut et ne veut pas de surveillantes religieuses. Elle suit la mode du temps et l'opinion de ses juges, la plupart favorables au système cellulaire. Dès lors, peu d'air, peu de lumière; des créatures étiolées et tout artificielles.

Le remède, au contraire, c'est d'abattre les murs, c'est *l'air et le soleil*. La lumière moralise.

Le remède, c'est le travail dans des conditions tout autres, sévère, mais un peu varié et coupé de *musique* (cela réussit à Paris, par les soins de quelques dames protestantes). Les prisonnières sont folles de musique. Elle les harmonise, leur rend l'équilibre moral; elle soulage la flamme intérieure.

Léon Faucher l'a très-bien dit : il faut rendre au *travail des champs* les prisonniers et les prisonnières qui sont de la campagne; ne pas les enterrer dans vos horribles murs, manufacture de pulmoniques. Oui, remettez la paysanne au travail de la terre (en Algérie, du moins). J'ajoute : L'ouvrière même peut utilement être colonisée dans des établissements demi-agricoles, où, plusieurs heures par jour, elle fasse un peu de jardinage qui aidera à la nourrir.

Nous n'avons pas besoin d'avoir, comme les Anglais, de coûteux pénitentiaires au bout du monde. Colonisons la Méditerranée. L'*Africa* nourrissait l'Empire. Elle sera encore très-peuplée, très-féconde, du jour qu'on voudra sérieusement l'assainir.

Mais le grand, le décisif, le souverain remède, c'est *l'amour et le mariage.*

———

« Le mariage! et qui en voudra? » Plus d'un qui saura réfléchir.

Broussais a dit : « La maladie de l'un, qui chez lui est un excès de force, serait faiblesse en l'autre. Si le tempérament est différent, différentes les circonstances physiques, ce n'est plus maladie. »

Je crois aussi que telle personne qui, dans l'étouffement de nos villes et d'une société si serrée, a péché par violence et parfois par excès de force, serait bien à sa place et peut-être admirable dans les libertés de l'Atlas, dans une vie aventureuse de colonies militaires. Madame Mallet remarque qu'en général, les femmes sanguines qui, dans la colère ou la jalousie ont fait un acte criminel, ne sont pas du tout corrompues. Employez-les selon leur énergie, elles la mettront toute dans l'amour et dans la famille, et ce seront de vraies brebis.

Et les martyres, les saintes de la prostitution qui l'ont subie par piété filiale ou devoir maternel, qui les croira souillées? Ah! les infortunées à qui la vertu même infligea ces tortures, sachez qu'elles sont vierges entre toutes. Leur cœur brisé, mais pur, plus que nul cœur de femme, a soif d'honneur, d'amour, et nulle n'a plus droit d'être aimée.

Les vraies coupables même, si on les sort de notre Europe, qu'on les mette sous un nouveau ciel, sur une terre qui ne saura rien de leurs fautes, si elles sentent dans la société une mère qui punit, mais une mère, si elles voient au bout de l'épreuve, l'oubli, l'amour peut-être... leur cœur fondra, et, dans leurs abondantes larmes, elles seront purifiées.

Quand je vois ces chauves rivages méditerranéens, ces montagnes arides, mais qui, gardant leurs sources, peuvent toujours être reboisées, je sens que vingt peuples nouveaux vont naître là, si on y aide. Au lieu de revenir ici misérable ouvrier, notre soldat d'Afrique, d'Asie, sera propriétaire là-bas. Il aimera bien mieux, comme femme et auxiliaire, prendre, non une statue d'Orient, mais une vraie femme vivante, une âme et un esprit, une Française énergique, adoucie par l'épreuve et jolie de bonheur.

Voilà mon roman d'avenir. Il suppose, je l'avoue, une condition, c'est que la médecine s'occupe des grands objets de ce siècle : *l'art d'acclimater l'homme* et *l'art des croisements*, l'art d'harmoniser les familles par l'association des différences de races, de conditions, de tempéraments. Pour les nôtres, il faut de l'adresse plus que pour les mariages anglais qu'improvisait Carolina. Je voudrais là une Carolina française, qui, entourée des lumières de la science, éclairée des médecins, placerait habilement les femmes libérées dans les conditions les plus sages. Si, par exemple, la vive, la sanguine, est mariée dans l'air vif des montagnes avec un homme violent, on peut craindre de nouveaux excès ; mettez-la plutôt dans la plaine avec un homme calme en qui elle respecte la force douce et la mâle énergie.

———

Ce sont là les seuls remèdes sérieux. L'état actuel ne corrige rien, de l'aveu de l'autorité (Mallet), il multiplie les récidives. Le silence imposé dans les maisons centrales, pour les femmes, est une torture ; plusieurs en deviennent folles (p. 188).

Que propose pourtant cette dame? D'aggraver cet état qui fait des folles, en les mettant dans des cellules. Là elles seront catéchisées par l'aumônier.

En général, que leur apporte-t-il? De vagues généralités (Mallet). Il ne varie pas sa parole selon les classes et les personnes. L'ouvrière n'y trouve qu'ennui, la paysanne n'entend pas un mot. Peut-on parler de même à la fille vicieuse, endurcie dans le mal, et à la fille violente, nullement vicieuse, qui a frappé un mauvais coup? Le meilleur aumônier, qui fait profession d'ignorer l'amour, le monde et la vie, est-il propre à comprendre des précédents si compliqués, des situations si diverses? Combien moins les religieuses, qu'on employait pour surveillantes! Madame Mallet, qui les recommande, avoue qu'elles n'y comprennent rien, qu'elles haïssent les détenues, n'ayant aucune idée des circonstances qui les ont menées là, des tentations de la pauvreté, etc.

Tout membre de corporation est, par cela seul, moulé dans un certain moule général, et il a infiniment moins le sens du spécial, de l'individuel, qui serait tout dans cette médecine des âmes. L'homme, même laïque, avec notre uniformité d'éducation, etc., y convient bien moins que la femme. J'entends la dame du monde, qui a de l'âge et de l'expérience, qui a beaucoup vu et senti, qui soit la destinée, qui a manié plus d'un cœur, qui connaît mille secrets délicats dont les hommes ne se douteront jamais.

———

« Croyez-vous donc qu'on trouvera beaucoup de dames si dévouées, si courageuses, pour visiter souvent ces sombres lieux, pour affronter le contact de ces tristes créatures ? Sans doute c'est beaucoup de sentir que l'on fait le bien. Cependant, il faut là bien de la force pour persévérer. »

J'ose dire qu'on le trouvera, cet appui nécessaire, non dans le cœur seulement, mais dans l'esprit. Pour une intelligence haute, pure, éclairée, qui par l'âge arrive aux régions d'où l'on domine, c'est une étude merveilleusement instructive, émouvante au plus haut degré, de lire dans ce livre vivant. Laissez moi là vos drames et vos spectacles, le grand drame est ici. Réservez donc votre intérêt, vos pleurs. Toute fiction pâlit en présence de telles réalités, — si fortes, hélas ! si délicates aussi ; ce sont des destinées de femmes. Ces fils que je vous mets, madame, dans vos bonnes mains, n'est-ce pas un bonheur d'en éclaircir doucement les ténébreux écheveaux ? et, s'il était possible à votre adresse de les reprendre, ces pauvres fils cassés, et de les rattacher!... O madame, les anges seront jaloux de vous.

———

Ange de Dieu, pardonnez-moi de vous parler d'un sujet sombre, du plus choquant, du plus terrible. Mais tout se purifie au feu de charité qui vous brûle le cœur.

Nul amendement dans les prisons, si l'on ne trouve moyen d'y rappeler l'état de nature, d'y finir l'exécrable tyrannie des forts sur les faibles, ceux-ci battus et jouets des premiers.

Tout le monde le sait et personne ne veut le dire. Un homme de funèbre mémoire (de grandes fautes politiques, mais qui avait un cœur), l'homme qui sut le mieux les prisons, quand nous étions amis, m'a plus d'une fois expliqué avec rougeur et larmes ce mystère du Tartare, les boues sans fond du désespoir.

L'effet est différent; l'homme tombe si bas qu'un enfant le ferait trembler; la femme devient une furie.

Ce n'est pas avec des maçons, des murs et des cachots qu'on finira cela. On n'aurait à la place que le suicide honteux, le cul-de-jatte et l'idiot. Ce

qu'il faut, c'est l'air, le travail, le travail fatigant.
Et, pour le prisonnier marié, il faut lui rendre ce
que nul n'a le droit de lui ôter : le mariage.

Je soumets aux jurisconsultes, mes illustres con-
frères de l'Académie des sciences morales, la question suivante : La loi, en condamnant cet homme
à la prison, en supprimant les effets civils de son
mariage, entend-elle le condamner au célibat?
Pour moi, je ne le crois nullement.

Et ce que je sais certainement, c'est que l'autre
conjoint, innocent et non condamné, conserve son
droit immuable.

Plusieurs de ces infortunés tiennent extrêmement à la famille et continuent de lui faire les plus
honorables sacrifices. J'ai vu, au Mont-Saint-Mi-
chel, un prisonnier, chapelier très-habile, qui, du
fond de sa prison, en se privant de toute chose,
travaillait pour nourrir sa femme, et qui attendait
impatiemment l'heure de se réunir à elle.

L'Église catholique croit le mariage indissolu-
ble, donc son droit permanent. Comment n'a-t-elle
pas réclamé ici au nom de la religion, de la morale, de la pitié?

La chose, je le sais, a des difficultés pratiques.
Il y faut un sage arbitraire. On ne peut indiscrètement introduire chez la prisonnière un mari per-
vers, corrupteur, qui a pu la mener au mal. Une

administration, chargée de tant de choses générales, ne peut pas aisément entrer dans l'information minutieuse que ceci demanderait, chercher souvent au loin des renseignements, suivre pour une seule personne une correspondance délicate et coûteuse. C'est ici qu'il faudrait la providence d'une dame de cœur, de vertu éprouvée.

Si la prison est dans une grande ville ou pas bien loin, elle y chercherait de l'ouvrage au mari, les rapprocherait ainsi, de sorte que la prisonnière eût le bonheur de sa visite tel jour du mois qu'indiquerait l'intelligente protectrice.

La femme n'est qu'amour. Rendez-le-lui, vous en ferez tout ce que vous voudrez. Elles en valent la peine ; elles conservent beaucoup de ressort, sont parfois très-exaltées et très-bizarrement amoureuses, mais jamais apaisées, comme l'homme, ni ignoblement aplaties. Celle qui leur donnerait un éclair de bonheur, en serait tellement aimée et adorée, qu'elle mènerait, tout comme elle voudrait, ce faible troupeau.

Madame Mallet le sent très-bien. C'est là le grand moyen de discipline, de régénération. Elle veut qu'on en use, que la prisonnière reçoive son mari. Mais elle y met de telles entraves et tant de gênes, que se revoir ainsi, c'est peut-être souffrir encore plus.

Il ne faut pas leur envier ce qu'on leur donne. La surveillance, s'il y en a, ne peut être exercée par les personnes officielles qui auraient des oreilles et des yeux, épieraient leurs épanchements, et dont le visage seul les glacerait. Il faut qu'on s'en rapporte à la bonté officieuse d'une personne sûre et respectée, qui prendra tout sur elle, et dont l'indulgente vertu abritera sa pauvre sœur humiliée dans cette consolation suprême, et n'en comptera qu'avec Dieu.

V

PUISSANCES MÉDICALES DE LA FEMME

Tout le monde connaît à Lyon mon bon et savant ami, le docteur Lortet, le plus riche cœur de la terre pour l'énergie dans le bien. Sa mère, au fond, en est cause. Tel il est, tel elle le fit. Cette dame est restée en légende pour la science et la charité.

Le père de madame Lortet, Richard, ouvrier de Lyon, grenadier, et qui ne fut rien autre chose, s'avisa au régiment d'apprendre les mathématiques, et bientôt en donna leçon à ses officiers et à tous. Rentré à Lyon et marié, il donna à sa fille cette éducation. Elle commença justement comme les bambins de Frœbel par une étude qui charme les enfants, la géométrie (l'arithmétique, au contraire, les fatigue extrêmement). Femme d'un industriel, vivant en plein monde ouvrier, dans les convulsions de Lyon, elle se hasarda pour tous, sauvant tantôt des royalistes et tantôt des jacobins, forçant intrépidement la porte des autorités et leur arrachant des grâces. On sait l'épuisement terrible qui suivit ces agitations. Vers 1800, il semblait que le monde défaillît. Sénancourt écrivit son livre désespéré de *l'Amour*, et Granville *le Dernier homme*. Madame Lortet elle-même, quel que fût son grand courage, sur tant de ruines, faiblit. Une maladie nerveuse la prit, qui semblait incurable. Elle avait trente ans. Le très-habile Gilibert, qu'elle consulta, lui dit : « Vous n'avez rien du tout. Demain, avec votre enfant, vous irez, aux portes de Lyon, me cueillir telle et telle plante. Rien de plus. » Elle ne pouvait pas marcher, le fit à grand'peine. Le surlendemain, autres plantes qu'il l'envoya recueillir à un quart de lieue. Chaque jour il augmentait. Avant un an, la malade, devenue botaniste, avec son garçon de douze ans, faisait ses huit lieues par jour.

Elle apprit le latin pour lire les botanistes et pour enseigner son fils. Pour lui encore, elle suivait des cours de chimie, d'astronomie et de physique. Elle le prépara ainsi aux études médicales, l'envoya étudier à Paris et en Allemagne. Elle en fut bien récompensée. D'un même cœur, le fils et la mère, à toutes les batailles de Lyon, pansèrent, cachèrent

et sauvèrent des blessés de tous les partis. Elle fut
en tout associée à la générosité aventureuse du
jeune docteur. Si elle n'eût vécu avec lui, et dans
un grand centre médical, elle aurait étendu de ce
côté ses études, et les aurait moins circonscrites
dans la botanique. Elle fut l'herboriste des pauvres. Elle en aurait été le médecin.

Tout ceci m'a été remis en mémoire par ce que
j'ai sous les yeux. J'écris dans un très-beau lieu sur
les bords de la Gironde. Mais, ni ici, ni ailleurs dans
les villages, il n'y a point de médecin. Ils sont plusieurs, réunis dans une petite ville, nullement centrale, où ils n'ont presque rien à faire. Avant d'en
faire venir un et de payer un déplacement coûteux,
les pauvres meurent. Souvent le mal, pris à temps,
n'eût été rien, c'est une fièvre qu'un peu de quinquina aurait arrêtée; c'est une angine d'enfant,
qui, cautérisée à l'instant, aurait disparu ; mais on
tarde, l'enfant meurt. — Où est madame Loriet?

Une dame Américaine, qui a cent mille livres de
rentes, mais cependant riche de cœur, de connais-
sances variées, et qui, de plus, a l'esprit délicat, les
réserves craintives de la pudeur anglaise, n'en a pas
moins résolu de donner à sa fille une éducation

médicale. Dans ce pays d'action, de migrations, où les circonstances vous portent souvent fort loin des grands centres civilisés, si cette demoiselle épouse (je suppose) un industriel établi sur je ne sais quel cours d'eau de l'Ouest, il faut que ces mille ouvriers, ces milliers de défricheurs qui seront autour d'elle, trouvent quelques secours provisoires à la grande usine, et ne meurent pas en attendant le médecin, qui peut-être demeure à vingt lieues de là. Dans leurs hivers, fort rigoureux, il n'y a nul secours à attendre. Combien moins en d'autres pays, en Russie par exemple, où les fanges du printemps et de l'automne suspendent au moins six mois toute communication.!

Les leçons d'anatomie sont suivies aux États-Unis par les deux sexes également. Si le préjugé empêche de disséquer, on supplée par les admirables imitations du docteur Auzoux. Il m'a dit qu'il en fabriquait autant pour les États-Unis que pour tout le reste du monde.

—————

« En supposant la science égale, quel est le meilleur médecin? — *Celui qui aime le plus.* »

Ce très-beau mot d'un grand maître nous porterait à en induire : « *La femme est le vrai médecin.* »

Elle l'est chez tous les peuples barbares. C'est, chez eux, la femme qui sait les secrets des simples, les applique. Il en fut de même chez des peuples non barbares, et de haute civilisation. Dans la Perse, la dépositaire de toutes sciences fut la mère des mages.

En réalité, l'homme, qui compatit beaucoup moins, qui, par l'effet de sa culture philosophique et généralisatrice, se console si facilement de l'individu, rassurerait le malade infiniment moins que la femme.

Celle-ci est bien plus touchée. Le malheur, c'est qu'elle l'est trop, qu'elle est sujette à s'attendrir, à subir la contagion nerveuse des maux qu'elle voit, et à devenir la malade elle-même. Il y a tel accident cruel, sanglant, repoussant, qu'on n'oserait mettre sous ses yeux à certaines époques du mois, ou encore, si elle est enceinte. Donc, il faut que nous renoncions à cette aimable perspective. Quoiqu'elle soit certainement la puissance consolante, réparatrice, curatrice, médicative, du monde, elle n'est pas le médecin.

Mais combien utilement elle en serait l'auxiliaire! combien sa divination, en mille choses délicates, suppléerait à celle de l'homme! L'éducation de celui-ci développe en lui plus d'un sens, mais elle en éteint plusieurs. Cela est visible surtout dans les maladies de femmes. Pour en pénétrer le fuyant secret, le protée mystérieux, il faut soi-même être femme ou aimer infiniment.

Le sacerdoce médical demande des dons si variés, et même si opposés que, pour l'exercer, il faudrait l'être double, disons mieux complet, *homme-femme*, la femme associée au mari, comme mesdames Pouchet, Hahnemann, etc.; la mère associée au fils, comme fut madame Lortet. Je comprends aussi qu'une dame veuve et âgée exerce la médecine avec un fils d'adoption qu'elle aurait formé elle-même.

Les médecins (première classe de France incontestablement, la plus éclairée) voudraient-ils permettre à un ignorant qu'eux-mêmes ont instruit et fait réfléchir, de dire ce qu'il a au cœur? Eh bien, voici ce qu'il lui semble :

La médecine a deux parties dont on ne parle pas assez : 1° la *confession*, l'art de faire dire au malade tous les précédents qui expliquent la crise physique; 2° la *divination* morale, pour compléter ces aveux, voir au delà, l'obliger de livrer le petit noyau, imperceptible souvent, qui est le fond même du mal, et qui, restant toujours là, malgré tous les plus beaux remèdes, le ferait toujours revenir.

Oh! que la femme, une bonne femme, pas trop jeune, mais d'un cœur jeune, ému, tendre (qui

24

trouve l'adresse, la patience, dans sa pitié), vient
mieux à bout de cela! L'homme y est fort nécessaire. Il faut que froidement, gravement, il observe
et conjecture, sur l'aspect physique et le peu que
le malade veut dire. Mais la femme du docteur, si
elle était là aussi, si elle restait après lui, comme
elle en saurait bien plus! Combien sa compassion
obtiendrait davantage, et surtout d'une autre
femme! Parfois, pour résoudre tout, faire fondre
toutes les glaces, obtenir l'histoire complète, il
suffirait de pleurer.

———

J'avais pour voisin, à Paris, un charbonnier de
trente ans qui avait du bien en Auvergne et ici une
boutique qui n'allait pas mal. De son pays, il fit
venir une épouse, une gentille Auvergnate, un peu
courte, mais jolie, dont le visage, noirci par moments, n'en brillait pas moins de petits yeux pleins
de flammes. Elle était sage, mais voyait qu'on la regardait beaucoup, et n'en était pas fâchée. Ils ha-
bitaient une rue sale, étroite, obscure et peu saine.
Par moments le charbonnier, jeune et fort, n'en
avait pas moins des accès de fièvre. Ils devinrent
plus habituels. Il pâlissait, maigrissait. Un bon médecin appelé vit de suite une chose probable, que

l'humidité du logis avait commencé la fièvre, que les brouillards de Paris ne valaient rien à un homme qui avait longtemps respiré l'air vif et froid du Cantal. Il lui dit qu'il lui couperait sa fièvre, mais qu'elle reviendrait, s'il ne retournait au pays. Le charbonnier ne dit rien, sa fièvre augmenta.

Une dame du voisinage que la charbonnière fournissait, vit que, derrière l'observation judicieuse du médecin, il y avait pourtant autre chose. Et elle lui dit : « Ma petite, sais-tu pourquoi ton mari a la fièvre, et la gardera et l'aura de plus en plus ? C'est parce que tes jolis yeux aiment trop à être regardés... Et sais-tu pourquoi la fièvre a augmenté ces jours-ci ? C'est par le combat que se livrent en lui l'amour et l'avarice. Il croit gagner trop peu là-bas. Il ne pourra pas s'en tirer. Il restera et mourra. »

Ni la femme ni l'homme n'auraient jamais pris un parti. Ce fut la dame qui le prit. Elle avertit les parents, qui de là-bas firent écrire au charbonnier que son bien était en mauvaise main, qu'il dépérissait ; que, pendant qu'il croyait faire à Paris de bonnes affaires, il se ruinait en Auvergne. Cela réveilla notre homme, trancha tout. Il n'eut plus de fièvre, céda sa petite boutique, emmena sa petite femme, partit. Tous deux furent sauvés.

Sauver les autres, c'est se sauver soi-même. Grande douceur pour un cœur blessé d'exercer cette puissance, de se guérir en guérissant. Une femme qui a un grand deuil, de vifs chagrins, de grandes pertes, ne sait pas toujours assez que ce fonds de douleurs, c'est (permettez-moi le mot) une merveilleuse pharmacie pour les maux des autres. Une mère a perdu un enfant. La dame y va, et elle pleure. La mère n'ose presque plus pleurer, songeant que la dame a perdu tous les siens, et reste seule. Et, elle, dans ce malheur du jour, elle a pourtant la douceur de voir encore autour d'elle une belle et brillante famille. Elle a son mari ; elle a les consolations d'un amour ravivé, réveillé par les pertes même. Elle se compare, et dit : « J'ai beaucoup encore ici-bas. »

Nous marchons vers des temps meilleurs, plus intelligents, plus humains. Cette année même, l'*Académie de médecine* a discuté une grande chose, la décentralisation des hôpitaux. On détruirait es lugubres maisons, foyers morbides, imprégnés des miasmes de tant de générations, où la maladie et la mort vont s'aggravant, se décuplant, par un terrible encombrement. On soignerait le pauvre

à domicile ; bonheur immense pour lui, car on le
connaîtrait, on le verrait dans ses besoins, dans
les milieux qui font la maladie et qui la recom-
mencent dès qu'il revient à l'hôpital. Enfin, pour
des cas peu nombreux, où il doit sortir de chez lui,
on créerait autour de la ville de petits hôpitaux,
où le malade, n'étant plus perdu et noyé dans les
foules, serait bien autrement compté, redeviendrait
un homme, ne serait plus un numéro.

Je ne suis jamais entré qu'avec terreur dans ces
vieux et sombres couvents qui servent d'hôpitaux
aujourd'hui. La propreté des lits, des parquets,
des plafonds, a beau être admirable. C'est des
murs que j'ai peur. J'y sens l'âme des morts, le
passage de tant de générations évanouies. Croyez-
vous que ce soit en vain que tant d'agonisants aient
fixé sur les mêmes places leur œil sombre, leur
dernière pensée?

La création des petits hôpitaux, salubres, hors
de la ville, entourés de jardins, la spécialité des
soins surtout, ces réformes humaines, doivent se
faire d'abord pour les femmes. Les accouchées
sont enlevées en masse par des fièvres conta-
gieuses. La femme, en général, est bien plus prenable que l'homme aux contagions. Elle est plus
imaginative, plus affectée de se voir là, perdue
dans cet océan de malades, près des mourants, des

24.

morts ; cela seul la ferait mourir. Les parents n'entrent que deux fois par semaine, s'il y a des parents. Les sœurs sont occupées de soins matériels,
un peu blasées d'ailleurs par la vue de tant de douleurs. L'interne est un jeune homme. Ce serait
lui pourtant, et justement parce qu'il est jeune
et non blasé encore, s'il était bon, ce serait lui qui
pourrait le plus moralement. Et quel fruit immense
d'instruction il en tirerait ! quel agrandissement
du cœur !

Le docteur L..., alors jeune et interne dans un
hôpital de Paris, vit venir dans sa salle une fille
de vingt ans au dernier degré de la pulmonie.
Nulle amie, nulle parente. Dans son absolue solitude, au milieu de cette triste foule, dans la mélancolie d'une fin prochaine, elle vit bien, sans
qu'il lui parlât, elle vit dans ses yeux un éclair de
compassion. Dès lors elle le regardait toujours,
allant, venant par la salle, et elle ne se croyait pas
tout à fait seule. Elle s'éteignait doucement dans
cette pure et dernière sympathie. Un jour, il passe,
elle fait signe. Il dit : « Que voulez-vous ? — Votre
main. » Elle meurt. — Ce serrement de main n'a
pas été stérile ; ce fut le passage d'une âme. Une
âme en profita. Même avant de savoir ceci, en regardant cet homme charmant autant qu'habile,
j'avais senti qu'il est de ceux que la femme a

doués, et qui trouvent des trésors de médication dans la tendresse du cœur.

———

Le meilleur homme est homme, et une femme ne peut lui tout dire. Il y a surtout une semaine par mois où la malade, deux fois malade, est vulnérable à tout, faible, émue, et pourtant n'ose parler. Elle a honte, alors, elle a peur, elle pleure, elle rêve. Ce n'est pas à la sœur, personne officielle, qu'elle dira tout cela; comme vierge, la sœur n'y voudrait rien comprendre, et n'a pas la temps d'écouter. Il faut une vraie femme, une bonne femme, qui sache tout, sente tout, qui lui fasse tout dire, lui donne bon espoir, lui dise : « N'aie pas d'inquiétude, j'irai voir tes enfants, je te chercherai de l'ouvrage; tu ne seras pas embarrassée à la sortie.» — Cette femme, fine et pénétrante autant que bonne, devinera aussi ce qu'elle n'ose dire, qu'ayant vu mourir sa voisine, elle a peur de la mort : « Toi, tu ne mourras pas; ne crains rien, ma petite, nous l'empêcherons bien... » Et mille autres choses folles et tendres que trouve un cœur de mère. La malade est comme une enfant. Il faut lui dire ce qu'on dit à un nourrisson, la caresser et la bercer. De femme à femme, les caresses, un tendre enveloppement, c'est souvent chose toute-puissante. Et si la dame a influence, autorité, ascendant d'esprit, de position, d'autant plus sa bonté agit. La pauvre, dans son lit, est toute heureuse, reprend force et courage, et guérit pour lui faire plaisir.

VI

LES SIMPLES

Les bons meurent souvent seuls, et ceux qui consolèrent ne sont pas toujours consolés. Leur douceur, leur résignation, leur harmonie, les conservent, et plus qu'ils ne voudraient. Trop souvent la femme innocente qui n'a vécu que pour le bien, et qui devrait être entourée, soutenue dans l'âge de faiblesse, voit tout s'éteindre, amitiés, parentés, et se trouve avancer seule vers le terme solennel.

Elle n'a pas besoin d'être traînée ; elle va, elle marche d'elle-même. Elle ne veut qu'obéir à Dieu. Elle se sent en bonne main, elle espère, elle se fie. Tout ce qu'elle a encore d'aspirations tendres et saintes, ce qu'elle rêva, voulut en vain pour le bonheur des autres, ce qu'elle avait préparé et ne put, tout cela semble une promesse d'avenir et l'entrée d'un monde nouveau.

Les éloquentes paroles des hommes religieux de ce temps, les *migrations* de J. Reynaud et les *consolations* de Dumesnil, la soutiennent, lui donnent espoir. Au livre des métamorphoses (*l'Insecte*), n'a-t-elle pas lu : « Que de choses étaient chez moi qui ne furent point développées! Une autre âme et meilleure peut-être, y fut, et n'a pas pu surgir. Pourquoi les élans supérieurs, pourquoi les ailes puissantes, que parfois je me suis senties, ne se sont-ils pas déployés dans la vie et dans l'action? Ces germes ajournés me restent, tard pour cette vie avancée, mais pour une autre sans doute. Un Écossais (Ferguson) a dit ce mot ingénieux, mais grave, de vérité frappante : « Si l'embryon, captif « au sein maternel, pouvait raisonner, il dirait : « Je suis pourvu d'organes qui ne me servent « guère ici, de jambes pour ne pas marcher, et de « dents pour ne pas manger. Patience! ces orga- « nes me disent que la Nature m'appelle au delà « de ma vie présente. Un temps viendra où je vi- « vrai ailleurs, où ces outils auront emploi. Ils « chôment, ils attendent encore. Je ne suis d'un « homme que la chrysalide. »

———

De ces sens prophétiques, celui qui veut le plus, qui hésite le moins, qui résolûment nous promet,

c'est l'amour. « Pour ce globe, l'amour est la vraie
« raison d'être ; tant qu'on aime, il ne peut mou-
« rir. » (Grainville.) Telle la terre, tel l'homme
Comment peut-il finir, quand il a tellement en lui
cette profonde raison de durer? Comment, enrichi
de tendresses, de charité, de toute sympathie, aurait-il amassé ce trésor de vitalité, pour voir briser tant de cordes vibrantes?

Donc celle-ci n'a pas peur de Dieu. Elle avance
paisible vers lui, et ne voulant que ce qu'il veut,
mais sûre de la vie à venir, et disant : « Seigneur,
j'aime encore. »

———

Telle est la foi de son cœur. Cela n'empêche pas
que la faiblesse de l'âge, du sexe, n'agisse parfois
et qu'elle n'ait des heures de mélancolie. Alors elle
va voir ses fleurs, leur parle et se confie à elles.
Elle pacifie sa pensée dans cette société discrète,
qui n'est pas importune, qui sourit et se tait. Du
moins, les fleurs parlent si bas qu'on a peine à entendre. On croirait voir en elles les enfants silencieux.

En les soignant, elle leur dit : « Mes chères
muettes! A moi qui vous dis tant de choses, vous
pourriez avoir confiance. Si vous couvez un mystère d'avenir, parlez, et je n'en dirai rien. »

A quoi l'une des plus sages, vieille sibylle des

Gaules (verveine ou bruyère, n'importe) : « Tu nous aimes !... Eh bien, nous t'aimons, nous t'attendons... Sache-le, nous sommes ton avenir même, ton immortalité d'ici-bas. Ta vie pure, ton souffle innocent, ton corps sacré, nous reviendront. Et, quand ton génie supérieur, affranchi, dépliera ses ailes, ce don d'amie nous restera. Ta chère et sainte dépouille, veuve de toi, va fleurir en nous. »

———

Ce n'est pas une vaine poésie. C'est la vérité littérale. Notre mort physique n'est rien qu'un retour aux végétaux. Peu, très-peu est chose solide dans cette mobile enveloppe ; elle est fluide et s'évapore. Exhalés, en bien peu de temps, nous sommes avidement recueillis par l'aspiration puissante des herbes, des feuilles. Le monde si varié de verdure dont nous sommes environnés, c'est la bouche, le poumon absorbant de la nature, qui sans cesse a besoin de nous ; qui trouve son renouvellement dans l'animal dissous. Elle attend, elle a hâte. Elle ne laisse pas ce qui lui est si nécessaire. Elle l'attire de son amour, le transforme de son désir, et lui donne le bienfait de l'aimable métamorphose. Elle nous aspire en végétant, et nous respire en fleurissant. Pour le corps, ainsi que pour l'âme, mourir c'est vivre. Et il n'y a rien que de la vie en ce monde.

L'ignorance des temps barbares avait fait de la Mort un spectre. La Mort est une fleur.

Dès lors, elles disparaissent, ces répuguances, ces terreurs du sépulcre. C'est l'homme qui a fait le sépulcre, et ensuite il en a peur. La nature ne fit rien de tel. Que me parlez-vous d'ombre, de profondes ténèbres et du sein de la terre? Grâce à Dieu, j'en puis rire. Rien ne m'y retiendra. A peine y laisserai-je trace. Entassez donc encore pierre, marbre, bronze. Vous ne me tenez point. Pendant que vous pleurez et me cherchez en bas, déjà plante, arbre et fleur, enfant de la lumière, j'ai ressuscité vers l'aurore.

L'antiquité si pénétrante, et vraiment éclairée d'avance d'une aimable lueur de Dieu, avait formulé ce simple mystère en images gracieuses. Daphné devient laurier-rose, et n'en est pas moins belle. Narcisse, en larmes distillé, reste le charme des fontaines. C'est poésie, ce n'est pas mensonge. Lavoisier l'eût pu dire. Berzélius n'aurait pas mieux parlé.

Science! science! douce consolatrice du monde, et vraie mère de la joie!... On la dit froide, indifférente, étrangère aux choses morales! mais quel repos du cœur se trouverait dans la nuit d'igno-

rance, peuplée de chimères et de monstres? Nulle
joie que dans le vrai, dans la lumière de Dieu.

———

Les débris les plus résistants de la vie animale,
ceux qui le plus obstinément gardent leurs formes,
les coquilles, finissent par céder, et passant en poussière, en atomes, entrent elles-mêmes dans l'attraction végétale. J'ai ce spectacle sous les yeux. Au
lieu même où j'écris, à cette porte de la France où
l'Océan et la vaste Gironde font leur combat d'a-
mour et la lutte éternelle qui les marie sans cesse,
les rochers déchirés donnent aux flots le vieux
peuple de pierre, devenu sable. Cent plantes vigou-
reuses fixent de leur pied cette arène, se l'appro-
prient, s'en font une vie forte, si odorante au loin
que le voyageur sur la route, le marin dans sa
barque, l'aspirent, sont étonnés. Et la mer s'en
enivre. Quels sont ces puissants végétaux?... Les
plus petits et les plus humbles, nos vieux simples
des Gaules, romarins, sauges, menthes, thym,
serpolets en foule, et tant, tant d'immortelles qu'il
semble indifférent de vivre ou de mourir,

———

La Gaule espérait et croyait. Le premier mot

qu'on trouve d'elle, c'est *Espoir*, écrit sur une médaille antique.

Le second mot, sur le grand livre qui inaugure la Renaissance, c'est celui-ci : *Espoir y gît.*

Puissions-nous, vous et moi, l'avoir dans le tombeau!

Mais la femme, bonne, douce, qui reste seule, qui, sans le mériter, est frappée de la destinée, où lira-t-elle *Espoir?*

Je la voudrais ici aux sables de ces dunes, dans cette terre pauvre et parfumée, qui n'est pas une terre ; c'est le sable des mers, qui jadis fut vivant. Point de terre, rien que vie.

La pauvre petite âme de toutes ces vies marines se fait fleur, s'exhale en parfums.

———

Aux clairières soleillées, gardées au nord par le rideau des chênes, bien tard dans la saison, elle aspire encore les odeurs et le vivace esprit des simples. Leurs salubres parfums, austères et agréables, n'affadissent nullement le cœur, comme font ceux du Midi. Les nôtres sont de vrais esprits, des âmes. Ce sont des êtres persistants, qui nous portent au cerveau des envies de vivre. La fantasmagorie des plantes des tropiques, leur fluidité éphémère, ne peut inspirer que langueur. C'est ici, dans le Nord, une végétation de vertus, qui nous conseille de créer dans nos œuvres de nouvelles raisons de durer.

Non pas de durer seuls, mais de continuer nos groupes naturels, des groupes d'âmes, amantes et amies, qui agissent ensemble, *l'immortalité composée*, où plusieurs se cotisent. Faibles chacun peut-être, ils s'associent, s'arrangent pour durer par l'amour.

La médecine peut rire de nos simples. Cependant, s'ils ont peu d'action sur les corps endurcis aux remèdes *héroïques* et tristement blasés d'*héroïque* alimentation, ils sont très-bons pour des gens sobres, pour une femme surtout de mœurs douces, de vie uniforme, d'organes purs, sensibles, vierges malgré le temps.

Laissez-la donc, cette innocente, ramasser crédulement tout cela. C'est une grâce de femme de cueillir, préparer ces charmants trésors de la France.

De bonne heure, aux coteaux pierreux bien abrités, elle partage avec les abeilles le romarin dont la fleur bleue aromatise le miel de Narbonne. Elle en tire l'eau céleste qui console le cerveau le plus affligé. Bien avant dans l'automne, de société avec l'oiseau, elle cueille les baies des arbustes. Elle

le prie de ne pas manger tout et de laisser la part
des pauvres. Elle fait pour ceux-ci les conserves
utiles que nous avons trop oubliées.

Doux soins qui charment et prolongent la vie.
Si ces plantes ne guérissent pas toujours le corps,
elles soutiennent le cœur, le préparent, aplanis-
sent le grand passage à la vie végétale.

Chaque matin, toute seule, lorsqu'au soleil levant
elle a donné son cœur à Dieu, rêvé son cher passé, le
prochain avenir, elle pose un bienveillant regard
sur ses aimables héritières, les fleurs en qui bientôt
sera sa vie. Ces touchantes figures de l'Amour végétal sont celles aussi de notre absorption, de ce que
nous nommons la Mort. Qui pourrait la haïr si fraîche et si charmante, plus douce en ces gazons que
le plus doux sommeil ! La vie lasse, agitée, sent en
ce peuple ami l'attraction de la paix profonde.

En attendant, tout ce qu'une sœur peut faire ou
demander de bons offices, tout échange d'amitié se
fait. Elle les abreuve elle-même, les couvre, les
défend de l'hiver. Elle entasse autour d'elles les
feuilles et fleurs tombées, qui leur sont à la fois un
abri et un aliment. Elle n'y prend les siens qu'avec
reconnaissance. Si sa main, belle encore, cueille
sur le cerisier, sur le pêcher, un fruit, elle leur
dit en souriant : « Prêtez à votre sœur... De bon
cœur, à son tour, elle vous restituera bientôt. »

VII

LES ENFANTS. — LA LUMIÈRE. — L'AVENIR

La première impression du berceau revient toute-
puissante au dernier âge. La lumière dont l'enfant
eut les tièdes caresses à l'éveil de la vie, cette mère
universelle qui l'accueillit avant sa mère, qui lui
révéla sa mère même dans l'échange du premier
regard, elle réchauffe, charme son déclin, des douceurs du couchant, d'une aube d'avenir.

Nous la trouvons d'avance, la future *Vita nuova*,
dans la société des enfants. Voilà déjà les anges,
les âmes à l'état pur, que nous espérons voir. La
puissance de vie est si forte dans ces fleurs mobiles, dans ces ardents petits oiseaux, de jeu infatigable, que je ne sais quelle jouvence émane d'eux.
Le cœur le plus atteint, celui qui le mieux couve
le trésor de ses souvenirs et chérit ses blessures,
se trouve malgré lui rafraîchi et renouvelé. Enlevé

à lui-même par leur naïve joie, il s'étonne et s'écrie : « Eh quoi !... j'avais tout oublié. »

———

Si Dieu a permis ce malheur qu'il y ait des orphelins, il semble que ce soit tout exprès pour la consolation des femmes restées sans famille. Elles aiment tous les enfants, mais combien plus ceux dont une mère n'accapare point l'affection ! L'imprévu, la *bonne aventure* de cette maternité tardive, l'exclusive possession d'un jeune cœur, heureux de se jeter au sein d'une femme aimante, c'est souvent pour celle-ci une félicité plus vive qu'aucun bonheur de la nature. A la joie d'être mère encore se joint quelque chose d'ardent comme l'élan du dernier amour.

Rien ne rapproche plus de l'enfance et ne la fait plus aimer que la seconde enfance, expérimentée, réfléchie, qu'on appelle la vieillesse, et qui, avec cette sagesse, n'entend que mieux les voix du premier âge. C'est leur tendance naturelle ; enfants et personnes âgées se cherchent, celles-ci charmées de la vue de l'innocence, et les enfants attirés parce qu'ils sont sûrs de trouver là l'indulgence infinie. Cela compose une des belles harmonies de ce monde.

———

Pour la réaliser, je voudrais, c'est mon rêve, que les orphelines surtout ne fussent pas réunies en grandes maisons, mais réparties en petits établissements à la campagne, sous la direction morale d'une dame qui en ferait son bonheur.

Études, couture et culture, j'entends un peu de jardinage (pour aider la maison à vivre, comme font les *Enfants* de Rouen), tout cela serait conduit par une jeune maîtresse d'école, aidée de son mari. Mais la partie religieuse et morale de l'éducation, ce qu'elle a de plus libre, lectures d'amusement et d'édification, récréations et promenades, ce serait l'affaire de la dame.

Avec des enfants, des filles surtout, il faut certaines douceurs, quelque chose d'un peu élastique, et tout ne peut être prévu. La maîtresse, représentant de l'ordre absolu, en jugerait mal. Il faut à côté l'amie des enfants, qui ne décide jamais sans la maîtresse, mais en obtienne telle concession, telle faiblesse raisonnable que demande la nature. Une femme d'esprit laisserait ainsi à celle qui a la grande assiduité et tout le mal l'honneur du gouvernement; mais, se faisant aimer d'elle, rendant de bons offices à ce ménage, elle influerait tout doucement, dirigerait sans qu'il y parût, et, à la longue, formerait la maîtresse elle-même, lui donnerait son empreinte morale.

N'ayant point à punir, au contraire, n'intervenant que pour adoucir les sévérités de la discipline, la dame obtiendrait des enfants une confiance infinie. Elles seraient heureuses de lui ouvrir leurs petits cœurs, ne lui cacheraient rien de leurs chagrins, ni de leurs défauts même, lui donneraient ainsi les moyens d'aviser. C'est tout que de savoir. Dès qu'on sait et qu'on voit le fond, on peut, en modifiant souvent très-peu les habitudes, rendre les punitions superflues, faire que l'enfant se réforme lui-même. Il le voudra, surtout s'il veut plaire, être aimé.

Il est, dans une telle maison, cent choses délicates que la maîtresse ne peut faire, des choses de bonté, de patience, de tendresse ingénieuse. Qu'une enfant de quatre ans, je suppose, soit amenée, dans la douleur éperdue, les frayeurs imaginatives que lui donne le délaissement, la grande affaire, c'est qu'elle vive. Il faut quelqu'un qui l'enveloppe de bonté, de caresses, qui, peu à peu, la calme par de légères distractions, qu'enfin la fleur coupée, arrachée de sa tige, reprenne à une autre par une espèce de greffe. Cela est difficile et ne se fait jamais par des soins collectifs. J'ai vu un de ces pauvres désolés qui se mourait dans la grande maison de Paris. Les sœurs compatissantes lui avaient bien mis sur son lit quelques jouets. Mais il n'y

touchait pas. Ce qu'il fallait, c'était une femme qui
le tînt, le baisât, se mêlât de cœur avec lui, lui
rendît le sein maternel.

Quand ils survivent et durent, vient un autre
danger. C'est une sorte d'endurcissement. Ceux qui
se sentent abandonnés, qui savent que leurs parents
ont été si cruels, se trouvent entrés dans la vie par
une rude porte de guerre, et sont disposés à croire
la société ennemie. Qu'un autre enfant leur jette à
la tête le nom de bâtard, ils s'aigrissent, s'irritent,
haïssent l'humanité, la nature, leurs camarades.
Les voilà en grand chemin de mal faire, et de mériter ce mépris, d'abord si injuste. Tel est misan-
thrope à dix ans. Si cet enfant est une fille, il suffit qu'on l'ait méprisée pour qu'elle s'abandonne
elle-même, ne se garde point, cède au mal. Il est
bien nécessaire qu'un bon cœur soigne la jeune
âme, lui fasse sentir par la tendresse tout ce qu'elle
a de prix encore, lui montre que, malgré son malheur, le monde lui est ami, et qu'elle doit se respecter et faire honneur à ceux qui l'aiment.

Il y a un moment surtout, une crise de l'âge, où
les soins collectifs sont tout à fait insuffisants, où
il faut une affection. Imaginez la pauvre enfant
souffrante dans la dure éducation des tables communes, des grands dortoirs communs, de ces longues galeries où l'on n'obtient la salubrité que par

une netteté glaciale. Soumise aux règles sévères, levée de bonne heure et lavée à froid, frissonnante et n'osant rien dire, ayant honte de souffrir, et pleurant sans savoir pourquoi. Que de précautions à ce moment dans les familles! Le cœur des mères se fond en douces caresses, en gâteries, en mille soins utiles et inutiles ; la petite trouve tout autour un milieu tiède, une attention empressée, une inquiète prévoyance. L'orpheline, pour mère et famille, a l'hôpital, ses grands murs sérieux et les personnes officielles, qui par devoir se partagent entre tous, ne font acception de personne, et pour tous restent froides. Il n'est pas même aisé, dans ces maisons où l'ordre est tout, d'être bon sans paraître injuste et partial. Or c'est cela que voudrait la nature, une bonté toute personnelle, l'ardeur de la tendresse et cette chaude douceur où la mère met l'enfant entre sa chair et sa chemise. Qu'il est donc nécessaire qu'au moins il y ait là une amie, une femme bonne et tendre, entendue, qui supplée un peu, et pourvoie!

Le plus grave, c'est que précisément, vers ce moment de crise, l'unique mère de l'orpheline, la loi, l'administration va lui manquer. L'État a fait ce qu'il a pu. Son froid abri, l'hospice va l'exclure, se fermer sur elle. Elle va entrer dans l'inconnu, — le monde, le vaste monde, dont elle ne sait rien, et qui d'autant plus lui semble un effrayant chaos.

Où va-t-on la placer? dans une famille agricole? Ce serait le meilleur; mais ces rudes paysans qui s'exterminent, la traiteront comme eux, la tueront de travail. Elle n'est guère préparée à cette vie terrible, chancelante qu'elle est encore de ce moment de transition. Autres dangers, plus grands, si on la jette dans les centres industriels, s'il faut qu'elle affronte la corruption des villes, ce monde sans pitié où toute femme est une proie. On respecte si peu la fille sans parents! Le chef même de famille à qui on la confie abusera souvent de son autorité. L'homme en fera un jeu, la femme la battra, les fils de la maison courront sus, et la voilà prise. Ou bien elle trouvera une implacable guerre, un enfer autour d'elle. Au dehors, autre chasse des passants et de tous, et (le pis) des *amies* qui attirent et consolent, qui caressent afin de livrer.

Je ne connais sur la terre rien de plus digne de pitié que ce pauvre oiseau sans nid et sans refuge, cette jeune fleur innocente, ignorante de tout, incapable de se protéger, pauvre petite femme (car elle l'est déjà) au moment dangereux où la nature la doue d'un charme et d'un péril, — et qui, tout justement alors, est jetée aux événements! La voilà seule, au seuil de l'hôpital qu'elle n'a jamais passé, et qu'elle franchit en tremblant, son petit paquet à la main, déjà grande et jolie, hélas! d'autant plus exposée, elle va... vers quelle destinée? Dieu le sait.

Non, elle n'ira pas; la bonne fée qui lui sert de marraine trouvera moyen de l'empêcher. Si notre orphelinat a une vie demi-rurale, vit un peu de l'aiguille, un peu de jardinage, la charge n'est pas forte pour la maison de garder quelque peu une jeune fille adroite et qui sait travailler. Elle se nourrira elle-même. Pendant ce temps, la dame l'achèvera, la cultivera, lui donnera un complément d'éducation, qui la rendra très-mariable, désirable au bon travailleur, ouvrier, marchand ou fermier. Combien il y a plus de sûreté pour eux de prendre là, dans une telle maison et de ces mains respectées, une fille élevée justement pour s'associer à la vie de travail! N'ayant pas eu de foyer, de famille, elle goûtera d'autant plus le *chez soi*, et sera tout heureuse, même dans une condition très-pauvre, plus gaie cent fois et plus charmante que la fille gâtée, qui croit toujours faire grâce, n'est jamais contente de rien. Nos bons fermiers, en ce moment, ont peine à trouver des bourgeoises, ou, s'ils en trouvent, elles les ruinent. Elles visent plus haut, veulent épouser un habit noir,

un employé (demain sans place). Elles n'ont ni les
habitudes simples et fortes, ni l'intelligence que
demande cette noble vie d'agriculture. L'orpheline, instruite de toute chose utile, zélée pour son
mari, charmée de gouverner une grande maison
rurale, ferait le bonheur de cet homme, et sa fortune de plus.

————

Si notre bonne dame n'était que bonne, elle
adopterait simplement : elle prendrait l'aimable
fille chez elle, en ferait son bijou ; elle aurait, à
toute heure, comme une fête d'innocence et de
gaieté, en possédant une enfant qui l'adore et qui
deviendrait dans ses mains une élégante demoiselle. Elle se garde bien de le faire ; elle aime
mieux se priver d'elle, et ne pas la faire passer à
une condition où le mariage est plus difficile.
Qu'elle eût mis un chapeau, un seul jour, tout serait perdu. On la laisse en bonnet, ou mieux, dans
ses jolis cheveux, on la laisse demi-paysanne ; ce
qui n'empêche rien, ni lecture, ni musique ; nous
le voyons en Suisse, en Allemagne. Mais cela, en
même temps, rend l'avenir bien plus facile. Elle
montera fort aisément, descendra s'il le faut ; elle
reste à mi-chemin de tout.

C'est un don de l'âge avancé, de la grande expé-

rience et d'une vie pure, de voir ce qui n'est pas
encore. Or la sage et charmante femme dont ce
livre est la vie pressent fort nettement l'avenir
prochain des sociétés de l'Europe. De grands et
profonds renouvellements ne manqueront pas de
s'y faire. Les femmes et les familles seront bien
obligées de s'arranger de ces circonstances nouvelles. La femme simple (du livre de *l'Amour*), la
dame cultivée (du livre de *la Femme*) suffiront-
elles? Nullement. Cette dernière sent elle-même
que l'épouse de l'homme à venir doit être plus
complète et plus forte, harmonisée, équilibrée de
pensée et d'action ; et telle elle veut son orpheline.

Son effort, sa sagesse, c'est de faire cette enfant
qu'elle aime différente d'elle-même, et prête pour
un monde meilleur, pour une société plus mâle de
travail et d'égalité.

———

Quoi donc? serait-ce un rêve? Dans les réalités
vivantes, n'avons-nous pas déjà quelque ombre,
quelque image imparfaite de cette beauté de l'a-
venir?

Aux États-Unis de l'Ouest, aux confins des sauvages, l'Américaine, épouse ou veuve, qui le jour
travaille et cultive, le soir n'en lit pas moins, ne
commente pas moins la Bible à ses enfants.

Moi-même, entrant un jour en Suisse par une de
nos plus tristes frontières, par nos sapinières du
Jura, je fus émerveillé de voir dans les prairies
les filles d'horlogers, belles et sérieuses filles, fort
cultivées et quasi demoiselles, en corset de ve-
lours, travailler à la fenaison. Rien n'était plus
charmant. Dans l'aimable alliance de l'art et de
l'agriculture, la terre semblait fleurir sous leurs
mains délicates, et manifestement la fleur avait
orgueil d'être touchée par un esprit.

Mais ce qui me frappa bien plus, ce qui me fit
croire un moment que j'assistais déjà au prochain
siècle, ce fut une rencontre que je fis au lac de
Lucerne d'une riche famille de paysans d'Alsace.
Elle n'était nullement indigne de ce cadre sublime
où j'eus le bonheur de la voir. Le père, la mère,
la jolie demoiselle, portaient avec une noble simplicité l'antique et si beau costume de leur pays.
Les parents, vrais Alsaciens, de grand cœur et de
bon esprit, têtes sages, carrées et fortes. Elle,
bien plus Française, affinée de Lorraine, comme
passée du fer à l'acier. Fort jeune, elle était svelte,
vive et saisissant tout ; avec sa mince taille, ses
jeunes bras, étonnamment forte. Mais ses bras
étaient bruns. Son père dit : « C'est qu'elle veut
cultiver elle-même ; elle vit aux champs, y laboure,
et y lit... Oh ! ses bœufs la connaissent bien et

l'aiment. Quand elle est fatiguée, elle saute dessus, s'y assoit, ils n'en tirent que mieux. Cela n'empêche pas que le soir la petite ne me lise Gœthe ou Lamartine, ou ne me joue Weber et Mozart. »

J'aurais bien voulu que la dame, la patronne de mes orphelines eût vu ce charmant idéal réalisé, vivant. C'est vers un type analogue ou semblable que s'acheminera sans nul doute le monde à venir.

———

Former un tel trésor, réaliser en elle le rêve de la vie pure et forte, d'égalité féconde, de simplicité haute, qui affranchira l'homme, et lui fera faire, pour l'amour, les œuvres de la liberté, — c'est la grande chose religieuse. Tant que la femme n'est pas l'associée du travail et de l'action, nous sommes serfs, nous ne pouvons rien.

Donnez cela au monde, madame. Que ce soit votre chère pensée, la digne occupation de vos dernières années. Mettez là vos grâces de cœur, votre maturité de sagesse, une grande et noble volonté. Que vous plairez à Dieu, de faire tant de bien à la terre! dans quelle sécurité vous pourrez revenir à lui!

———

Je me figure que cette femme aimée, par un beau
jour d'hiver, un doux soleil, ayant eu quelque peu
de fièvre, faible, mais mieux pourtant, veut descen-
dre, s'asseoir au jardin. Au bras de sa charmante
fille d'adoption, elle va revoir dans leurs jeux les
chères petites qu'elle n'a pas vues de huit jours.
Les jeux cessent. Elle a autour d'elle cette aimable
couronne, les regarde, les voit un peu confusément,
mais les caresse encore, et baise celles de quatre ou
cinq ans. Souffre-t-elle ? Nullement. Mais elle dis-
tingue moins. Elle veut voir surtout la lumière, un
peu pâle, qui pourtant se reflète dans ses cheveux
d'argent. Elle y tend son regard, en vain, voit
moins encore. Je ne sais quelle lueur a rosé ses
joues pâles, et elle a joint les mains... Les petites
de dire tout bas : « Ah ! comme elle a changé !...
Ah ! qu'elle est belle et jeune ! » Et un jeune sourire
en effet a passé sur ses lèvres, comme d'intelligence avec un invisible Esprit.

C'est que le sien, encouragé de Dieu, a repris
son vol libre, et remonté dans un rayon.

FIN

NOTES

Note 1. — *Caractère moral de ce livre.* — Il présente deux lacunes qu'on a déjà reprochées au livre de *l'Amour*. Il ne traite point de l'adultère ni de la prostitution. J'ai cru pouvoir m'en remettre à la littérature du temps, inépuisable là-dessus. J'ai donné la ligne droite, et laisse à d'autres le plaisir d'étudier les courbes. Dans leurs livres ils ont surabondamment parlé de la divagation, jamais marqué la grande voie, simple, féconde, de l'initiation que l'amour, mieux inspiré, continuerait jusqu'à la mort. Il est arrivé justement à ces ingénieux romanciers ce qui arriva jadis aux casuistes (grands analyseurs aussi). Escobar et Busenbaum, qui eurent le succès de Balzac (chacun cinquante éditions) dans leurs recherches subtiles, n'oublièrent rien de ce qui faisait le fond même de leur science. Ils ont perdu le mariage de vue, et réglementé le libertinage. — Le présent livre ne s'éloigne pas moins des romans sérieux de nos illustres utopistes (Saint-Simon, Fourier, etc.). Ils ont invoqué la nature, mais l'ont prise très-bas, dans la misère de leur temps; et ils se confient ensuite à l'attraction naturelle, à la pente vers cette nature abaissée. Dans un âge d'admirable effort, de création héroïque, ils ont cru *supprimer l'effort.* Mais chez un être tel que l'homme, énergique, créateur, artiste, *l'effort est dans la nature*, et il en est le meilleur. L'instinct moral du public sent cela, et voilà pourquoi ces grands penseurs ne peuvent faire école. — L'art, le travail et l'effort dominent tout, et ce que nous appelons nature en nous, c'est le plus souvent notre création personnelle. Nous nous faisons jour par jour. Je le sentais cette année dans mes études anatomiques, spécialement sur le cerveau. Il est manifestement l'œuvre, l'incarnation de notre activité (voy. *Éloge de Petit*, édit. Dubois). De là la vive expression, et, j'ose le dire, l'éloquence du cerveau, chez les individus supérieurs. Je n'ai pas craint de l'appeler la plus triomphante fleur, la plus touchante beauté de la nature, attendrissante chez l'enfant, parfois sublime dans l'homme. — Qu'on appelle cela réalisme, il ne m'en soucie. Il y a deux réalismes. L'un vulgarise, aplatit. L'autre, dans le réel, atteint l'idée qui en est l'essence et la vérité la plus haute, donc aussi sa vraie noblesse. Si cette poésie du vrai, la seule pure, fait gémir la pruderie, cela ne me touche guère. Quand, dans le livre de *l'Amour*, nous avons brisé la sotte barrière qui séparait la littérature de la liberté des sciences, nous nous sommes peu informé de l'avis de ces pudibonds, plus chastes que la Nature, plus purs apparemment que Dieu.

La femme veut une foi, l'attend de nous pour élever l'enfant. Nulle éducation sans croyance. Le moment est venu. Cet âge peut formuler sa foi. Rousseau n'a pu, rien n'était mûr. Le juge du vrai est *la conscience*. Mais il faut des contrôles, *l'histoire*, conscience du genre humain, et *l'histoire naturelle*, conscience instinctive de la nature. Or aucune des deux n'existait. On les a construites en un siècle (1760-1800). Quand les trois s'accordent, croyez.

————

Note 2. *Éducation. Ateliers et jardins d'enfants.* — Le vrai nom du moyen âge est *Parole, Imitation*. Le vrai nom du temps présent est *Acte et création*. Quelle est l'éducation

propre à un âge créateur? Celle qui habitue à créer. Il ne
suffit pas de faire appel à l'activité spontanée (Rousseau, Pestalozzi, Jacotot, Fourier, Coignet, Issaurat, etc.), il faut l'aider
en lui trouvant son *rail*, où elle doit glisser. C'est ce qu'a fait
le génie de Frœbel. Lorsqu'en janvier dernier son aimable
disciple, madame de Marenholz, m'expliqua sa doctrine, je
vis, au premier mot, que c'était l'éducation du temps et la
vraie. Rousseau fait un Robinson, un *solitaire*. Fourier veut
profiter de l'instinct de *singerie*, et fait l'enfant *imitateur*.
Jacotot développe l'instinct *parleur* et discuteur. Frœbel finit
le bavardage, proscrit l'imitation. Son éducation n'est ni extérieure, ni imposée, mais tirée de l'enfant même; — ni arbitraire; l'enfant recommence l'histoire, l'activité créatrice du
genre humain. Lire le charmant Manuel de madame de Marenholz (chez Hachette), non pour le suivre servilement, mais
pour s'en inspirer.

————

Note 5. *De la justice dans l'amour et des devoirs du mari.*
— Dans un siècle qui semble froid, l'amour n'en a pas moins
révélé mille aspects nouveaux de la passión. Jamais il ne jeta
des voix plus puissantes, de tels soupirs vers l'infini. Elle vivait encore hier, elle écrivait ses vers brûlants, la muse de
l'orage, du sanglot, de l'inextinguible amour (madame Val-
more). C'est le grand trait de notre temps, l'amour souffre,
pleure, pour une profession profonde, absolue, qu'avant nous
on ne désirait et ne comprenait même pas. — A cela a ré-
pondu la science par cette adorable révélation : « Tu veux
l'unité! Mais tu l'as. L'échange absolu de la vie, la transhu-
manation, est le fait du mariage. Voilà l'amour satisfait?
Pas encore. Ce mélange fatal du sang serait impie, s'il ne s'y
joint le libre mélange du cœur. Pour que celui-ci existe, il
faut que, par l'éducation de toute la vie, les amants se créent
le fonds d'idées commun, la langue qui leur donnera désir de

communiquer sans cesse. Il faut que la langue muette de l'A-
mour, sa communion, reprenne son caractère sacré, qui ex-
clut tout plaisir égoïste, implique le concours de deux volontés. .

La casuistique, qui n'eut ni cœur ni âme, n'a point stipulé
pour la femme. Mais aujourd'hui c'est l'homme même, dans
sa justice généreuse, qui doit plaider pour elle, s'il le faut,
contre lui. Elle a droit à trois choses :

1° Nulle grossesse sans son consentement exprès. A elle
seule de savoir si elle peut accepter cette chance de mort.
Si elle est malade, épuisée, mal conformée, son mari doit
l'épargner au temps surtout où l'œuf vient au-devant, pendant les règles et les dix jours qui suivent. Le temps intermédiaire est-il stérile? Il doit l'être, puisque l'œuf manque.
Mais si la passion l'évoquait et le faisait reparaître? M. Coste
pense qu'il en est ainsi, au moins pour les trois jours qui
précèdent les règles. C'est aussi l'opinion du Mémoire couronné par l'*Académie des sciences*.

2° On doit à la femme ce respect d'amour de n'en pas faire
un instrument passif. Nul plaisir, sinon partagé. Un médecin
catholique de Lyon, professeur autorisé, dans un livre populaire de cette année, émet cette opinion grave, que le fléau
qui décime les femmes tient surtout à ce que, même mariées, la plupart sont veuves. Solitaire dans le plaisir, l'é-
goïste impatience de l'homme ne veut que pour soi-même
et ne veut qu'un moment, n'éveille l'émotion que pour la
laisser avorter. Commencer et toujours en vain, c'est défier la
maladie, irriter le corps, sécher l'âme. La femme subit
cela, mais est triste, ironique, et son aigreur altère son sang.
Sauf quelques paroles d'affaires, plus de société; au fond,
plus de mariage. Il n'est réel que dans une culture régulière
de ce devoir de cœur, dans la communauté des émotions salutaires qui renouvellent la vie. Qu'elle manque, et les époux
s'éloignent, se déshabituent l'un de l'autre. Plaignons l'enfant, car la famille se dissout.—Est-ce à dire que l'homme soit

heureux du court plaisir forcé qu'il prend sur la glace et le marbre? Il n'en emporte que regret. Matérialiste en actes, il a les exigences d'esprit d'un temps très-avancé, qui veut en tout le fond du fonds; bref, il voudrait aller à l'âme.

5° Un médecin, excellent mari, me disait : « Dans votre livre, le meilleur, c'est ce qui a fait rire, les soins quasi maternels de l'amour, les servitudes volontaires qui suppriment la femme de chambre. Ce tiers ennuyeux, dangereux, est un mur entre les époux qui rend leurs rapports fortuits. On est chez sa femme en visites, comme chez une maîtresse entretenue. L'avantage du mariage est d'avoir tout le temps; donc les rares moments favorables où une femme, comme elles sont toutes un peu lentes, peut être amenée à l'émotion réelle. Le cœur, la gratitude, y font beaucoup. Elles s'émeuvent plus aisément pour celui qui a su prendre l'intendance des petits mystères et qui les soigne tendrement dans leurs faiblesses de nature. Voulez-vous comprendre la femme, rappelez-vous qu'en histoire naturelle, la mue fait la faiblesse, la défaillance des êtres. Terrible dans les espèces inférieures, elle les livre sans défense à leurs ennemis. L'homme, chez qu heureusement elle n'est pas violente, mue constamment de la peau, même de l'épiderme inférieur. Dans sa mue intestinale de chaque jour, il donne beaucoup de lui et se trouve faible. La femme perd bien davantage, ayant de plus la mue vaginale de chaque mois. Elle a ce qu'ont tous les êtres à leurs mues, le besoin de se cacher, mais aussi de s'appuyer. C'est la Mélusine du conte; la belle fée, qui était souvent par en bas une jolie couleuvre timide, se cachait pour muer. Heureux qui veut rassurer Mélusine, lui donner confiance et se faire sa nourrice! Et qui le suppléerait? C'est une profanation d'exposer cette chère personne, craintive (en chose si innocente), aux malices d'une fille indiscrète qui en fera risée. Un tel excès d'intimité doit revenir à celui seul pour qui c'est bonheur et faveur. Cette faveur coûte d'abord, mais peu à peu elle trouve cela très-doux, et ne peut s'en passer. Nature aime habitude, et s'aide fort des libertés absolues de l'enfance. Ce sont d'heureux instants, de grâce et de favorable audience, d'attendrissement facile, où le cher confident a l'ascendant d'un magnétisme nullement dangereux. L'humilité charmante (où l'on sent si bien qu'on est reine) n'a nulle défense et se rend tout à fait. Oubli profond, abandon sans réserve. L'amour, comme en un demi-rêve, y rencontre parfois la chance rare du bonheur au complet, la crise salutaire (si profonde chez elles) où la vie se donne toute, pour se renouveler bientôt et se trouver rajeunie, embellie, selon le vœu de la nature. »

Note 4. *La femme dans la société.* — Quelle société? de passé ou d'avenir? — Je n'ai pas parlé de la première, ni fait 'histoire ¹es salons. Je la fais assez dans mon *Louis XIV.* On parle   lu bien que les salons ont fait, mais point de celui qu'ils ont empêché, des esprits qu'ils ont étouffés. Madame (Henriette) eut dix ans une heureuse influence. Madame de Montespan par sa méchanceté, madame de Maintenon par sa médiocrité, négative, stérilisèrent pendant quarante ans. — Pour la société d'avenir, nous ne pouvons qu'entrevoir, deviner. J'ai voulu seulement, au troisième livre, marquer le rôle que la veuve, la femme isolée, y aura, celui d'*émanciper* par la bonté toutes les *âmes captives.* Même dans une société libre, il y aura toujours des captifs, ceux de la misère, ceux de l'âge, ceux des préjugés, des passions. Une femme de grand cœur, dans la cité la plus parfaite, serait le bon génie d'arbitraire maternel qui apparaîtrait partout où la loi n'atteint pas, le complément de la Liberté, une Liberté supérieure, et l'intervention de Dieu même.

FIN DES NOTES

TABLE

INTRODUCTION

— Le carnaval remplit de femmes les hôpitaux et les cimetières. — Destinée et mort d'une femme. Elle eût vécu, si elle
eût eu un foyer. — Comment le livre de *la Femme* continue le
livre de *l'Amour.*

PREMIERE PARTIE

DE L'ÉDUCATION

ajournement de l'amour : on lui montre les misères du monde.
— Le haut symbole italien : *Ivresse héroïque de la charité.*

XIII. *Révélation de l'héroïsme.* P. 190.— Combien le soin des enfants pauvres élève la jeune fille, lui donne le sens des réalités
sérieuses, l'éloigne du monde. Elle met toute sa foi dans son
père. Il lui enseigne la justice dans l'amour (à n'aimer que le
plus digne). Il lui révèle le martyre et la tragédie du siècle. Il
ne lui permet pas de se prendre uniquement à la famille et de
renoncer au mariage.

LIVRE DEUXIÈME

LA FEMME DANS LE MARIAGE

I. *Quelle femme aimera le plus? Celle de race différente?* P. 205.
— Les races énergiques sortent d'éléments *très-opposés* (exemple, le nègre et le blanc), ou *identiques* (exemple, les Grecs
antiques, nos marins de France, etc.). Bonté ardente de la
femme noire. Héroïsme de la femme rouge.

II. *Quelle femme aimera le plus? Celle de même race?* P. 210. —
On a fort exagéré les facilités et les avantages des croisements.
Avantage et inconvénient d'épouser une Française. Précipitation
odieuse et immonde du mariage actuel. Les mariages entre
parents fortifient les forts, affaiblissent les faibles. Si la parente
n'est pas spécialement élevée pour toi, l'étrangère, élevée par
toi, s'associera davantage.

III. *Quel homme aimera mieux?* P. 233. — Que la mère prenne
garde de rendre son futur gendre amoureux d'elle-même.
Qu'elle élève son idéal, et choisisse pour sa fille un homme de
foi et d'énergie productive. La puissance incalculable de création
que montre ce siècle tient à ce que la science lui a assuré sa marche et lui a mis sous les pieds le solide terrain de la certitude.

IV. *L'épreuve.* P. 243. — La fiancée doit commander, et soutenir
son amant dans l'attente, le garder par l'amour, de concert
avec sa mère. Danger de la méthode anglaise, qui compromet
aveuglément la fille.

LIVRE TROISIÈME

LA FEMME DANS LA SOCIÉTÉ

NOTES.

FIN DE LA TABLE

N. Aureau. — Imprimerie de Lagny

www.ingramcontent.com/pod-product-compliance
Lightning Source LLC
Chambersburg PA
CBHW050552270326
41926CB00012B/2018